日本人與中國人

日本人と中国人

陳舜臣 著

前言

這是我的第一本長篇隨筆集。

很久以前，寫過一本書介紹自己居住的城市—神戶的大街小巷，不過當時並未意識到自己寫的是隨筆。曾在小說中寫到過鴉片戰爭，最近又在一本實錄中做了一個總結，這更該劃分到紀實文學一類。

短篇隨筆倒是寫了不少。不能一一數來，但最初的幾篇仍是記憶猶新。我的小說處女作在昭和三十六年（一九六一）十月出版，隨筆處女作於同年十二月刊登在朝日新聞上。是朝日新聞大阪總部的約稿，東京版也採用了。四張原稿的分量，命題為《歲末風景》。在那篇文章中，我這樣寫道：

十二月二十二日是「冬至」。本是頗有來歷的一天，然而從孩提時起，我對這一天的認識就只是「吃湯圓的日子」。每年冬至吃了湯圓，才感到歲末到了。

本意是介紹中國家庭的歲末風物。文中並沒有寫明這是全中國人的風俗習慣，但大多數讀者都這樣理解了吧。當時我也這樣以為。

文章刊載的那天正是冬至。那天早上，籍貫廣東的朋友打電話來說：「我們並沒有這種風俗。」

幾天後，在街上碰到北京出身的人，特意叫住我，告訴我，在北京冬至吃餛飩，而不是湯圓。慌忙向其他地方出身的中國人打聽，原來冬至吃湯圓，只是臺灣和福建兩省的風俗。不得不承認，這篇隨筆處女作有失嚴謹。不過，我把這個地方性的風俗當成全國性的風俗，也不能說全無根據。

執筆當初，模糊想起了曾讀過的詩。作者名、原詩都記不清了，是某人在某家茶館吃到湯圓時寫的。當時並非冬至，菜單上卻有湯圓，此人得知這家店常年備有湯圓，一時詩興大發。詩中有一句大意是「此處日日似冬至」。

中國方言很多，但文字全國通用。加上詩又追求平易近人，因此我誤認為冬至吃湯圓是全中國的風俗。大概寫那首詩的是地方的文人，或是在旅行和短期逗留中瞭解了當地風俗的人。

數年前犯的錯誤，在此向大家坦白。在本書中，也許會犯同樣的錯誤。認為有根據的東西，其實其根據相當薄弱，甚至根本是錯誤的。希望讀者先有思想準備。事後或許貽笑大方，但我還是斗膽寫了這本書。

做為在日本長大的中國人，從懂事之日起，就不得不經常思考中國和日本的問題，攢下不少積累，與諸君共享。對日本和中國的相互理解，如能盡綿薄之力，也會深感榮幸。

只有日中友好，本書作者才有安住之地。深知冬至湯圓之類的陷阱處處皆是，然而情不能自已，按捺不住一腔熱情，冒險執筆向前。

陳舜臣，昭和四十六年（一九七一）七月一日

目錄

第十章

上篇

第一章　關於日本人與中國人的一問一答

——你到底知道多少？

「中國人是做生意的天才」——某貿易商的感想

已退居二線的某貿易商社重要人物這樣說——

「中國人太會做生意了。簡直是天生的商業民族。猶太人都不是對手。憑我長年的經驗可以這樣斷言。我戰前在上海六年，天津兩年，廣州四年，親眼所見，絕無虛言。和我打交道的中國人，幾乎無一例外都是做生意的天才。你不覺得嗎？」

我的回答是——

您受公司派遣，去上海、天津、廣州等地工作，到過華北、華中、華南各地，也就是見識過中國相當多的地區，您有「瞭解中國」的自信，這點不必質疑。但是，您所接觸的中國人，大多數是生意人吧？所到的城市也都是開港城市。

開港城市的中國商人在不利條件（外國人擁有各種特權）下，不勤勉工作就無法生存下去。體力、腦力總動員，才能出頭，絕非易事。也就是說，成為商人的都是有商業才能的人。

那些想在開港城市成為商人，卻最終沒能成功的人，都怎麼樣了呢？他們要麼去更小的城市做著小生意，要麼改行，要麼靠賣力氣吃飯，當了車夫或苦力；或者回鄉下種田，打散工。

本來，立志去開港城市做生意的，是極少數人。這一小撮人，說多了，也就是一萬人中有五百人吧。其中，能站住腳的就算有十分之一，也只有五十人。

您說接觸過的中國人無一例外幾乎都是做生意的天才。事實是，只有做生意的天才才會出現在您面前。請別忘記，在您接觸到的五十個中國人背後，有九千九百五十個不會做生意的中國人。那些人連接觸您的機會都沒有。

雖然手頭沒有準確的統計，不過，您活躍在中國開港城市的時候，全中國人口的大約百分之八十是農民。

這些農民沒有商業才能。被地主欺騙而束手無策，被重稅壓得喘不過氣，除了辛勤勞作直至被榨乾最後一滴汗水之外別無他法。而且，「幾乎無一例外」都是不會打算盤的人。如果他們都有商業天才，也不會長久居於如此不堪的境地吧。

中國人等於有商業天才的人——這個等式是個極大的誤解，明白了吧。

東南亞各地，華僑掌握商權，這是眾所周知的事實。但也只是西至緬甸為止。再往西，印度、巴基斯坦本土不用說，中東，一直到非洲，都是印僑（準確地說是印度和巴基斯坦出身的商人）的地盤。華僑根本無法與之抗衡。

「跟印度人做生意要小心，千萬不能大意，一馬虎就會被騙得暈頭轉向⋯⋯」——在神戶做貿易的時候，聽一個日本商人這樣說，我覺得不可思議。我所在的公司跟印度公司幾乎沒有來往。之所以覺得不可思議，是因為我在外語學校的專業就是印度語，當時教我的印度人威魯馬老師，是個近乎佛祖神明的人。

當時正值戰爭，學生也都自暴自棄，荒廢學業，經常蹺課，還搞惡作劇。但我從沒見威魯馬老師生氣過。他是個學識淵博的人，是寬容、誠實和獻身精神的化身。

我以為印度人都像威魯馬老師這樣。聽說印度人既狡猾又吝嗇，覺得很不可思議。

雖說如此，讓日本商人皺起眉頭的印度商人，也不能說就是印度人的代表。印度是個階級制度森嚴的國家，職業也是世襲的。做了幾百年生意的家庭，培養出來的理所當然都是生意人中的生意人。但是，從全國人口來看，印度商人階級的人數所佔比例，是微乎其微的。光憑自己接觸的人來判斷那個國家的國民，很要不得。

日本人現在被稱為「經濟動物」，風評很差，這也是外國人看到一部分商社派駐人員不分晝夜埋頭工作而起的外號吧。

「從日本文明中去掉中國傳來的東西，還剩下什麼？」——中國歷史學家的觀點

從香港來日本時，一個中國歷史學家這樣說——

「從日本文明中去掉中國傳來的東西，還剩下什麼的？尋求日本本質的東西，不過是牽強附會。過世的津田左右吉博士曾經說：

『法隆寺的建築、三月堂的佛像，都已不能傳達古代日本人的情懷。我們眼中所見，都只是沒有溫度的技巧。或說是考古學的素材。至少到奈良朝為止的藝術，都是六朝到唐代的中國藝術的標本、模仿，不是我們民族的藝術。……』（《文學中所見的我國國民思想的研究》）

先生十分博學。說得不好聽，也就是說當時的日本什麼也沒留下。從一無所有中能產生什麼呢？日本不就是巧妙地模仿中國文化，抓住機會，換上歐洲的模子嗎？還有就是會做表面功夫。日本還有什麼長處嗎？」

我的回答是——

您也算是位學者。不知道具體專業是什麼，似乎是歷史方面的。做為歷史學家，有這種認識可要不得。不過，關於日本，中國只有黃遵憲（一八四八—一九〇五）的《日本國志》（一八八七）、戴季陶[1]的《日本論》（一九二八）等屈指可數的專著，也算情有可原。

您的想法和戴季陶在《日本論》中的以下一段很相似：

如果從日本史籍裡面把中國的、印度的、歐美的文化全部取出來，赤裸裸地留下一個日本固有的本質，我想會和南洋土著差不多。……

前面那段話本是戴季陶對日本人常把「日本式」三字刻在腦中、宣揚日本獨特文明的揶揄。《日本論》中前後都透露著這種揶揄的態度。他在這本書中還說：「文明本是人類公有的」。承認自尊心是民族的立腳點。

伊達亞・卞達森[2]近來多次提到「日本教」，讓日本人十分佩服。戴季陶早在四十多年前就提到了日本

【1】戴季陶（一八八二—一九四九），本名戴傳賢。筆名天仇。生於四川，本籍浙江。十六歲留學日本，就學於法政大學。曾任孫文秘書，是孫文在神戶做「大亞細亞主義」講演時的翻譯。宮崎滔天稱讚他的日語比日本人都好，是中國為數不多的日本通。歷任黃埔軍校（一九二四年第一次國共合作時創立，校長蔣介石，政治主任周恩來）教官、中山大學校長、考試院長。戰爭中曾任最高國防委員會常任委員。因熱衷佛教，政治上無作為。感情起伏強烈，曾數次自殺未遂。據說他一九四九死於自殺。

【2】山本七平的筆名，引起極大反響的暢銷書《日本人與猶太人》的作者。

人的「日本迷信」

戴氏並非全盤否定，但指出，「日本迷信」已經完成了其使命，變得不合時宜。關於您像隨腳踢開路邊一塊石頭一樣做出的判斷，例如：巧妙模仿、抓住機會換了模子、會做表面功夫……等等，希望您能往深處多想一些。

這麼說老師您有點失禮……

戴季陶與日本女人戀愛，還生了一個孩子（這孩子當了名家望族的養子）。因此，對他來說，日本並非毫無淵源的異國他鄉。

卞達森也在日本長大（按他的簡歷所說），對日本應該也很有感情。

您與日本毫無淵源，因此才能如此武斷地貶低日本吧。

我並非強迫您喜歡日本。因為毫無淵源，才無法產生感情。

怎麼辦呢？今晚帶您去先門町[3]吧……幾個月後，您的說法大概就不一樣了吧。

「日本人什麼都聽」——卡特里克神父的比較論

法國籍的卡特里克神父透露了以下感想——

「我來日本之前曾在東南亞華僑社會從事傳道工作。調到日本後，跟以前相比，工作是容易了還是困難了，自己都說不清。說容易，是因為日本人基本上說什麼都聽，中國人則不然。中國人把儒教、佛教，甚至道教巧妙揉合在一起，那種奇妙的生活體系，他們決不願丟棄。在這方面，日本就好辦多了，簡直讓人吃驚，幾乎沒什麼抵抗就接受了傳教。……自己所說的話，是不是真的觸動了對方內心，有時自己也會心存疑問。中國人不輕易打開心扉，但若是一旦打開心扉，就能感覺到自己觸到了對方的內心。……」

我的回答是——

神父先生學富五車，應該知道猶太文明在抵抗希臘文明的攻勢時，出現了兩種抵抗方式。

一種是保守派的抵抗，緊閉在自己的殼裡，墨守傳統，堅守自己的文明。

一種是洋務派的抵抗，利用對方的武器來保護自己。

簡單地說，中國人可以說是保守派，日本人是洋務派。

畢竟日本人已經習慣借用別人的東西。這是他們常做的事。

中國通過第一次鴉片戰爭（一八四〇——一八四二）接觸了近代西歐，在此以前，沒有碰到過更有優勢，或旗鼓相當的「文明」。因此，成為保守派也是順理成章。

於是，日本人對外來的東西不加選擇、毫不抵抗地吸收，中國人則疑慮重重，這也是理所當然。

儘管如此，也不能因此斷言中國厚重，日本淺薄。反之，也不能斷言中國頑迷，日本開明。雙方的立場各不相同。

同樣是引入了佛教，中國僧侶嚴格禁酒，在日本，手甩酒壺進山門毫不稀罕。

【3】京都著名的花街。

習慣了接受外來事物，即使稍微走樣也覺得沒關係。不習慣就會無法通融。神父感到自己觸到了對方的內心而放心，大概就是因為自己的傳教沒有被對方任意變形吧，像一根竿子撐到了底，實實在在。

馬克思主義的中國變形

信仰天主教的日本學生在一旁聽著，邊記筆記邊提出疑問——

「您說中國人不容易接受外來事物，相比之下，日本人更擅長對原形加以變形後為己所用。僧侶飲酒就是一個很好的例子。

但是，在中國，太平天國（一八五一年建國、一八六四年滅亡）時，洪秀全（一八一四—一八六四）就以基督教為旗號，那也遠不是原本的基督教了。

我對政治問題缺少研究，這只是我的一種感覺，不過，現代中國的領導者們所說的馬克思主義，還是原來的馬克思主義嗎？總覺得是經過了變形的。把蘇聯本家叫做修正主義，我總覺得太平天國的基督教，和現在『文化大革命』的馬克思主義像雙胞胎。您怎麼看？」

我的回答是——

因為有用，才會引入。水是用來解渴的，至於它的分子結構是H_2O，對喝水的人來說並沒有什麼意義。

太平天國的基督教，是做為推翻舊禮教體制（無數人在其重壓下艱難喘息）的指導原理，被洪秀全引入。

太平天國是「反儒運動」的第一波

據說，可以把中國人分為官僚和非官僚兩種。當然，在「官僚」中，還包括產生官僚的母體資產階級。不用說，國家就是官僚組織，守衛這個組織的是儒教的觀念體系。

太平天國最熱衷於破壞孔廟，其中原因就不用多解釋了吧。

在重壓下喘息的人，出於本能，像口渴的人伸手拿水一樣，尋求破壞使自己陷入悲慘境地的儒教體制的武器。

鎮壓太平天國的曾國藩（一八一一—一八七二）在討伐檄文中，並未宣揚忠君愛國。因為效忠滿洲（現在中國的東北部）這個異族王朝，說服力不夠。他在檄文中大聲控訴，中華數千年的「禮教」為太平天國的暴徒們所破壞。痛恨禮教體制的人雖多，想要維持禮教體制的陣營更為強大，掌握著權力和財力。

太平天國失敗了。

但是，打破舊體制的渴望並未熄滅。改良主義者們——康有為、梁啟超等人提出，應該推翻的，是「偽儒教」，以不夠決絕的姿態，開始向獨裁帝國的立憲化奮鬥。康有為著有《新學偽經考》、《孔子改制考》等，以駁斥偽儒教為名，引開眾人的不滿，在縫隙之中以圖儒教的國教化。

五四運動是「反儒運動」的第二波

五四運動是繼太平天國之後，第二波的反儒運動——也可以說是反體制運動。「打倒孔家店！」成為五四運動的口號，也是理所當然。

五四運動中，胡適[4]等人又選擇了另一條路。

中國並非只有儒教——他們想尋求儒教以外的中國思想。

除了打倒，別無他徑。然而，這條路卻沒能走下去。也許胡適嫌「打倒」這個詞不夠君子吧。

魯迅（一八八一－一九三六）寫《狂人日記》是在五四運動的前一年，題目就是：禮教（儒教體制）吃人。

文化大革命是「反儒運動」的總結

文化大革命採取了「反實權派鬥爭」的形式，實權派藏在官僚組織裡，而官僚組織正是儒教體制的遺產。

文化大革命是繼太平天國、五四運動之後，第三波的反儒運動，是一場你死我活的鬥爭，似乎要在這場運動中算總賬。

打倒儒教體制，就是捨棄舊中國。不捨棄舊的，新的就不能建立。要救中國，只有這個方法。

最重要的是打倒，用什麼武器不用考慮。太平天國時的武器是基督教，五四運動時是民主與科學，「文化大革命」時是馬克思主義。

你說這早已不是原來的馬克思主義，文化大革命時期的馬克思主義更接近「打倒」的目的。從這點來說，確實發生了變化。但是，如前所述，這屬於「不用考慮」的問題。

修正主義不好理解，理解成批評武器沒有發揮作用，也就是刀沒有磨快，這就容易了。

為了容易理解，再舉一個不太恰當的比喻。

比如說「水」是外來的東西。

中國人引入水，就是為了喝。雖然中國人不容易接受陌生事物，但喉嚨很乾，所以不得不接受。基督教、馬克思主義，在反儒教的作用上沒有被歪曲。

相比之下，日本人需要水，有時是為了盛進杯中欣賞。雖然優雅，但歪曲了事物的本來意義。

日本沒有產生儒教

這個學生又問道——

「有點理解了。那麼，日本又怎樣呢？為了推翻儒教體制，中國進行了長期艱苦的努力，太平天國、五四運動、文化大革命，日本有過嗎？還是日本沒有值得打倒的東西——也就是說，重重地壓在人們身上的儒教，從一開始就不存在？有點想不明白……」

【4】胡適（一八九一—一九六二），提倡白話文學，奠定了「文學革命」的基礎。去世於臺灣。

我的回答是——

儒教是產生於中國的思想體系，更準確地說，是一種生活規範體系。在中國，儒教當然是一種理念，更是一種生活。不只是生活規範，還可以說就是生活本身。

相比之下，儒教在日本是進口的，不是本國原產的東西。雖然做為理念被引入，但很難說滲透到了生活的各個角落。

儒教在日本普及，據說是在德川中期以後各地建立藩校以後。雖說是普及，但也有程度問題，並沒有滲透到日常生活中。

日本沒有採用的「宦官」和「科舉」

在中國做為制度被廣泛採用而在日本卻沒有如此的有兩種：「宦官」和「科舉」。

關於日本為什麼沒有採用宦官制度，有很多說法。

一種說法認為，日本沒有產生足夠大的權力，去建造一個需要宦官管理的禁宮。日本最多只產生了由一族之中能幹的年長婦人一人所主持的麻雀雖小五臟俱全的「大奧」[5]。

中國北部和西部有游牧民族，屠宰動物是極為普通的事，為動物去勢也很常見。對閹割習以為常，對人的去勢也沒有抵觸感。西亞多宦官，也是同樣道理。

也有人說日本的人口構成中，沒有專門從事畜牧業的，不習慣對動物動刀，因此沒有產生宦官。而且去勢這種生猛的行為，不符合日本人講究適可而止的性格。

事。

宦官先不說，為什麼日本沒有採用「科舉」呢？科舉和宦官不同，不沾血腥，專事詩文，屬於風雅之事。

大概是日本害怕因為採用科舉制度，會造成身分制度及世襲制度的混亂吧。採用了科舉制度，豈不是普通的農家子也有可能一躍成為家老？

總之，要不要科舉是個大問題。

科舉制度沒能在日本生根，是因為由儒者組成的官僚組織沒有建立起來。

近世日本，具有官僚性質的就是武士，他們以武術為首務。雖然藩校也教授儒學，但只是「武士的業餘愛好」，並非主業。武家時代的儒學，只是一種教養，不像中國那樣成為政治的血肉，流淌在生活的血管裡。

日本也有儒官，但只是秘書和文書管理員。儒官能出人頭地的，只有新井白石[6]（一六五七—一七二五）是個例外，其他人最多也只能奔走於庶務、雜務。

幾百年來都在同一個地方，世世代代當差，這是日本武家政治的常態。換一個藩國，屬於極少的特例。

這種事在官僚制度下不可能發生。中國自古以來，高級官僚都避免在出生地任職，也忌諱同族的人在

【5】幕府時期將軍的後宮。

【6】江戶中期的武士、政治家、學者。

一起供職。鴉片戰爭時的大詩人龔自珍（一七九二——一八四一），在禮部擔任主客司主事（相當於課長級別），在叔父龔子正就任禮部尚書之後，他便依慣例辭官。但在日本，一族在同一主人手下或在統一部署任職，是很常見的事。

也就是說，日本在明治以前，不存在官僚制度。所以，科舉是無用之物。明治以後，有了官僚制度，高等文官考試之類的科舉才逐漸生根。

官僚組織在中國是政治的中樞，掌握人民生死的權力機關。儒教是它的主心骨，所以近代中國人要與儒教決一死戰。

但是，在日本，儒教與權力分離，並不可怕。只是紙老虎，裝飾品。

因此，日本的現代化，沒有經過「反儒運動」。

日本沒有太平天國、五四運動之類的運動。也不可能發生像「文化大革命」這樣的運動。毫無疑問，這是因為，這些鬥爭的敵人在日本不存在，即使存在，也十分脆弱。

爲什麼日本的房屋沒有煙囱？

在一次聚會中，一位從美國來的中國畫家說——

「在日本，每次在火車上從車窗看農村的景色，總覺得少了點什麼。後來才想出來……你猜是什麼？是煙囱。美國、歐洲的田園風光裡，一般每家屋頂上都豎著一個大煙囱。但在日本的農村，仔細一看，煙囱有是有，悄悄藏在房屋牆壁角落裡，好像覺得不好意思似的。……這是為什麼呢？」

我的回答是——

確實如您所言。一位在日本旅行的西班牙哲學家，在他的遊記中也敘述了同樣的印象。日本似乎認為人的生活不應該暴露在外。取暖做飯，是生活中最基礎的事情，日本人想把它藏起來。取暖和做飯用的煙囪，也儘量不引人注意，悄悄安置在角落裡。

在歐洲田園風光裡，經常能看到的那種赫然挺立的紅磚大煙囪，有種一家之主的氣勢，或者成為這家的標誌。似乎在大聲宣告，這裡有人生活。他們不認為這是一件不好意思、應該隱藏的事。

日本人的審美意識：抹去「生活」痕跡

但是，日本人想把美編織進生活。因此，對暴露在外的東西——也許這麼說很不敬——有一種「動物性」的印象。

茶道、插花、小笠原流的禮儀[7]，都是生活的藝術化。因為有了符合審美意識的一套套路，生活才變得恰到好處，變成了美。美化之前的原生態生活痕跡，最好隱藏起來。

日本獨特的榻榻米生活，很適合日本人的審美生活。把被褥疊起來放進壁櫥，就沒有人睡過覺的痕跡。中國和西歐，原則上就寢之處是固定不動的。大家起床以後，床還在房間裡，「人睡過」的生活氣息並

【7】小笠原是姓，小笠原家代代長於弓箭、騎馬的禮法，成為小笠原流禮儀。

未消失。椅子也是如此。人會坐在椅子上，暴露在外的「動物性」動作的氣息，經由椅子傳達出來。在榻榻米房間裡，只要把被褥收起來，就能抹去動作的痕跡。

日本人和他們獨特的審美意識的關係，很遺憾，在短期旅行中是無法窮盡其奧妙的。

日本人所說的「不講禮儀」的意思

在場的一位新加坡華僑採購商插嘴道——

「昨天生意夥伴請我去了料亭[8]，那到底是不是吃東西的地方啊？……至少我就沒吃好。漂亮的盤子裡，盛著少得可憐的食物。……這也就算了，那裡的氛圍根本不像是吃東西的地方。讓人一直緊張。太乾淨了，我老擔心灑一滴湯、滴一滴酒。日本人是不是很難放鬆？，做生意也是這樣，一直繃著神經，我也感覺到了。我老擔心會不會把神經繃斷了。您不認為嗎？」

我的回答是——

日本人的緊張癖是眾所周知，他們自己也半自嘲半自豪地稱自己是緊張民族。

當然，日本人要是老繃著神經，也會受不了。所以，他們有時會瞎鬧，以此來補償，這在中國是看不到的。這叫做「不講禮儀」，在中國的辭彙裡，找不到相對應的詞，只好邊說明邊翻譯。

也就是說，「不講禮儀」是日本有而中國沒有的東西中的一種。是顯示出日中兩國國民性格差異的一個關鍵字。中國沒有這個詞，大概是因為不用專門造這麼一個詞，中國人平時就很放鬆。日本以前的高中裡，就有一個瞎鬧的風俗，叫做「風暴」。這在中國學生宿舍是看不到的。

日本的料亭，中國人確實受不了。不光是榻榻米坐不慣，如你所說，有種緊張的空氣，讓人時刻擔心不要灑湯滴酒。是啊，在中國吃飯，最後肯定是湯酒灑了，桌上亂了，一幅捧著肚子心滿意足的景象。

動物性的行動是可恥的嗎？

在日本，似乎嚼東西嚼得喀喀作聲也被看作是動物性的行為。所以，在正式的宴席上，會下工夫盡量把「吃」這個動作隱藏起來。

日本人吃東西的時候，不想被人看見。相反，中國人喜歡在被人看得見的地方吃東西。散步在香港的小巷裡，經常會看見一家老小坐在門口吃飯。

——最近我家日子過得挺滋潤。你看，有魚有肉。

似乎在向大家炫耀。至少他們沒想到吃飯是應該藏起來的事。做夢也沒想過。

前面那位畫家說：「明白了。長久以來一直覺得不可思議，原來是因為他們覺得動物性的動作可恥啊。還有，日本人走在路上也很小心。明白了……覺得走路這個動作很可恥，所以給車讓路。在美國，只要行人踏上人行道一步，即使是綠燈，車也會馬上停下來。日本的行人，即使在綠燈時過街，也會用謙恭的態

【8】日本料理店。

度，像說『對不起』一樣，小跑著過去。我以前不明白，現在聽了您的解釋，總算理解了。坐車就是走路的美化。就像茶道一樣。……」

第二章　唇與齒：交往的歷史

——從中國古籍看日本歷史

互不相干的鄰居

唯一一次例外是「元寇」

脣亡齒寒——沒有嘴唇，牙齒就失去保護，暴露在寒風中。

輔車相依——「輔」是頰骨，「車」是齒床，雙方相輔相成，缺一個都不行。也有人說「輔」是固定在車輛一側的木頭，仍然是說「輔」和「車」是不可分離的搭檔。

「脣齒輔車」連在一起，形容利害關係十分密切。該辭出自《春秋・左傳》，自古以來常被引用。用這個詞來形容日本和中國的關係，絕不少見。但是，這兩國真的是脣齒輔車的關係嗎？

十九世紀中葉以前，兩國關係如此密切的，只有一次例外，那就是「元寇」的時候。蒙古滅亡了宋，又要進攻日本。失去了宋這個嘴唇，日本這個牙齒就得暴露在風中哀鳴。

這種狀態是有史以來第一次，所以明顯應該視作「例外」。在近代以前的日中關係中，「脣齒輔車」僅僅是傳說。

近代以前，對中國虎視眈眈的勢力，經常從塞外（萬里長城以北）南下。位於中國背後的日本，對中國來說並非是抵抗敵方的防護壁，根本沒有什麼作用。

而且，席捲中國的勢力，光是在這片廣闊國土的治安維持和經營上，就已經耗盡精力，因此不會再興起渡海進攻日本的念頭。蒙古人的「元朝」是個例外，那是非凡能量的異常氾濫，更應該說是天災。在以人力為主要能量的時代，從中國進攻日本，從常識上來說不可能發生。有這個功夫，還不如去開發海南島或雲南（位於印度支那半島北部的高原地帶），更為現實和聰明。

日本位於中國東邊，日本的東邊是廣闊無邊的太平洋，越過太平洋和日本來進攻中國，長久以來更是沒人想過。也就是說，日本也不會成為中國的「唇」。

哥倫布發現美洲是在十五世紀末。麥哲倫的世界航行是在十六世紀二十年代。但是，在帆船時代，新發現的航路還不能立即成為強勢勢力的通道，最多只是為海賊和商業冒險家提供了活躍的通道。

這些航道成為強勢的軍事侵略勢力擴展版圖的通道，要等到產業革命以後。

從相交淡如水的鄰居到不幸的鄰居

產業革命產生了新的能量，地球一下子變小了，企圖吞併中國大陸的勢力，能一下子輕易跨到玄海灘[1]了。太平洋也不再太平，浮動著形跡可疑的黑船。從對岸的大陸跨過這片大洋，也不再是件難事。

從此，日中兩國才成為「唇齒輔車」的關係，至今不過百數十年。

諷刺的是，自從成為唇齒輔車的鄰國，兩國的關係開始惡化。雖然遺憾，但認識到這個事實，是思考兩國問題的出發點。

前面說過，直到一百多年前，對日本來說，中國只是先進技術、文化的供給源，在政治上並未感受到中國帶來的影響。對中國來說，日本不過是個可有可無的東海島國。雙方當然希望互相友好，但就算不友

【1】位於日本福岡和佐賀的海灘。

好，實際上也沒什麼關係。

互不相干的鄰居。

也許說得有點過分，至少雙方很少強烈地感受到對方的存在。

幕府明治期以後，這種互不相干的情形一去不復返了。

日本文明是「摻水」的中國文明

從歷史上來看，日中兩國的相互理解，程度意外地有限，讓人不禁大吃一驚。這也是事出有因。互不相干的鄰居，犯不著用銳利的眼睛去觀察對方。

而且，對「外來的東西」不感興趣，是中國的傳統。

在十九世紀中期的鴉片戰爭中，被迫「開眼」之前，原則上中國並不承認外國的存在。中華即世界。因此，「外國」這個觀念無法進入當時人們的腦海。

我們的文明，就是世界的文明。離文明的中心越遠，文明的內容越是摻了水，人越是粗鄙野蠻。屬邦、朝貢國、沒有接受文明洗禮的蠻夷之國，雖然知道這些國家，但如果稱他們為「外國」，過去的中國人會一時反應不過來。在這些土地上，即使有文明，也是中華文明的稀薄階段，中國做夢也沒想過還有「其他的文明」。

如果是其他的文明，還會有興趣，但如果是我們的文明「摻水」後的東西，還有研究的必要嗎？只有少數的好事之人，用掠過古董店門面的眼神稍微瞥了一下鄰居日本。

明治之初，做為清國公使館書記官來日的詩人黃遵憲，在其著作《日本雜事詩》的後記中大歎：

日本研究中國之書數量甚豐，中國寫日本之書數量與質量都無法相提並論。

確實，日本更多地吸收了中國的文化。但那只是文化。寫下的東西，創作的東西，都只是「理念」。日本直到明治開國，關於中國的「理念」是接受了，但中國的「現實」一點也沒有接觸到。

只從中國學到了「理念」的日本人

頭上梳髻的日本人，對中國的認識，有敏銳的一面，也有錯誤的一面。敏銳的一面是，沒有被「現實」遮住眼睛，抓住了「理念」。錯誤的一面是，沒有看到「理念」背後隱藏的「現實」。

明治開國後，中國的「現實」也對日本開放了。

在明治以後的日本人眼裡，這種殘酷的「現實」只映照出一個「理念」被污染殆盡的中國。實在可悲。

過去中國人瞭解日本，主要是從旅行者、九州古代政權的使者等人那裡聽來的。不論是關於理論，還是關於現實，都很遙遠，是樸素的傳聞。

眾所周知的《魏志．倭人傳》，是中國最早記錄日本的史書。

魏是《三國演義》的反面角色曹操的兒子曹丕於西元二二〇年建立的王朝，存在了四十多年，後為西晉所篡朝。《日本書紀》、《古事記》在其五百年後才成書，當時的日本還沒有歷史記錄，還處於被稱為「古墳文化」的時代。

魏景初二年（二三八年），倭女王卑彌呼派遣大夫難升米赴魏請求朝貢。關於卑彌呼統治的邪馬台國，一說在九州，一說在近畿。眾所周知，戰後對此展開了激烈的爭論。

沒工夫感受相互的體溫……

中國人的日本人觀，以此《魏志‧倭人傳》為原本，此後的史書，多以此為根據。日本人的性格被普遍描述為：

——聚會時無父子男女之別。

——性嗜酒。

——婦人貞節，不善嫉妒。

——少紛爭。

——少盜賊。

史書上記載的都是突出的特徵，太普通的特徵都被捨棄了。特別是《三國志》的作者陳壽，又是以文章簡練著名。因此，《三國志》中的日本人觀，是選取了日本人性格中最突出的特徵，與中國相比，顯得怪異，或是作為蠻夷之國來說不可思議……作者把自己感到吃驚的東西寫了下來。

例如，寫下「少盜賊」一時，驚嘆：「中國盜賊都這麼多！」或是另一種驚異：「沒有中國這麼多！（蠻夷之國本應該盜賊更多才是）」

這種驚奇感，是記錄的原動力。

不論如何，明治以前，兩國只通過文書和傳聞來交流。皮膚與皮膚相互接觸，感受對方的體溫，這樣近距離的接觸還很少。

「元寇」一時期，雙方剛一打照面就兵刃相見，擦肩而過，殺氣倒是傳達到了，卻沒工夫互相感受對方的體溫。

明治以前，僅有的一次，日中兩國各派數萬人，長期血肉相搏——那是豐臣秀吉出兵朝鮮，即所謂的文祿、慶長之役。

日本將士第一次遭遇中國人——不是書上的，而是活生生喘著粗氣的中國人。從遼東的軍營被派到這個戰場的明軍將士，大部分也是第一次聽到「日本」這個詞。

暗號之扇

日本發現的「夢幻之書」《兩朝平攘錄》

我手頭現在有本《兩朝平攘錄》，這是諸葛元聲所撰，明萬曆丙午（一六〇六年）年刊行的。當然，這種貴重資料的原本，是不會落到我們這種人手裡的。我手上的這本書是把原本拍照下來，即所謂的「影印本」。這本書記述了明代的軍事行動，其中卷四是關於日本的內容。不用說，是有關豐臣秀吉的軍隊在朝鮮的戰爭。

不過，有趣的是，只有卷四的部分有日本式的讀音順序符號和假名。這也是因為，用於複製的原本，是在日本得到的，肯定是來長崎的中國船隻帶來的。買下這本書的日本人，只在與日本有關的卷四中，邊讀邊標上讀音順序符號和假名。

為什麼把有標註的書做為複製的底本？理由很簡單，因為沒有別的原本了。《明史・藝文志》裡也記載了這本書，但在中國已經流失。

中國出版的書籍，在中國已經亡佚而在日本還能找得到的例子，並非只有這本《兩朝平攘錄》。

中國人是目錄專家，日本人是保存天才

乾隆年間，中國亡佚已久的皇侃的《論語義疏》從日本傳回去，收錄於《四庫全書》。日本的根本遜志[2]在足利學校發現了《論語義疏》的刻印本。這在當時的中國文化界是個大新聞，讀書人都很興奮。公羊學者（以《春秋公羊傳》為武器，鼓吹滅亡清朝的革命思想的一群人）、著名詩人龔自珍（一七九二—一八四一）期待著日本是否還有其他中國已亡佚的古書，曾託付貿易船隻去尋找。《定庵文集補編》中所收錄的「與蕃船求日本佚書書」一文中，表達了龔自珍得知從日本傳來佚書的喜悅：

海東禮樂之邦，文獻彬蔚。天朝上自文淵著錄，下至魁儒碩生，無不歡喜。翹首東望，尤見雲物之鮮新……

滿篇溢美之詞。

龔自珍在這封信裡，附上一張單子，寫明中國亡佚的古書書名、亡佚年代，託付貿易船隻尋找。為什麼龔自珍連亡佚年代都知道？這是因為中國對製作「書目」有超乎尋常的熱情。歷史中正史的藝文志，幾乎羅列了當時公開刊行的所有有價值的書籍名。稍有名氣的藏書家，必定會列出自家藏書的書單。官民都以令人難以置信的熱情忙於製作書目。從這些數量龐大的官民書目中循跡調查，大致就能查出某本書何時佚失。

在前述黃遵憲的《日本雜事詩》裡，關於日本保存了中國佚書一事，吟詠如下：

論語皇疏久代薪，海神呵護尚如新。

不僅是古書，正倉院[3]的收藏品也是個好例子。很多中國文物在本家早已流失，流落到日本則被妥善保存。

關於這一點，後面還要提到。請先記住，日本人是保存的天才，中國人是製作目錄的專家。

「以寡敵眾」——日本人的兵法

話說遠了，還是回到《兩朝平攘錄》上來。這本書中記錄了日本人打仗的方法。讓中國人睜大了眼睛的，是日本人的伏兵戰法和機動作戰的巧妙：

用兵擅埋伏。每每於我軍之後，兩面夾攻，以寡敵眾。

還有：

戰前三五成群分散，一人揮扇，則伏兵四起。此謂蝴蝶陣。

【2】江戶時代的儒學家，師從著名儒學家荻生徂徠，曾校訂《論語》的註釋書。

【3】在奈良，收藏了很多唐代文物。

書中有這樣的記述：

扇子是暗號，為了在夜戰中也能看見，大概用的是白色扇子。扇子翩翩揮舞，就像蝴蝶飛舞，所以起了「蝴蝶陣」這麼個風雅的名字吧。

這是被稱作倭寇的日本海盜部隊的戰法。與倭寇交過手的明人胡宗憲在《籌海圖編》這本書裡寫道：「倭夷慣為蝴蝶陣，臨陣以揮扇為號。一人揮扇，眾皆舞刀而起，向空揮霍，我兵愴惶仰首……」

朱九德在《倭變事略》中寫道：「（倭寇）有稱二大王者，年二十餘，每戰輒揮扇。」不光是扇，同書中還記載有：「執白旗吹螺，整隊而來。」

白旗和蝴蝶陣的白扇一樣，是暗號，並非投降的標誌。

說些題外話，白旗代表投降或是軍使的標誌，過去只是歐洲的習慣，中國人理所當然不知道。鴉片戰爭時，廣州附近發生了清軍炮擊掛著白旗的英國軍使船的事件。英國以此譴責：「中國人野蠻。」

這也是無可奈何之事。

白旗的用法只有歐洲才有，歐洲人卻認為到哪裡都通用，不得不說是一個大錯誤。毋庸置疑，這種誤解還以其他的形式存在著。

「這種做法對方能理解嗎？」——我們應該時時刻刻把這個問題放在心上。

扇和旗是訴諸視覺的號令。視覺有限度，遠距離的聯絡，當時似乎是以吹螺為號。

「絕對服從精神」的古老傳說

「隊不過三十人，每隊相去一二里，吹海螺為號，相聞即合救援。」

根據《倭變事略》的描寫，日本部隊的活躍躍然眼前。除了蝴蝶陣，還有種名號恐怖的「長蛇陣」。

這種陣法是這樣的：排成蛇一樣的長隊行軍，先頭遭遇敵人，後尾迅速迂迴，從背後夾擊敵人。跟日本戰國時代的「車懸戰陣」、「鶴翼陣」，大概是類似的陣法

總之，日本人號令一下，行動整然，而且相當敏捷。整個部隊像一個生物，在扇子、旗子、螺號的指揮下，隨心所欲地行動，這是操練的結果——絕對服從命令。

這種精神也必不可少。扇子向右邊揮，就不能往左邊跳。違反的人不僅自己性命堪憂，也關係到整個團隊的安危。不許隨便行動。

互相爭執，行動就無法一致。因此，才有「少紛爭」一說。《倭人傳》原文為「訴訟少」，指訴訟、摩擦很少。

從身邊的戰友口袋中摸東西，很明顯是擾亂團結的行為，所以「少盜賊」也是理所當然。

總之，《魏志・倭人傳》裡記述的日本人的特徵，在一千三百年後豐臣秀吉出兵朝鮮時沒有什麼變化；在四百多年後的現代，也沒有多大變化。

當然，中國的戰爭理論，以掌握大軍，驅使他們像小部隊一樣靈活行動為理想，因此，強調暗號之旗和陣鼓的重要性。

《孫子》的《兵勢第五》中說：「鬥眾如鬥寡，形名是也。」

註釋中說，「形」是指旗，「名」指金鼓。對「眾」（大部隊）要像「寡」（小部隊）一樣輕鬆自如地

操縱，需要旗和鼓。

儘管如此，日本軍的蝴蝶陣讓中國軍隊睜大了眼睛，說明他們集體行動的迅速敏捷，並非中國軍隊所擅長。

痛感這樣下去不行，明朝名將戚繼光創立了名為「鴛鴦陣」的陣法。其名之優雅可與日本的蝴蝶陣匹敵，但從他的著作《紀效新書》來看，鴛鴦陣只是練兵用的陣形。荻生徂徠[4]不知為何，對此書十分推崇，甚至在日本翻刻此書。

戚繼光在追悼兵部尚書（國防部長）譚綸的祭文裡說，這種戰法連勝八十餘戰。就像結婚儀式的祝詞中誇獎「新郎是秀才，新娘是才女」一樣，在悼詞裡誇耀故人功勳，聽者應該打個折。

引以為豪的「鴛鴦陣」，也是在日本人的「蝴蝶陣」、「長蛇陣」的刺激下創出來的。這種整體統一作戰的巧與拙，也正反映了日本人和中國人性格的差別。這和《魏志·倭人傳》中，中國人瞭解日本的情況後感到「吃驚」是一樣的。

唯錦旗是瞻

民族關係深厚的日本和「滿洲」

豐臣秀吉出兵朝鮮，未能掌握制海權，所以無法取得成功。雖然大海守衛著日本，但要進攻對手時，大海又成為一種阻礙，至少在蒸汽船出現以前是這樣。

如果沒有大海，秀吉的軍團更深入中國大陸，跨過鴨綠江直至威脅北京，也不是沒有可能。弄得不好

（從日本方面來說，是一切順利的話），還可能征服明朝，實現太閤[5]的夢想。

奪取大明四百餘州，是太閤的「誇大妄想」。確實不太現實，但也不能斷定就是妄想。明朝在半世紀之後，為滿族所滅亡，據推測，當時滿族的人口不過數十萬。同時代的日本人口，據說約有二千萬左右。不是一個重量級別。滿族能做到的事，日本人不可能做不到。

不過，在太閤的時代，時機還未成熟。明王朝真正腐敗墮落是稍後的事。滿族抓住了這個機會，再加上鄰接中原，長期與漢民族接觸使其掌握了與漢民族打交道的要領，同時還擁有傑出的指揮者，便如秋風卷落葉一般席捲了中國大陸。

前面說到了暗號之扇，從打暗號這個功能來說，扇也可以換成旗。例如說「唯錦旗是瞻」，就是按旗的暗號行動，發誓絕對服從的意思。在這裡，我們頭腦中一定會浮現日本的武士近衛兵團「旗本」。從「旗本」再產生飛躍聯想，自然而然會聯想到滿族的「八旗」。滿族和日本同屬於烏拉爾・阿爾泰語族，不能說完全沒有關聯。按照近年來風頭正健的「騎馬民族說」，日滿兩族的關係更是淵源深厚了。

那麼，滿洲八旗又是什麼呢？

漢族有所謂本籍，如江蘇省某縣，臺灣省某市出身。但游牧的滿洲人沒有籍貫這種固定出身地，取而代之的是以「旗」為自己的籍。

【4】荻生徂徠（一六六六—一七二八），江戶中期的儒學者，著有《譯文筌蹄》。

【5】即豐臣秀吉。

「旗」就是軍團，男女老少，每個人都屬於某旗。無所屬則被棄於荒野，只能等死。有「所屬」，意味著能活下去。

一開始只有黃、紅、白、藍四旗，後來加上鑲邊的四旗，成為八旗。黃旗是主陣；藍旗在狩獵時尋找獵物，在戰爭時引出敵人；紅旗和白旗負責包圍，把對方逼進黃旗翻飛的主陣。

平時的狩獵，就是一種軍事訓練。旗人原則上過的是游牧生活，所以家族也會和軍團一起行動。在集合或是移動的緊急時刻，如果還講究男女有別，就十分不便。還有，孩子坐在父母下座、不並排坐的禮儀，在這種場合也顯得過於繁瑣。

在戰爭中，男人的數量不斷減少，要維持氏族延續必須留下子孫。因此，自然形成了一夫多妻制。但是，在集體生活中發生女人嫉妒、歇斯底里的事情可不行，所以要多加教養、訓練。

我並非要一一列舉日本人和滿族人的類似點。古今中外的軍事集團生活，大多都有以上特性。這是我想說的。

辮子和月代[6]異曲同工

滿族的風俗中最引人注目的是辮子。征服中國後，滿清王朝強迫漢族也蓄辮，甚至以死刑強制推行。剃去前額的頭髮，留長後腦的頭髮，編成辮子。

日本的月代也要剃頭。據說是因為戴頭盔悶熱，所以剃去頭髮。這樣看來，剃頭的風俗產生於要經常戴頭盔的軍事民族。北亞的民族經常「露頂」，有剃頭的習慣，他們也是出名的勇敢戰士。

日本的丁髻是向上梳起，如果留長垂下來，不就變成辮子了嗎？

提到了滿洲，就順便說一句，做為地名，它對中國人來說是個很不愉快的名詞。

滿洲——這是一個民族的名字。關於這個名字的起源，有很多說法。

他們是通古斯系的女真族，接受了佛教的教化，特別是從很早就開始崇拜文珠菩薩。族長中也有很多人就名叫文珠，用漢字也寫作「滿住」或「滿珠」，後來統一為「滿洲」。

這是最有權威的一種說法，其他還有好幾種說法。

他們與漢族人打仗大敗，酋長落荒而逃，躲進豬圈。漢族士兵四處搜索，酋長躲在豬背後，沒被發現。漢族士兵叫著「滿豬」——滿圈都是豬——離開了。為了紀念這千鈞一髮之際，女真人硬把漢族士兵搜尋時所叫的詞語做為了自己民族的名稱。——這也是一種說法。

這個說法似乎有點可疑，但滿族的名稱和豬並非毫無淵源。這一點稍後再論。

據說滿洲王朝愛新覺羅氏的發祥地據說是長白山，而內藤湖南[7]考證的結果說是朝鮮咸鏡北道會寧。總之，滿人幾經遷徙是毋庸置疑的。前面提到過，清朝開國時滿族只有數十萬（一說是十萬）人。最近的統計為二百四十萬，清朝滅亡時人口應該不滿二百萬吧。而且，禁旅八旗、駐防八旗等大部分滿族人，都遷往了關內。

【6】從平安後期開始的男子的一種髮型，把前額到頭頂的頭髮剃掉。

【7】內藤湖南（一八六六—一九三四）。日本東洋史學家。他關於中國歷史最著名的理論是「唐宋變革期」。他認為中國歷史分期以秦漢以前為「上古」，東漢到西晉為「第一過渡期」，五胡十六國到唐朝中葉為「中世」，唐朝後期到五代十國為「第二過渡期」，宋朝以後則為「近世」。他的理論被之後的日本學者所繼承，成為日本人研究中國歷史的基本觀念。

對「滿洲」一詞感到不快的中國人

日本人通常稱為「滿洲」的地方，從清朝始祖努爾哈赤時開始，就有漢民族在那裡從事農耕。後來，不斷有移民從山東遷來，現在已有四千多萬人口。其中滿族人口能有十萬就不錯了。用「滿洲」來稱呼中國的東北，因為它本是民族的名稱，所以中國人聽起來，就覺得是在說「滿族的地盤」的意思。

正如阿富汗族居住的地方就叫阿富汗，人們常用民族的名稱來命名他們居住的地方。但是，滿洲的情況並非如此。這裡漢族占壓倒性優勢，就連蒙古族和朝鮮族都比滿族人口多。

歷史上，這裡也不光是滿族的地盤。明代，這裡設置了軍事基地「建州衛」，有記錄顯示，清太祖將其改名為「滿洲」。一定要用「滿洲」做地名，那應該只是指舊建州，也就是瀋陽（奉天）附近。滿族人自己也不把日本人叫做「滿洲」的地方叫「滿洲」，他們分別稱之為奉天、黑龍江、吉林，或者總稱為「東三省」。

日本人扶植傀儡國「滿洲國」，中國的抗議遊行隊伍卻舉著「收復東三省！」的橫幅，決不會使用「滿洲」這一名詞。

現在人們已經不再稱其為「東三省」了，而是使用「東北」這個稱呼。舉個例子來說，日本的奧羽地方被叫做「阿伊努」，這一叫法就和「滿洲」相似。何況，滿洲又和受壓迫的阿伊努族不一樣，是曾經佔領過中國的民族的名字，更容易喚起不快的記憶。

有人大概認為，不用管別的國家的內部情況，我們按自己的習慣來稱呼就好了。但是，「滿洲」這個名字帶來的不快感，很大程度上來源於日本人所扶植的傀儡國「滿洲國」。這點不得不留意。

第三章 「面子」與「物哀」

——最根本的差異在於日本沒有黃河

全民學鳥銃[1]

給中國人帶來衝擊的「祈戰死」旗幟

再次回到豐臣秀吉出兵朝鮮的話題。

畢竟，明治以前，日中兩國只有這一次現實的接觸，所以更需要研究這場戰爭。秀吉出兵一事，事前當然極為機密。據《明史》記載，為了防止與明朝通商的琉球洩漏消息，琉球曾一度停止向明朝進貢。

不過，最早通知明朝豐臣秀吉出兵朝鮮的意圖的，還是一位來往琉球的明朝商人陳申。接著，在薩摩的明朝醫生許儀後，托同鄉林均旺傳遞密信，緊急向福建軍門報信。

許儀後並非間諜。他在廣東附近的海上被倭寇抓獲後被送往薩摩。因為是醫生，他成為藩主島津家的侍醫。通過診病，他與藩國首腦人物關係密切，因此早早掌握了秀吉出兵的秘命。如何將這一消息告知祖國，他絞盡腦汁。因為許儀後不是職業間諜，所以進展緩慢，最後還是往來於琉球的陳申拔了頭籌。

這位醫生許儀後在《報國書》中，描述了日本的國情。關於日本人的性格，他這樣寫道：「以病終為恥，以戰死為榮。」特別點出了日本人輕視生命的尚武精神。

這令人聯想到三百年後的明治時代，亡命日本的梁啟超（一八七三—一九二九）看到送給出征士兵的旗幟上寫著「祈戰死」三個字，大吃一驚。

頑固的保守派羅振玉（一八六六—一九四〇）在《扶桑兩月記》中，記錄了同類的事情並為之感動：

當時在商船學校的航海實習中船隻沉沒，數十名學生下落不明，但報考者反而更多。

鳥銃傳來不過百年，日本開始出口槍彈

許儀後常年居留日本，並非像《魏志・倭人傳》那樣僅僅記下傳聞，他用自己的語言列舉了自己親眼所見的事實。

——善於攻城，鳥銃威力非凡。

——拙於水戰。

——刑罰嚴厲。

——浮虛不實，大言壯語。

許儀後的本職是醫生，對軍事是外行。因此，前面所列舉的，必定是外行都能看出的顯而易見的事實。也就是說，在外行看來，日本人明顯比中國人擅長攻城，鳥銃更有威力，不擅長水戰。

葡萄牙人漂流到種子島，將鳥銃傳入日本，是在一五四三年。請記住這一年。

日本最早使用鳥銃的戰爭是長篠之戰（織田、德川的聯合軍與武田勝賴作戰），爆發於一五七五年。也就是說，是在鳥銃傳到種子島三十二年後。

【1】明朝對火繩槍的稱呼，清朝改稱鳥槍。所謂火繩槍，就是火繩點火的早期金屬身管射擊武器。

僅僅三年後的一五七八年，據傳教士的書簡記載，大阪本願寺竟然已有鳥銃八千支。光有鳥銃打不起來仗，還得要有人會使用鳥銃。光是大阪本願寺，就有一萬多人會使用鳥銃。當時的日本，大概阿貓阿狗都去學打鳥銃了吧。

另一方面，葡萄牙船第一次到達中國，是在一五一四年，地點是廣東省的屯門，這比葡萄牙人到達種子島要早二十七年。

秀吉第一次出兵朝鮮，是在文祿元年，即一五九二年。距離葡萄牙人到達，也就是鳥銃傳入日本，正好是第四十九年。而中國則是第七十八年。

日本鳥銃隊的精銳，即使在軍事門外漢許儀後眼裡，也是顯而易見的。明軍的鳥銃隊，是在朝鮮之戰後才建立的。

順便說一句，在一六三五年左右的日本貿易品清單上，記載著槍彈一萬一千六百九十六發。這不是進口，而是出口。種子島鳥銃傳入不到百年，日本就成為彈藥的出口國。除了武器以外，煙草也在出口清單上。日本在吸煙的習慣傳入不久，就開始出口了。真是進展飛速。

這個時代的日新月異，請大家記在腦中。

正如鳥銃這個例子所顯示的，與中國相比，日本的反應敏捷，表現得十分明顯。

明知「有用」卻棄而不用的中國人

在朝鮮遭遇日本的鳥銃隊之後，明朝才終於建立了鳥銃隊，但完全沒有投入精力培育鳥銃隊。

明朝天啟年間，即一六二〇年，也就是朝鮮之役三十年後，滿族頻頻在東北挑起軍事行動，明朝朝廷終於招來居留澳門的葡萄牙人，正式向官兵傳授如何使用鳥銃。

還真是悠閒呢。

無論什麼東西，日本人只要知道「有用」，就會迅速採用，十分熱心於此。明治以後的文明開化之迅速，並非突如其來，早就已有「不管阿貓阿狗都學習鳥銃」的狂熱了。

中國人即使知道「有用」，也不會輕易採用。是否適用當前情況，會有人提出異議。

鳥銃傳入之時，日本處於群雄割據、你死我活的時代，因此能夠戰勝敵人的利器必須馬上大量採用。

相比之下，葡萄牙人出現在中國時，明朝處於相對穩定的時代。明武宗正德皇帝在位，自命為威武大將軍總兵官，四處出遊，並熱心於喇嘛教的房中妖術，將朝廷大事推給宦官劉瑾。當有人上書說劉瑾有覬覦帝位的野心時，這位皇帝竟然說：「那就把天下讓給他吧。」儘管如此，明朝此後又存在了數百年。

處於這樣的時代，不著急學習鳥銃也是意料之中。

那麼，在清末西歐列強帝國主義的侵略時代，中國人又如何呢？

中國比日本先嘗到鴉片戰爭的苦頭，但在採用西方近代技術上卻落後於日本。從這一點看來，不得不承認兩國民族性格的差異性。

胡服騎射

軍服難倒國王

先離開硝煙紛飛、刀光劍影的近代，看看更久遠的年代裡，中國人採用「新事物」的實例。從這些例子中無疑能看出中國人性格的原型。

回到西元前三〇〇年。

當時是中國的戰國時代。

趙武靈王這位英明君主，決定採用異族胡人的服裝。

當時，傳統的三人乘戰車的戰法，已經向步兵、騎兵戰轉變。對新的戰爭方式來說，比起當時寬袍大袖、一件到底的「中華」服裝，帶鉤收緊、上下身分開的胡服更利於騎馬和步行。中華之國的趙國，採用了胡人這樣的服裝，組成了「胡服騎射」的機動部隊。

這時已是戰國末期，在秦始皇統一天下之前。據《史記》記載，趙武靈王宣佈：「吾欲胡服。」此話一出，「群臣皆不欲」。

司馬遷在《史記》中，不惜筆墨記載了趙武靈王說服重臣和公子成等反對派的經過。

公子成對著夷狄之服十分牴觸，稱病不參加「胡服參朝」（著胡服拜見國王），並派使者轉達了自己的意見：

臣聞中國者，蓋聰明徇智之所居也，萬物財用之所聚也，賢聖之所教也，仁義之所施也，詩書禮樂之所用也，異敏技能之所試也，遠方之所觀赴也，蠻夷之所義行也。今王捨此而襲遠方之服，變古之教，易古人道，逆人之心，而佛學者，離中國，故臣願王圖之也。

聽了這番話，趙武靈王親自去探望公子成，耐心地說服他：

鄉異而用變，事異而禮易……故去就之變，智者不能一；遠近之服，賢聖不能同。

趙武靈王同時對反對胡服的趙文、趙吉等重臣說：

先王不同俗……及至三王，隨時制法，因事制禮。法度制令各順其宜，衣服器械各便其用……夏殷之衰也不易禮而滅，然則反古未可非，而循禮未足多也……

趙武靈王邏輯井然地說服了眾人。

這是西元前三〇〇年的事，趙武靈王的觀點相當理性。不得不佩服趙武靈王的思路整然。

失去慣有的「簡潔」的司馬遷之筆

司馬遷執筆《史記》，是在胡服騎射一百五十年後。這裡還要考慮到其間秦漢更迭，發生過巨大變革。

對於胡服騎射，生在那個時代的人的想法，和記錄的人的想法，一定會有差異。

儘管如此，在讀到《史記》的《趙世家》時，我不禁感到，寫到胡服騎射這一段，司馬遷之筆，忽然失去了慣有的簡潔之風。

從「吾欲胡服」到「遂胡服，招騎射」，花了一千三百七十五個字。戰國時期最戲劇化的事件——吳越決一死戰，司馬遷在《吳太伯世家》中只花了八十九個字，《越世家》中也只花了三百零五個字。

在這些短小的篇幅中，司馬遷記載了越王勾踐欲赦吳王夫差，但夫差卻說「我已老，死後無顏見伍子胥」，然後自殺而亡的悲劇。夫差曾經破越，不聽重臣伍子胥的勸諫放過了勾踐。記載如此曲折的吳國滅亡史，所用文字極為簡練。

如此一一列舉文章的字數，或許無聊。吳的滅亡，在司馬遷惜墨如金的筆下，反而顯得餘韻悠長：

天以越賜吳，吳不取。今天以吳賜越，越其可逆天乎？

越王勾踐對曾幫助過自己的吳國生出同情之心，名臣范蠡如此勸誡他。越王出於仁義之心，仍不忍拒絕使者。范蠡當機立斷鳴鼓進軍，驅逐前來求降的使者。吳國使者悲泣而去。越王慈悲為懷，欲救吳王一命，下令讓吳王去舟山列島統治百家。但是，吳王辭謝後自殺。

乃蔽其面，曰：「吾無面以見子胥也！」

全用史實，沒有一句多餘的話，吳國滅亡的悲劇，栩栩如生地浮現在眼前。

相比之下，胡服騎射的敘述則顯得十分冗長。為什麼不用「十九年春正月，武靈王胡服招騎射，以報先王之仇」一句話交代過去呢？只不過是把長袍大袖改成了上下兩截套裝這樣一件小事而已。

當採用新事物時，中國人的顧慮之深、程序之繁瑣，通過《史記》的這段記述風格就能看出來。

司馬遷的時代，漢帝國正在與匈奴死鬥，儒家正式被奉為國教。除了儒家的名分論之外，戰爭培養出的敵愾心所產生的「華夷有別」的思想，無疑正在高漲。因此，即使是一百五十年前的事，但若只用一行文字來記載採用夷狄風習這件事，恐怕不能服眾吧。

同根

中國人的形式主義和說服主義同根

「胡服騎射」這件事，到底說明了中國人性格中的哪些特點？

首先是「形式主義」。

不過是改換服裝這一件小事，就頗費周折。

其次是「說服主義」。

趙武靈王如果確信胡服方便，只要果斷地開始實施就行了，但他卻耐心地剖析給公子成等重臣聽，尋求諒解。當時的國王，並非沒有實權，但卻為了說服眾人費盡心思，而「四處奔走」。

形式主義和說服主義，源自同根。

其根源無疑正是崇尚人文的精神，用另一個詞來表達，就是「無神論」。

中國人無神論的淵源有很多說法，其中，自然環境的優越應該有很大影響吧。不過說到自然環境的優越，日本應該更勝一籌。

宗教性民族，特別是信封一神教的閃族，一定是從遠古時起就生活在惡劣的自然環境中。例如被沙漠包圍的綠洲，周圍一片荒涼，刮起沙塵暴，人和駱駝都被掩埋。當人的力量無力回天時，才產生了依靠神靈的想法。

「治理黃河」才有當聖人的資格

中國也有沙漠。戈壁也好，塔克拉瑪干沙漠也好，都在中國人廣闊的生活圈之外，他們沒必要穿越沙漠。在他們的生活圈裡，最可怕的是「水」。

黃河的水給此流域帶來肥沃的土地，但一旦洪水氾濫，就會吞沒家園和田園。不過，面對黃河的氾濫，人們並不像對沙漠那樣無計可施。人們想方設法阻止水害，用人海戰術，動員人民修築堤防，修補河道，這在一定程度上能減輕水害。

人類憑一己之力就可以制伏自然，因此形成了不依賴神靈，重視自身力量的傳統。在中國，不存在基督教那樣的神。中國人崇拜的是聖人，而不是神。什麼是聖人？古代的聖王堯、舜等就是人們崇拜的對象。這些聖王都是人類，而且主要是成功「治水」的人。

人有了力量，就可以改變一切。——對人的力量的信仰，孕育了中國崇尚「人文」的精神。

在此根源上產生了形式主義。

中國式無神論歸結為「面子」

都說中國人要面子。這正是一種形式主義。

在神存在的世界，事物的表與裡，會因宗教式的道德緊緊相連。不，或許已經沒有表裡之分了。事物被神的旨意所充滿，毫無空隙。

中國沒有神，人則到處都是。人不像神一樣，能承擔精神黏合劑的作用。在中國，為了方便處理生活中瑣碎的人際關係，人們留出了不少的活動餘地。

一切事物都有深幽之處，要想探索其奧妙將是看不到盡頭的。既然如此，除了把握表面所表現出來的東西外，別無他法。宗教憑藉精神的力量，想深入其中一探究竟。中國人不知道有這種宗教式的探究方法。

「面子」這個詞所表現出的中國的形式主義，可以說是中國式無神論理所當然的結果。

那麼，同根而出的「說服主義」又是怎樣呢？

「文化大革命」是一種大規模的說服主義運動。如果是這樣的話，不得不說是中國式的東西。

「天時不如地利，地利不如人和。」——《孟子》裡這樣說。

戰爭時，不論有多好的時機，佔有多有利的地形，都敵不過「人和」。眾人齊心，其利斷金。從中可以看出，完成大業的是人，而不是天地這種信念。

> 不和於戰，不可以決勝。
>
> 有道之主，將用其民，先和而造大事。（《吳子》）

在這裡，「和」被反覆強調，因為重視人，重視群體力量。這是說服主義產生的土壤。

凡事都有最低程度的分界線。超過了分界線，就完全成為另一事物了。

日本與中國在環境優越方面的程度之差，就是這個分界線吧。

人的力量是偉大的——如果有這點感觸，就不能像沙漠民族那樣在自然面前俯首稱臣。雖說如此，若自然環境太過優越，戰勝自然環境的人的力量就顯現不出來了。

日本就是如此。

中國有時常氾濫的大河，偉大的人能傾盡全力控制它。在河與人的格鬥中，河勝或人勝差距只在分毫之間。在這種交戰中，人勝將會產生戲劇性的效果。

這種意義上，黃河被稱為「崇尚人文精神」之母，「形式主義」和「說服主義」則是黃河的孫子。

因為沒有像黃河這樣的恩惠，在日本人的性格中，似乎很缺少讚美人的力量的部分。河川氾濫，水位稍漲時，只要稍微避難就可以了。颱風時，只要躲幾個小時，災難就過去了。日本的自然環境如此安全，不需要英雄或聖人。

雖說日本人不崇拜人的力量，但也沒有狂熱地崇拜過神靈，至少沒有像基督教系的一神教那樣崇拜神明。關於這點，我們親愛的伊達亞•卞達森也曾很有自信地斷言過。

既懷疑神的偉大，又不讚頌人的偉大。那麼是不是還需要一些什麼？如果什麼都沒有，人不是就活不下去了嗎？

日本式的精神，是非神非人的延長線上的一點，或許是任意點中的一段。

很難命名。如果一定要有個名字，那就不得不想想辦法。

——物哀。
——侘寂。[2]
暫且如此命名吧。
非神性，也非人性。

差別

日本文學之根：「物哀」

什麼是「物哀」？
聽聽指出「物哀」是日本文學之根的本居宣長的說法：

所見所聞，所接觸之事，心中有感而發的歎息之聲。（《源氏物語玉小櫛》）

這就是「物哀」。
「歎息」——這是能斷絕前後聯繫的東西。不，不是「能」，「斷絕前後聯繫」才是歎息的本來面貌。

【2】日本美學中的一個概念，意為幽靜之美，或閒靜、恬靜。

有時為了留有餘韻而俐落地省略後面的東西，這還有點困難。不過，「歎息」的本來面貌至少和前面是乾淨俐落一刀切斷的。

例如，有一個商人，一邊走路一邊擔心票據的期限。忽然，抬頭一看，一枝梅花伸出牆外，枝上的花蕾含苞欲放——

「啊……」

商人發出一聲歎息。這就是「物哀」。

那一瞬間，票據的期限從他的腦海中消失了。等他再次邁開步履，開始擔心票據時，對梅花花蕾的歎息、物哀，就消失了，或者是僅僅留下搖曳的餘韻。

歎息也有各種形式，突如其來的才是本來面目。旁邊的人也許會聽到，但歎息並不是為了讓人聽到才發出的。只是無意識地從口中洩漏，落入自己的心湖而後消失。它是自生自滅的東西，跟他人沒有關係。

中國文學的根在於「對人的信賴」

中國文學的根在哪裡呢？

在於訴諸人，說服人，最後是對人的信賴。從頭到尾，都與「人」緊密相連。日本文學的水源是《萬葉集》，中國文學的源頭是《詩經》。《詩經》是一部古代民歌集，孔子從中國各地民謠中挑選了三百餘篇編纂而成，作品從西周到東周，也就是西元前一一〇〇年到西元前六〇〇年。這正好是希臘荷馬敘事詩成長的時期。

為《詩經》的「國風」（各國民謠）做註的吉川幸次郎曾很明確地說，「國風」有一百六十篇，幾乎篇篇都在向人傾訴。讚頌明君、譴責暴君，或是呼喚戀人……形式多樣，都是對人的呼喚，找不到直接向神傾訴的詩篇。

「彼蒼天者……」——詩中有這樣的句子，但並非向天呼籲的表現。這是在向他人傾訴，自己現在很不幸，這是天的過錯、命運的過錯。

「文化大革命」是大規模的「說服運動」

從遠古時代起，中國人從不向命運或天哭訴，傾訴的對象總是人——必須是能治理黃河氾濫的偉大的人。要向活生生的人傾訴，即使對方是偉大的聖人，也要條理分明，一點一點詳細解釋。比向神祈禱麻煩得多。問題越是複雜，傾訴和解釋越要周密，越花費時間。

感動日本人的「物哀」，如前所述，是瞬間性的。突如其來，直抵心靈深處。歎息不容考慮就已經發出了，前後毫無脈絡可循。

擾亂中國沿海的倭寇、攻陷朝鮮的秀吉的軍勢，隨蝴蝶陣的扇子指揮，反應敏捷，可以看作是「歎息」式的反應。

如果是中國人，白扇向右指，未必所有人都會按指示行動。為什麼一定要向右行？要仔細聽了解釋，理解之後才會執行。

如果中國人有日本人的性格，在「滿洲事變」爆發當時，也就是昭和六年（一九三一年）就正式和日本宣戰了。但到昭和十二年（一九三七年）的「盧溝橋事變」，有六年「中間休息」的時間，在這期間，進行了「說服宣戰」的工作，具體來說就是第二次國共合作。

有人說「文化大革命」是「示威」，有人說是「鎮壓」，其實本質上是大規模的「說服運動」。那麼，「文化大革命」是什麼的前兆？這還不清楚。不過，這場運動是說服大家和舊時代、舊思想訣別的運動，這一點是毋庸置疑的。

熟知性情的一家人——這就是島國日本

從我居住的神戶高臺，可以清晰地看見淡路島。須磨一帶海水被污染，所以夏天很多人去淡路游泳。淡路是神話之島。伊邪那岐、伊邪那美兩位大神，最先生下的就是淡路島。[3]可是，實際上，不管何時來，這座小島一點也沒有神話氣息。一次，我忽然想到，這個島之所以與神話相關，只有一個原因。

那就是島的大小。

遠古時代，海是防禦外敵的天然屏障。盤踞島上，統治權就可以安枕無憂。那個時代不可能有大規模船隊的侵略軍。

不過，島太小了，居民的生活就成問題，還是需要適當的面積。淡路島這種島嶼，不是最適合形成國家的原型嗎？

在小豆島上，四處可見不及一人高的古老石垣。為什麼修建這些石垣，什麼時候修的，島上的年長者都不知道。有人說是為了防禦海盜。不論如何，小豆島和淡路島一樣，適合誕生古代的小規模政權。

如果淡路島和小豆島上產生過「國家」，那一定是很小的國家。統治範圍小，幾乎沒有外部人員進入，這個小天地就變成了「熟知性情的一家人」。島上的長老閉一隻眼做個暗示，島民就知道他想要什麼。

體察入微到這個程度，自然也就不需要說服了。

如果一家人中有反對者或異端分子，就會把他扔到木筏上，驅逐到海外。這讓人聯想起發育不全而被放進海裡的水蛭子的傳說[4]。

淡路島、小豆島的政權，稍稍膨脹不就是大和朝廷了嗎？

把日本當作島國，說到「島國根性」的時候，想到淡路島就容易理解了。

中國人重視「說服」更甚於「以心傳心」

一望無邊的中國大陸，沒有大海可做為保障統治權的安全屏障。因此必須時刻睜大眼睛警惕外敵，避免外來分子的進入。島的面積有限，而在大陸上，不論你願不願意，一個政權所支配的地盤，總是時而擴大，時而縮小。

一旦擴大，就會產生新的狀況，必須容納外來分子。而要吸收他們，光是靠體察入微是不夠的。這個時候，最不能忽視的，就是說服的力量。

川端康成曾經在夏威夷大學的講演中，把日本的精神描述為「以心傳心」。

這個詞原出中國宋代僧人道原編寫的《景德傳燈錄》。放棄說服，正是日本的特點。

日本聚集的是互相熟知性情的人，號令一下，就能如整體般靈活運轉，如此身世，堪稱幸福。

【3】《古事記》中記載伊邪那岐、伊邪那美兩位夫婦神結合生出國土，最先生下來的就是淡路島。

【4】伊邪那岐、伊邪那美兩位夫婦神結合後有了孩子，卻是個水蛭子（指骨骼發育不全的胎兒）。於是他們把這個孩子放進蘆葦船，讓它順水流去。

第四章　言靈——迷信「同文同種」的危險

路標

中國是日本的「百寶箱」

前一章裡談到了日本的「以心傳心」和中國的「說服主義」。在以心傳心中，當然含有「說服」；在說服的方式中，「以心傳心」也占重要的比重。嚴密地說，兩者是重合的。

換句話說，在調節人際關係時，日本人很少使用語言，中國人則多使用語言。人類社會不可能沒有「對話」。日本人話不多，大概是因為最重要的對話對象不是人類吧。聽起來似乎有點語出驚人，博人眼球。舉個例子。

「人應該怎樣生活？」——這種根本性命題，日本人相互之間會討論嗎？討論這種問題的機會，從一開始就被剝奪了。

在文明的曙光期就產生了錯位。

在中國，人們對生活產生疑問，然後觀察現實，和與自己一起生活的人就各種問題進行討論，最終產生的成果，成就了中國眾多的經典。

從春秋戰國諸子百家爭鳴時期起，經兩漢絢爛的王朝時代，到魏晉的分裂時期為止，中國留下了許多文獻紀錄。而鄰國日本卻無聲無息地存在著。

魏晉時，使節頻繁互通。日本當時還處於邪馬台國時代，沒有文字，除了口傳之外沒有其他的記錄方法。

因此大量的中國古典文獻傳入日本。

本來需流淚流汗、說乾唾沫才得出的「結論」，現在卻唾手可得。日本人為為獲得結論所做的努力幾乎為零。

這不就是「百寶箱」嗎？

「人類的生存之道？」——這樣的問題一產生，便有如回音一般的回答：「子曰……」不論老莊，還是墨、法、名、陰陽諸家，其學派內部都經歷了長時間的辯論，辯論的精華才凝結成經典典籍。

被記錄下來的結論固然很重要，但更重要的是被記錄下來的過程。

從中國傳到日本的僅僅是「結果」，「過程」則被忽略了。

直到現在，日本是否曾在生存的終極意義上感到迷惑並深刻地煩惱過？不論在哪個歷史轉折期，日本人心裡都樂觀地認為：沒關係。不管發生甚麼事，只要跑進圖書寮[1]，趕緊查一下就好了。

在圖書寮找到合適的書，和書開始對話。

這就是我前面所說的，日本人「對話的對象不是人」，他們對話的對象是書，是跳過了過程的結論，也就是理念。

【1】日本古代保管圖書、文獻的部門。

連「遁世」都模式化的日本

日本長期受中國這棵大樹的蔭護，在這棵大樹的樹葉都掉光之後，西歐這棵新的大樹，又將濃綠的枝葉伸向日本上方。日本真是罕見的幸運的國家。

不過，當然也不光都是好的影響。

我曾以「中國的隱者」為題寫過隨筆。

隱者——拋棄世俗生活的人的始祖，大概要算是伯夷、叔齊（傳說中商末周初的聖人兄弟）。屈原[2]與其說是遁世，不如說是被流放。之後還有陶淵明[3]、寒山、拾得[4]承繼隱者的系譜。

與日本的隱者一比較，就能看出，日本隱者缺少像伯夷和叔齊那樣餓死首陽山、像屈原那樣跳汨羅河自殺的壯烈，即缺少一種震撼人心的氣勢。

這其中的原因有很多，在思考的過程中，我不禁覺得日本的隱者很可憐。

不論是西行[5]也好，鴨長明[6]也好，還是吉田兼好[7]也好，在日本的隱者面前，都有著足夠多的榜樣。當他們產生遁世的念頭時，陶淵明、寒山、拾得等人就會浮現在他們的腦海。

到底應該跟誰學？——他們被敦促著進行選擇。

不知道陶淵明、寒山與拾得倒好，反倒是有了各種現成的模式，創造新的模式才變得困難。遁世似乎不需要獨創性，但以自己獨自開拓的方式生活，才能煥發出最強烈的個性。

以西行為首的日本隱者缺乏氣勢的原因之一，就是面前這長長一份中國隱者的名單。

樹立「路標」的民族和跟著「路標」的民族

在科學技術的領域裡，如果前人曾做過實驗證明，對後人來說是一件好事。可是，在人的生活方式、藝術領域等，既成的模式多，反而不利。為什麼呢？因為在這些領域裡最受尊重的是原創性。

經常去圖書寮調查外國先例，這似乎成了日本人的一種姿態。明治維新時期，購入關於西歐文明的書籍，向各國派遣留學生，做了很多努力。太平洋戰爭後，民主主義呀、做東方的瑞士呀，日本學得不亦樂乎。

那麼，到底往哪邊走呢？停下腳步，想一會兒。——最多做到想一會兒。因為身邊，或是往前幾步，就樹著「路標」。可以說，中國人是一邊走路一邊樹立「路標」的民族，日本人是跟著「路標」走的民族。而且，中國是一群人一起走，包括以前從沒打過照面的人，像猛獁象群那樣集體行動。日本的隊列人數就少得多了，而且大家都像親戚一樣，互相知根知底。

假設有這樣兩支性格各異的登山隊，加上前面講的「樹立路標」和其他情況，各自登山時是怎樣一幅

【2】屈原，中國戰國時期的政治家、悲劇性的詩人，生卒年不詳。
【3】陶淵明（三六五—四二七），東晉詩人。隱居故里，過著農耕生活，貧病交加中死去。
【4】據說是唐代的兩位僧人，不確定是否真實存在。
【5】西行（一一一八—一一九〇），平安末期的僧人，二十三歲出家，死於羈旅。有歌集《山家集》。
【6】鴨長明（一一五五—一二一六），鐮倉時代的歌人，於日野外山結庵，著有《方丈記》。
【7】吉田兼好（一二八二—一三五〇？），鐮倉南北朝時代的歌人。著有《徒然草》。

光景，應該能想像出來。

中國隊會去走沒有「路標」的路，經常迷路，有時還會回到起點，效率也就自然低了。

「以心傳心」是省略了過程的理念

再加上中國隊隊員不時發洩不滿，甚至發火叫嚷。說向右走，有人卻偏要向左行。到底是向右還是向左，在路口上，要七嘴八舌展開一場爭論。爭論、說服工作做完了，才開始行動。決定好向右走，執行起來，有時會碰到斷崖，不得不掉頭返回。這時，帶頭的人和他的擁護者，會成為隊員發洩憤怒的對象，甚至會被私刑處置。

光是想一想，就是一支讓人頭疼的登山隊。

相比之下，由少數人組成的精銳部隊日本隊，循著前人走過的路，根本不會迷路。只要一直前進就行了。日本隊在前進途中，沒有爭論向左還是向右的必要，到處可見詳細的「路標」。因此日本人不愛大發議論，因為沒有這個必要。

一切都很順利。

性格也就變得單純。

不過，與此相伴的是缺少韌性，因為很少遇見需要堅持到底的情況。碰到岔路口時，中國隊內部發生爭論，而日本隊只要看看「路標」就行了。

在精神發展史上，遇到重大轉捩點時，日本人一定會找「路標」請教。「路標」就是「結果」，省略了過程。「路標」告訴人們：總之，在這裡要向左走。

所謂「以心傳心」，也省略了過程。

而在過程中，說服是需要的。當結果已經出來時，過程就不受重視了。

模糊處理

日本人性急的原因在於日語

わたしはあなたが好きだ。

我愛你。

這是日中兩國表達愛意時的語言。

引人注意的是，這句日語從頭到尾沒有「停頓」。

——わたしはあなたが。

這裡只有主語和賓語，如果在此停頓，根本不成一句話。

——我愛。

在漢語裡，「我愛」也是一句話。

主語—謂語—賓語。

漢語的這種排列方式，和歐美語言相同。在說了主語和謂語之後，可以短暫停頓。

I love……

愛誰呢？說得誇張一點，可以在一番考慮之後，加上 you 或者 him 等。

可是，日語要先決定愛誰，才能說下去。

「結果」要放在最前面。

似乎是為了回應這種語言構造的要求，從古至今，日本通過「路標」性的東西，方便而迅速地獲得了結果。

對日本人來說，「結果」很重要。沒有「結果」，連語言都組織不起來。

「尊重結果」的反面就是「輕視過程」。

而且，總是急於知道結果，因此「性急」便在日本人的民族性格中紮下了根。

不過，前面所說的「我愛你」這句漢語，在日語裡有多種譯法，並且語感不同：

——わたしはあなたを愛します。（這是一句普通的「我愛你」）

——おれはおまえが好きだ。（說話之人比較有陽剛氣）

——ぼくはきみを愛してる。（這像是一個純情小男生的話）

——わいはあんたが好きや。（老頭對老太太說的話）

這樣一來，當聽到「我愛你」時，必須思考應該用那種譯法。在日常對話中，必須馬上找出一個譯法來應對。寫文章時，就可以好好斟酌了。

不知道結果就沒法說日語

左也不是，右也不是——左右思量，這種行事方式和中國人熱衷考證不無關係。清代考證學的精密已有定論，漢語的語言構造和中國人本來具有的「尊重說服」的特點結合，就成為喜歡議論、愛說話的性格。

說話之前就知道結果，不用斟酌語感，結果暴露在外的日語，讓使用它的人產生「不需多言談」的感覺。於是大家逐漸開始不尊重議論，輕視言談。

中國人不議論就活不下去。下面舉一個例子。

司馬遷在敘述自己寫《史記》的動機時，轉述了父親的遺言：

我為太史而弗論載。

也就是，我身為太史卻不論載。

「弗」就是「不」，「論載」就是「著述」。

因此，前面一句話可以這樣解釋，司馬談對兒子司馬遷說：「我雖然身為太史，但卻無歷史著述。……死不瞑目，希望你繼承我的遺志，記載歷史。」

但是，這裡出現了很棘手的問題。因為是二千多年前的事，我們對當時的官制不太清楚。「太史」這個職務，有人說不是記載歷史的，而是製作日曆、決定春耕秋收日子的官員。如果是這樣，這句話則應該解釋為：因為我身為太史，才無法進行歷史著述。十分可惜……

為了正確解釋上面這短短一句話，圍繞「太史」是什麼官職，A書的某個地方有這樣的記述，B書則又是那樣解釋的，侃侃諤諤地要展開長篇大論。

是「雖然」還是「因為」呢？意思完全不同，不能模糊放過。於是便進行精密的考證，不惜唾沫橫飛展開爭論。

日語太明確了

如果是日語，句子的意義全部表現在外，不需要再去爭論。日語中很少有隱藏的意義，要說的都說了，剩下的就靠「以心傳心」，這並未給生活帶來多大影響。也許還因為日語太過明晰，所以日本人才會注意在生活中混入一些模糊的東西。

再舉一個例子。

這次要說的是在中國被奉為千古不滅的經典——孔子的言行錄《論語》。在《里仁篇》中有這樣的章句：

子曰：君子懷德，小人懷土，君子懷刑，小人懷惠。

一般認為應做以下解釋：

君子只關心道德，而小人只關心土地（以其為代表的財產）。君子腦子裡想的是刑，也就是規則、定型的正確的規律，並遵守它；而小人追求規則以外的利益。

例如，參加某個會，君子按規定付入場費，小人則找門路，不付錢就想進去。所謂「懷惠」，指的就是想占這種小便宜。

所以，上面這句話一般被視為把修養良好的君子與沒有修養的愛占小便宜的小人進行對比。

但是，日本的荻生徂徠卻這樣解釋：

君子＝為政者

小人＝被統治者

這樣一來，這句話從對比關係「君子是A，而小人是B」，變為包含因果要素，即「如果為政者是A，人民就會變成B」。

徂徠這樣解釋：如果為政者把道德放在第一位進行統治，他統治領域內的人民就會安心定居，熱愛自己的土地。如果為政者把刑法放在第一位考慮，被統治者就會為了逃避刑罰，採取如求饒一般的卑劣態度。

通行的解釋和徂徠的解釋差別很大。不過，這兩種解釋在語法上都沒有錯誤。

以鄙人私見，徂徠的解釋更為高明。

不論如何，關於「君子」和「小人」的用法的考證，在專家中從沒間斷過。造成這種枯燥的爭論的關鍵之處很清楚。

因為「而」和「如果」這些連接詞，在日語中會清晰地表達出來，而在漢語裡卻是潛隱的。為了把這種潛隱的詞語表達出來，人們免不了要大吵一場。

日本人的「笑」和「句尾的省略」貫穿了同一精神

順便再舉一個更普遍的例子。

曾子曰：吾日三省吾身，為人謀而不忠乎，與朋友交言而不信乎，傳不習乎。

這是《論語》開卷第一章《學而篇》的開頭。就算你三天打魚兩天曬網地閱讀《論語》，大致都讀到這句了。這句話對大家來說都很熟悉。在日本也有書店叫「三省」，可見這句話多麼有名。

但是，新的註釋將「吾日三省吾身」解釋為「我每天反省三件發生在自己身上的事」。

「三省」可以解釋為「每天反省三次」，也可以解釋為「每天反省三件事」。

——對他人忠實嗎？

——對朋友守信嗎？

——是否向別人傳授自己都不懂的事？

以上列舉的這三件事，理解就變得麻煩起來。

「三省」——這個詞很中國化。簡潔精煉。

但是，「三」和「省」這兩座冰山之間，藏起來的是「次」還是「事」，從字面上看不出來。

也就是說，又埋下了不得不進行議論、談話、說服等的種子。

在日語中，如果「每天三次」和「三件事」不出現在字面裡，這句話就不成立。

正因為日語的明白清晰，反過來就要花工夫使句子的含義隱晦一點。

——へえ、さようで。（啊……這樣（吞吞吐吐沒說完））

本來應是「さようでございます（是這樣）」，為什麼不說完呢？

在關西方言中，「さようでおま」就完了。本來應該是「おます」，省略掉了一個字。

如果語言構造太清晰，那就至少在句尾模糊一下，鬆懈一下。

日本人在不該笑的時候也會展現微笑，在外國人看來不可理解。可是，這正好和模糊、省略句尾出於同一種精神。

不可迷信「同文同種」

中國和日本並非「同文同種」

「文化大革命」如火如荼時，在駐北京的外國記者中，日本記者很受羨慕，因為他們基本上能讀懂貼出來的大字報。人們常說，中國人和日本人「同文同種」，確實，能讀懂對方的文字很有利。

但是，不能因為使用相同的文字，一開始就認為「理解」了對方。正是因為常有這種誤解，才很危險。

大字報上，有這樣的口號——「燒殺某某！」

日本報紙介紹了這樣的口號，這當然不是誤譯。不過常聽到日本人這樣想——這是毫無教養、露骨的口號。

革命當然不是品味優雅的事。但是，我在日本報紙上讀到這一口號時，覺得語氣較原文更為強烈。

都說日本和中國是「同文同種」的國家，其實更應該認識到只是「同字的國家」。

越南把國語拉丁字化，極端地說，正如同樣使用拉丁字母的英語和越南語的對比一樣，日語和漢語的關係亦然。這樣考慮比較妥當。

「殺」並非「殺死」

的確，日中兩國都使用漢字。不過，文化傳統、環境、國民性、風土的不同，造成了兩國國民對同一文字所產生的聯想也大不相同。

如果這種差距人人都看得到，反倒不成問題了。因為如果從一開始就意識到，就會從一開始就警惕。

但是，如果主幹上大體是相同的意思，但枝葉上有微妙的語感差別，事情就變得麻煩了。在平常生活中不會引起問題，因此大家也就都忽略了。

例如，剛才例子中的「殺」這個字，解釋為「奪取性命」時，兩國國民不會產生誤解。

A殺了B——這句話，中日兩國人的理解都很明白，不會有差錯。但是，一旦變成「殺某某」的口號時，意思就不一樣了。

「殺」字在漢語裡也用作表示強調的語氣助詞。

例如詩歌裡常用「愁殺」來形容憂愁之情異常強烈。

白樂天（七七二—八四六年，中唐時期的詩人）曾做長詩《李夫人》，其中有兩句：

丹青畫出竟何益？不言不笑愁殺人。

漢武帝（西元前一五六—前八七年）在李夫人死後，命人以丹青描其肖像，畫中人不語不笑，令看畫人徒然心中愁苦。這是這兩句詩的意思。

白樂天的《竹枝詞》中又有：

蠻兒巴女齊聲唱，愁殺江南病使君。

意思是，南蠻之地的男子、巴地（四川省巴縣）的女子齊聲歌唱，讓病臥江南的長官悲從中來。

還有《杏為梁》一詩中的兩句：

莫教門外過客聞，撫掌回頭笑殺君。

意思是，莫讓路人聽見了，聽見的人會擊掌搖頭捧腹大笑吧。

從這裡可以看出，「笑殺」是形容笑的程度之強烈。

「罵殺」這個詞指的也是激烈地罵對方，而不是罵了以後再把對方殺了。取人性命，是最高程度的激烈行為，因此「殺」才有這樣的用法吧。但一旦作為語法確立，就像開鑿了一條運河，迎來了「××殺」的詞語大船隊。

妒殺、驚殺、醉殺……甚至連表達無限悠閒的意思，也有「閒殺」這個詞來形容。

這種用法十分好用。白樂天寫詩平實易懂，被稱為「平民詩人」，經常這樣用。剛才所舉的例子都是他的詩，偏愛這種用法，也是因為他是「平民詩人」。

「殺」字的使用頻率這麼高，這個字本來帶有的一股血腥味就變淡了，有了免疫性。

為什麼日語中很少用「殺」

日語中很少看到這種用法。因此，「殺」字所帶的血腥味，一點也沒有變淡。

為什麼日本對從中國引進的強調助詞「殺」字不熱心呢？

因為強調的表達手段，是議論和說服時強有力的武器。但是，在不太需要議論和說服的日本，對這種武器的需求有限。而且，日本很重視分寸，所以「殺」字不太受歡迎。

平常使用的詞語中，只有「忙殺」、「默殺」、「惱殺」、「抹殺」等帶「殺」字。從這僅有的幾個詞中，日本人是否感到了「殺」字所帶的血腥味？大概用的時候根本沒意識到「奪命」這一本來意義吧。「抹殺」還有點不脫「殺意」，「默殺」中「殺」字的血腥味已經給默默地抹殺掉了。到了「惱殺」，哪裡還有血腥味，簡直是有脂粉味了。

總之，在日本只有三四個詞中有「殺」字，而中國則有幾十倍的、帶「殺」字卻沒有血腥味的詞。

在臺灣方言中，取代「殺」字的，是經常被輕描淡寫用到的「死」字。

讓人笑壞了——可以說成「笑死人」。

大吃一驚——可以說成「驚死人」。

以上說法都經常可以在日常會話中聽到。

像這樣，如果把漢語裡詞性溫和的「殺」，直接翻譯成日語中血腥味濃重的「殺」，似乎不太合適。

儘管不是誤譯，還是想說：等會，不能這樣翻譯。

日語中有「鬼軍曹」、「鬼將軍」這樣的用法，「鬼」字有「強大、令人敬畏」的意思。「鬼」字也是如此。

中國人把戰爭中的日本軍隊叫做「東洋鬼」。

對於「東洋」這個詞，日中兩國在理解上也有差異。日文中有「東洋歷史」、「東洋文明」，意思大致相當於「亞洲」。但漢語中，把南海一帶的島國稱為「南洋」，把東海一帶的島國，也就是日本，稱為

「東洋」。

因此，「東洋鬼」中的「東洋」就是指日本，並不是一個大範圍的稱呼。再以中國人為對象的手冊中寫上「東洋第一」，中國人也只會認為是「日本第一」。

「東洋鬼」本來是蔑稱。跟日本人稱中國人為「清國奴」差不多。「清國奴」本是從「中國人」或是「清國人」的正式稱呼演變而來，但在語感上已完全是一種蔑稱。

與此相反，「東洋鬼」不是演變而來的蔑稱，是一開始就有意識使用的蔑稱。

漢語中的「鬼才」是對特定人的稱呼

有些日本人會認為，被稱做「鬼」，是因為日本人的勇武被中國人所承認，反而會很得意。即使被稱為「鬼將軍」、「鬼教練」，日本人也不會生氣，或許內心還暗暗高興呢。

可是，漢語中的「鬼」，並沒有勇猛神武的意思。

漢語中的「鬼」，指的是幽靈，是冥土來客，給人不吉利的印象。被日語引入後，勉強保持了原來意思的，只有「鬼火」這個詞了。

說別人是「鬼才」，在日本幾乎是最高級別的表揚，但對中國人可不能這麼說。

在中國，被稱為「鬼才」的，只有詩人李賀（七八〇—八一六年）一人。

引退的關白被稱為「太閤」。歷史上太閤不只一人，但現在「太閤」一詞，僅用於稱呼豐臣秀吉。

「黃門」是日本古代官職「中納言」的別稱。歷史上有過不少黃門，但實際上大家只是用來指水戶光圀。

「鬼才」的寶座，早已有了主人，別人再不能坐。

「詩聖」是杜甫[8]、「詩仙」則是李白[9]，都已經定下了。「鬼才」指李賀。

那麼，什麼是「鬼才」？

有著亡者似的不吉利的才能，有著絕非凡俗的、詭異的才能且身體衰弱、短命的人。

秋墳鬼唱鮑家詩，恨血千年土中碧。

（在秋天的墓場中我化為幽靈，唱著鮑照的《代輓歌》。我含恨的血，在千年後，將化作土中的祖母綠。）

漆炬迎新人，幽壙螢擾擾。

（火把如漆，亡者迎娶新婦。幽深的墓穴中，螢火蟲一閃一閃地飛舞……）

李賀就是這樣一位會寫一些令人毛骨悚然的詩的詩人。

身體瘦弱，臉色蒼白的他寫道：

長安有男兒，二十心已朽。

這樣描述自己的李賀，才是「鬼才」。

在日本，被稱為「鬼才」的人，看起來更加活力充沛。不像李賀，會在二十七歲死掉。「像鬼一樣的傢伙」——日本人聯想到的是滿臉油光，有著堅厚的下巴，吃東西時風捲殘雲、兩眼發光的巨漢。

中國人聽到這個詞，聯想到的是瘦骨伶仃，穿件衣服都嫌重，腳步踉蹌，好像馬上就要消失不見的人。

如此一對照，就讓人深刻感受到，糟就糟在使用同一種文字上。

深入理解兩國語言的語氣

我曾接待過一位東南亞華僑，當時電視正在播出高中棒球賽。當畫面照到啦啦隊席，我馬上告訴他：

「這是A高中的啦啦隊席。」

如果不這樣說，他就會誤以為是B高中的啦啦隊席。

為什麼呢？因為A高中的啦啦隊席所豎著的旗幟上寫著：「必勝A高！」幾個大字。

這似乎是「一定戰勝A高中」的意思，所以看起來應該是B高中的口號。

【8】杜甫（七一二—七七〇），盛唐時期的詩人，中國短詩定型的完成者。

【9】李白（七〇一—七四二），盛唐時期的詩人，有《李太白集》。

當然，旗幟上寫的意思是「我們A高中必勝」，但中國人不會這樣理解。一位有名的日本提督揮毫寫下「見敵必滅」的匾額，中國人一見，就側首思量：一見到敵人，就必定滅亡。

這樣理解就不對了。如果自己這方滅亡了，那不是打敗仗了嗎？

當然，這是想說「見敵必滅之」，即看見敵人一定消滅他。

因為少了賓語「之」，一字之差，意思就完全倒過來了。

碰到幽靈和鬼這樣的情況，經熟練的翻譯家之手，問題就會解決。「必勝A高」、「見敵必滅」之類的用法，則似乎更不會弄錯。不會有聲援敵方的啦啦隊，更不會有宣揚必敗信念的聯合艦隊司令官。

這類錯誤出現得太明顯，憑初步常識馬上就能明白。

——啊，這是日式語法。

相比之下，剛才列舉的「殺」字，它的語感的微妙差距就很可怕。

雖然只是微妙的差距，但誤解一旦積累起來就危險了。如果沒有察覺到誤解，不知道會錯到哪個地步。

日中兩國這對鄰居，與其尋求相似點，不如盡量尋找相互的差別，並將差別擴大化，認識到「對對方真是一無所知」，這樣比較好。

因為使用相同的文字，就認為對方大致會明白。這個「大致」真是不可靠，有時簡直是謬以千里。

不瞭解對方——請從白紙狀態出發。當然，這是對兩國國民的共同希望。

語言語感的差別，在同一個國家內也存在。

例如，「馬鹿」和「阿呆」【10】，雖然都是罵人的話，但理解的方式在關東和關西各不相同。在關東對話中，「馬鹿野郎」簡直像說話時的伴奏，隨便使用，被罵的一方也習慣了，並不覺得受到侮辱。反倒是被罵作「阿呆」，則會覺得被當作白癡，感到受傷。

相反，在關西話中，「阿呆」出現在極平常的對話中，也不會造成大風波。因為原本的辱罵色彩變淡了，如果要恢復原意，就必須在前面加上一個「多」字。例如「多阿呆！」，不加就沒有力度。被叫做「阿呆」沒有什麼感覺，而被罵作「馬鹿野郎」，簡直像被罵作畜生一樣，有人會勃然大怒。

不過，現在兩地都瞭解各自的習慣，「馬鹿」和「阿呆」的語感都差不多相同了。

這可以說是相互理解的成果。關東人被叫做「阿呆」，就會想起電視上的關西場景。「啊，不過是一句話而已」，這麼一想就沒事了。關西人被罵作「馬鹿野郎」，也不會有什麼反應了。

能有這樣的結果，功勞都應該歸於電視、收音機、漫畫、小說等媒體。

另外，出於調動工作等原因，人的交流十分頻繁，休閒熱讓旅行者越來越多，這對增進相互理解也是一種幫助。

日中兩國的交流很有必要，因為需要以此加深相互理解，消除誤解。

再重複前面說過的話：還是回到「對中國一無所知」、「對日本一無所知」的起跑線，重新出發吧。

【10】都是笨蛋的意思。

第五章　「血統」與「文明」——日本文明的源頭在於「對血統的信仰」

尊血主義

日本人的「殉情」是超越「性」的生存意識

在前面曾提到戴季陶的《日本論》。

這本書有一半的內容是日本政治家人物論，出版於昭和三年（一九二八年），當時中國正急切需要有對日本政治家分析的著作，換句話說，需要的就是「實戰性的日本論」。戴季陶主要選取了板垣退助、桂太郎、秋山真之、田中義一四位。其他三個人倒沒有問題，選擇秋山真之倒有點特別。

另外，戴季陶在《日本論》中舉出日本人明顯的特長在於：「讚美殉情，高度評價武士。」殉情既非為自己而死，也非為了對方和自己的共同目的而死。僅僅是為了滿足愛人的願望，犧牲自我——熱烈的性愛和優美的同情，超越「性」的雙重生存意義，引領他們邁向死亡。——殉情賦予了「死」這個事實以豐富的「生」的意義。

另外，戴季陶把近代日本的成功完全歸功於武士階級的力量。他認為，明治維新中，幾乎沒有農民和市民的力量。因此，孕育了近代日本的，就必然是完善了武士道的德川時期。

戴季陶和日本女人熱烈地戀愛，喝醉了酒便高歌：

身為武士，

氣概可比高山彥九郎[1]，

在京都三條橋上，
遙拜皇宮，
淚如加茂川之水……

戴季陶的身影，從《日本論》中可以窺見。

昭和初期，中國人所持的日本觀如何，到這裡打住，戴季陶的故事不再說下去了。

我另外要指出的是，在德川時代，「日本式性格」相當成熟，不光體現在武士身上。

江戶時代是世界史上少有的文化凝縮期

小而強有力地凝縮在一起——這種日本式性格，在小國分立、安定無事的德川時代二百六十五年中，終於完全形成了。這種完成，可以說是極具藝術性的。佛教、儒學——不論是朱子學還是陽明學——都於此有貢獻。

德川的御三家，或是加賀百萬石等當時超大的蕃，在現在也只是一個縣大小的規模。俸祿為一兩萬石這種小大名的領地，只有一個村鎮那麼大。

當地的家老[2]，一般都是前家老的兒子。城下町[3]木匠工頭，是前任木匠工頭的兒子，前前任木匠工頭

【1】高山彥九郎（一七四七—一七九三），江戶後期的勤王派。名正之，上野人。當時被稱為三怪之一。後自殺。
【2】江戶時代武家的重臣，家臣之首。
【3】以封建領主的居城為中心，四周發達的街市。

的孫子。

這種譜系被認為是不可攪亂的規矩。而且，在這個譜系中，血統扮演了重要角色。

血統上譜系的正統性，並非單單是一種理想，也是一種現實。在德川二百六十五年間，雖然有人不情願，但這已成為一種不可改變、濃縮而成的現實。在世界史上，這樣文化極度濃縮的時代再也沒有第二個了。

中國則大不一樣。

高級官僚不能在自己的出身地任官。因此，無法像德川時代的日本一樣，將地緣和血統緊密相連。中央政府費盡心思阻止這種聯結。

當然，中國也有地方豪族和名門。他們通過與當地官僚結交，多少有些政治勢力。但是，他們不能親自統治當地。一族之中，就算出現了有高明政治手腕的人，此人也只能成為其他地方的行政官。

這樣一來，在人們眼中，當權者都是「來了又去」之人，不會一直停留。以前的當權者和現在的當權者之間並沒有血統關係。

而在日本，血統關係可以說太過緊密了。因此，人們對血統的信仰，越來越深，最終產生了「血統決定一切」的極端想法。

「血統」信仰的頂點是「天皇家族」

除了德川時期二百六十五年的濃縮歲月之外，日本天皇家族的存在，也是加深血統信仰的重要因素。

天皇家族作為非直接統治的元首家系，延綿至今。有人認為，正是因為不直接統治，才能存在至今。不論如何，從上古延綿至今，「血統」已經成為天皇家族的重要意義所在。

僧人日蓮[4]明確地稱自己為：「海邊栴陀羅之子」。（《佐渡御勘氣抄》）栴陀羅是不入印度四姓（caste）的最下層，主要從事屠宰、漁獵等工作。但後來的日蓮宗信仰者不把日蓮的血統捧高就誓不甘心，稱他為「聖武天皇之末孫」。（《日蓮大聖人注畫贊》）

這與自豪地宣稱自己是海邊賤民之子的日蓮精神，明顯背道而馳。可是，日本人似乎不能容忍大聖人只是區區海邊漁夫之子。

在日本僧人親鸞[5]身上也發生過同樣的事。據說，他是貴族日野有范的兒子，這個說法十分可疑。

王朝更迭頻繁的中國，對血統的信仰並不深厚。在官僚制度中，實權派並不固定，因此不能產生日本式的「尊血主義」。

日本獨有的怪現象：「家元制度」

最近引起爭議的「家元」制度，也是只有在日本才會誕生的一種形態。這與前面講到的「尊重結果，輕視過程」的民族性格微妙相連。

插花流派的鼻祖之子，一定是插花的天才嗎？

但是，「家元制度」要成立，就必須肯定這個不合理的前提。

【4】日蓮（一二二二—一二八二），鎌倉中期的僧人。日蓮宗的開山祖。《立正安國論》為其主要研究成果。

【5】親鸞（一一七三—一二六二），鎌倉初期的僧人。淨土宗的鼻祖。著有《教行信證》。

如果七嘴八舌爭論一番，「鼻祖之子天才說」大概會被否定吧。因此，省掉議論的過程，把世襲這個結果強行推出。不過，就算是強行推出也會引起很多反對吧。

讓這些反對的聲音閉嘴的王牌就是「尊血主義」。

宣揚憑藉佛力成佛與普渡眾生的親鸞宗派，卻靠血脈相承直到今日，不能不說是個怪現象。但是，在日本並不以此為怪。

「家元制度」也是一樣，在其他國家肯定也是怪現象。

「尊血主義」如此強大，正是因為它是必需的。

要成為一個強有力的整體，必須要有穩定的核心。

這個核心揮動白扇發出命令。有了白扇的暗號，團隊才會行動自如。這種力量正是集體的生命。其下是讓人團結一致的核心——這個核心不能搖擺不定，即使沒有實力，也要維持穩固。把這一核心作為象徵來祭拜最合適。

但是，要證明象徵的權威性，並使之穩固不可動搖，用什麼來證明最好？

不用說——最好的選擇就是血統。

文明來自中原

中國不把「血統」當作問題

前面談到了日本的「尊血主義」，下面講講中國是如何不把「血統」當問題的。

「血統」這個詞當然與「種族」緊密相連。關於種族這個重大問題，中國人自古以來是如何看待的呢？

先從古代開始考察。

來查查看《史記》。

在《史記》中，多次提到了異種族，但關於其身體特徵的描寫，幾乎沒有。

關於這一點，下面引用某位外國研究家的文章：

> 古代中國人與其周圍居住的諸民族之間，到底有什麼樣的差別呢？或許無從回答。赫羅多圖斯在描寫蠻族的身體特徵時太過極端，描繪得十分怪異[6]。
>
> 可是，從《史記》中就找不出類似的記載。在司馬遷和中國人的眼裡，似乎沒有身體性差異的問題。實際上，中國人和其他古代諸民族，在身體特徵上應該存在很大的差異。
>
> 但是，不知是不知道，還是故意選擇了這種態度，司馬遷在這點上什麼都沒提到。是沒有大差別，還是差異過於明顯，以致於認為沒有記錄下來的必要，只能暗自臆測了。……（《司馬遷》，華茲生[7]著，築摩書房出版，今鷹真譯）

【6】譯註：指印度人的精液與膚色一樣為黑色之說。參見青木嚴譯、新潮社出版的《歷史》上卷二〇三頁，將其語言比作蝙蝠的尖叫（同上二八四頁）。

【7】Burton Watson，美國著名漢學家、翻譯家。

「中華思想」不是「尊血主義」

蒙古人、土耳其人，與中原民族在身體特徵上不可能沒有差別。儘管如此，司馬遷卻沒有提到，不正說明他對此毫不關心嗎？

也就是說，在中國，尊血主義以及與此密切相關的種族思想很是稀薄。

那麼，備受詬病的「中華思想」又是如何呢？

在這裡，我們先猜測司馬遷對種族的身體差異沒有興趣，那麼，他的興趣在哪裡呢？

按照日本式性格，先說出結論：

文明的有無——司馬遷的興趣集中在這裡。

因此，《史記》的《匈奴列傳》，熱心於描寫匈奴的種種習俗，像是沒有文字；不以在戰爭中臨陣脫逃為恥；只知有利益而不知有禮儀；壯者享用佳餚，老人吃殘羹冷飯；父死後以繼母為妻，兄弟死後娶兄弟之妻……等等。

習俗屬於「文明」問題，而身體特徵則是「種族」問題。

所謂中原，是指黃河中游，主要是南岸，現在的河南省的一部分。在古代，這裡是世界的中心。即使是北京，也是遠離中原，司馬遷形容為「迫蠻貊」的偏遠地區。

中原的居民才是文明人，其他地區的就大致被稱作東夷、南蠻、西戎、北狄，視為野蠻人。有文明才算是人類，沒有文明就等於禽獸——「中華思想」就是在這個簡單框架的基礎上，疊加種種要素而形成的。

原則上認為：文明傳播到的地方就不再是蠻地，而變為中華的範圍。那裡的居民也不再是夷狄，升格為中華之民。

「中國」是「宇宙的中心」的意思

中原這個詞，隨著文明圈的擴大，漸漸失去了其作為固有名詞的性質。「逐鹿中原」是爭奪天下霸權的文雅說法，中原卻不再是只指黃河中游的肥沃土地了。也許，「原」這個詞代表的地形，事實上已經不再存在了。「中原」很快被「中夏」，然後是「中華」代替了。

關於「中國」，也來說幾句。這個詞本來不是指「中之國」，而是「國之中」的意思。很多國家中，處於中央的國家叫做「中國」，這種說法與並不承認外國存在的「中華思想」相矛盾。「國」等於「宇宙」，也就是宇宙中央、皇帝的居城。這種用法在唐代還有。

前面提到的「鬼才」李賀的詩中有這麼一句「李憑中國彈箜篌」。「箜篌」是樂器名，是一種豎琴，李憑是當時演奏豎琴的名手。

給李賀詩做註的方扶南，為此句做了以下註釋：中國不可做中夏，只做都中解。也就是說，這句裡的「中國」不能理解為國名「中夏」，而應該解釋為「都之中」。

國之中心——也就是首都。換句話說，就是文明程度最高的地方。

曹植[8]的《遠遊篇》這首詩中，有「崑崙本吾宅，中州非我家」之句。意思是說，崑崙山才是自己的

【8】曹植（一九二—二三二），三國時代的詩人。魏武帝曹操的三兒子。

家，州中（也就是帝京）並非我家。

同樣在曹植的《吁嗟篇》這首詩裡有「故歸彼中田」之句，意思是能不能像原來一樣，讓我回到田間？受這種用法的影響，以後「中國」這個詞與其說是具有「世界之冠」的氣概，不如說更暗示著「有品味的古都之風」。

「中國」這個詞，在語感上開始變得頭角崢嶸，是在受到列強侵略的近代以後。

文明的邊緣

關於吳國開國傳說中的美談

長江下游的吳國，在春秋末期為越國所滅，此地與日本關係極為密切。例如，日本和服總稱為「吳服」，說明兩地在風俗上有過交流。另外，吳語對日語的影響以「吳音」的方式保留下來。

月落烏啼霜滿天……

這首詩裡日本人十分熟悉的寒山寺，就在吳國的古都姑蘇城外。姑蘇就是現在的蘇州，曾是江南文化的中心。

近代中國的學問、藝術，可以說都產生在江南——揚子江下游南岸。

清代科舉中，如果按照實力本位主義，及第者會大部分都來自這個地區，所以政府要定下每省考中者的比例分配。

不要忘了，文運如此昌盛的江南地區，在中國歷史的曙光時代，也曾被稱作「蠻地」。當時的文明在黃河中游的「中原」地區。

揚子江離那裡太遠了。

「蠻地」吳國的開國傳說，在《史記》的《吳太伯世家》中有記載。

據說開國的是周太王的長子太伯和次子仲雍。

比起這兩個兒子，周太王更鍾愛小兒子季歷。不，準確地說是寵愛季歷的兒子昌。據說這個孫子是「聖子」。為了把王位傳給昌，太王必須把王位先傳給昌的父親季歷。

長子和次子覺察到了這一情況，為了滿足父親的願望，讓末弟季歷即位，兩人自己出走去了蠻荒之地。而且，為了防止萬一被發現，再次被周室所用，他們依照蠻人的風俗，紋身斷髮。

他們出走的地方，就是江南，也就是後來的吳。

太伯為當地人民所仰慕，被推舉為首領，吳國於是誕生了。太伯無子嗣，死後弟弟仲雍繼位，子孫相傳，直到為越王勾踐所滅。

故事真美。

也許，這兩兄弟是害怕父親一心想讓末弟即位，會殺了自己，才出逃江南的。

「紋身斷髮」，立刻變身「蠻族」

不過，我們還是先不要惡意揣測，再讀一遍《史記》的正文：

於是太伯、仲雍二人奔荊蠻，紋身斷髮，示不可用。

問題在於「紋身斷髮」。

為了不再為周室所用，太伯和仲雍選擇了變為野蠻人。

這個故事暗示我們，只要變成野蠻人，不管血統關係多麼緊密，也會跟周室，甚至是文明圈完全絕緣。

更引人注意的一個事實是，只要紋身斷髮，原本是文明人，也馬上變成野蠻人。紋身與斷髮，都只是後天性的特徵。

蠻夷、狄戎等所謂蠻族，在《史記》中也經常登場。但是，就像前面引用的《史記》研究家的文章中所述，作者司馬遷幾乎完全沒有想過描寫他們的身體特徵。

中華的居民蔑視蠻夷，是因為他們沒有文明。如果這個理由不存在了，也就是說蠻夷也有了文明，那麼就被視為值得尊敬的人了。

把吳太伯的故事反過來理解，如果野蠻人不紋身，並且把頭髮留長，衣冠束帶，不就變成了中原的「文明人」嗎？

這種逆推有點大膽，不過，在明顯「華夷之別」的中國性格的背面，卻是有相當通融性的。我們可以從很多歷史記載中證實這一點。

《史記》卷一《五帝本紀》中，記載了舜向堯帝的進言。

請流共工於幽陵，以變北狄；放驩兜於崇山，以變南蠻；遷三苗於三危，以變西戎；殛鯀於羽山，以變東夷。

「共工」大概是官名，據說此人有「淫辟」。推薦共工的是驩兜。三苗在江淮、荊州作亂，鯀治水不力。舜要把這些罪人，流放到邊疆「變成」野蠻人。

三苗暫且不論，共工、驩兜都是堯帝的重臣，鯀是繼承舜的帝位並是開創夏王朝的禹的父親。他們都是處於中原文明中心的人。

他們獲罪後被流放邊疆，就變成了北狄和南蠻。

註釋者解釋說，作為懲罰，他們被罰穿夷狄服裝，做夷狄打扮。

當然，這只是神話時代的傳說，但也顯示出，中原人從沒有以種族差異的眼光看待周邊的夷狄。只要改變服裝、紋身斷髮以後，中原之民也會變成夷狄，與種族和血統毫無關係。

因此我們可以明白，中華與夷狄的差別，在於血統以外的東西，是以文明、非文明這個尺度來分類的。

「天無二日、地無二王」的規矩和蠻夷

太古時代所謂的文明，只不過是指用簡單的方式取火，或製作方便的容器、器具。由於使用了這些技術，人們有了剩餘時間，文明就越發進步了。

從中原被流放到邊疆的文明人，因為掌握了方便的技術和知識，在未開化人群中想必大受歡迎。文明的傳播，改變了蠻地的面貌，最終使蠻地也變為中華之疆。當地的居民也不再是夷狄，而成了中華之民。

秦、楚等戰國時代的強國，也是從蠻地一躍成為「中華之國」的。

周王朝不論如何衰敗，也固守著「天無二日、地無二王」。諸侯們只好先忍受著公、侯、伯等稱號。

誰也不敢稱「王」。率先稱王的是楚。稱王的楚王熊渠裝糊塗說：

我本蠻夷，不受中國之召。

意思是說，只有周王朝之主才能稱「王」，這是中華的規矩。但是，我們是蠻夷，所以這些規矩和我們沒關係。

楚國討伐小國隋時，隋國抗議說：「我本無罪」——我們沒做什麼壞事，有什麼理由來討伐我們？楚國又毫不羞恬地說：「我本蠻夷。」

開戰之時，中華諸侯會先數落對方過錯，美其名曰「代天伐不義」。在楚國看來，這些繁文縟節可以不必理會，太麻煩了，蠻夷就蠻夷吧。從這點來看，楚人似乎並不以自稱蠻夷為恥。

最根本的差別

加「人」就是中華之國，不加就是「蠻地」。

同樣姓佐藤，報紙上如果提到此人時單稱「佐藤」，一般都是指殺人事件、交通肇事的嫌疑者。如果加上敬稱，如佐藤桑、佐藤氏，就是被害者或目擊者，而「不是壞人」。敬稱的有無，顯示著事物的善惡，這可以說是「微言大義」——在不經意的選擇語言中表明態度評價。

孔子編纂的《春秋》，就是在平實簡潔的編年史中，包含了這種「微言大義」的嚴正褒貶。

例如，在記載鄭莊公討伐其弟段時，寫道：「鄭伯克段於鄢。」

一般來說，應該寫討伐弟弟，這裡直呼為「段」，說明他和弟弟道不同。

鄭國的公爵莊公，不稱作鄭公，而稱為鄭伯，是為了責備他未能教化弟弟，將他的位階降了一等。

而且，在《春秋》中，原則上提到中華諸國時，會加上「人」字，提到夷狄時則不用。

但是，昭公十二年時記載有「晉伐鮮虞」。不說「晉人」，只說「晉」，這是在批評晉與夷狄聯合討伐中華之國。

僖公三十三年時，記載有「晉人與姜戎敗秦師於殽」。姜與戎並非中華之國，因此不加「人」。但秦是中華之國，為何不寫作「秦人」呢？

據註釋《春秋》的《穀梁傳》解釋，在此戰中，秦亂了子女之教、男女之別，所以視同夷狄。既然秦是夷狄，那麼，晉與姜、戎兩個夷狄聯合起來討伐秦，也不會受到指責。所以，「晉」字後面加上了「人」字。

僖公十八年記載有「邢人狄人伐衛」。為什麼在被視為夷狄的代表狄後面加「人」呢？《穀梁傳》解釋說，狄伐衛，是救齊的義舉。

經過某次戰爭，中華之國忽然變成了夷狄。相反，被視為禽獸的夷狄，忽然又升格為「人」。種族主義、尊血主義不可能產生這種思考方式。

僖公二十四年，周襄王迎娶狄女為皇后。當時重臣富辰進諫，但並不是擔心王室血統為夷狄所亂而進諫。富辰的諫言中沒有這種尊血主義的想法。他說：「狄后總有一天會失去王的寵愛，被冷落。女人的怨恨是很可怕的，最後說不定會請自己的娘家狄來報仇……」

關於血統，一個字都沒提到。

「中華」與「夷狄」之差並非絕對的

不光是周王朝，中華諸侯之國，也經常與夷狄通婚。如果所謂「中華思想」裡包含著強烈的「血統」觀念，就不會出現這種通婚了吧。

晉惠公是其父獻公從戎迎娶的姐妹中妹妹所生下的孩子。同樣，晉文公則是姐姐生下的孩子。惠公與文公都有戎族之血，但仍被中華諸侯所承認。順便說一句，獻公似乎很喜歡戎女，其後又迎娶了驪戎的女兒，成為禍起蕭牆的原因。

「血統」並未受到很大的重視。

反倒是「胡服騎射」之類的移風易俗，被視為大事。

比起夷狄之血，夷狄服裝的侵入，更是個大問題。為什麼呢？因為服裝與文明直接相連。

由被流放或逃亡的中原文明人，帶動夷狄文明化，再歸化入中華文明圈，這是中國古代社會的發展趨勢。夷狄只要逐漸改變風俗和服裝，就可以歸化為中華之民。

風俗是否文明，這是區別中華和夷狄的標準。這種華夷的區別，也不是絕對的。

絕對的東西是什麼？

當然是「血統」。

就算換了服裝，留長頭髮，也不能改變血統。不投胎轉世就無法改變。日本以這種生來注定的東西為價值判斷的基準。

沒有比日本「歧視」更嚴重的國家

不管哪個國家，程度也許不同，都有「引以為傲」的東西。驕傲的結果，是對他人產生輕蔑，這就成為歧視的根源。

在文明國家中，還有比日本存在更嚴重歧視現象的國家嗎？歧視現象的特徵是不能設身處地為對方著想。即使受到歧視待遇的人抗議，施加歧視的人也可能會吃驚地說：「哪有這回事，是你們想太多了吧。」

這些人並不是裝糊塗，而是真心覺得沒有歧視這回事。日本人的歧視意識強烈，是因為他們把「血統」這種決定性的東西當作區別人的標準。作為一個島國，本來異端分子就少，對有可能妨害團結的因素，警戒心特別強。只要有一個人違反白扇的指揮，就會危害到整個軍事集團的安全。因此，決不允許任何一個異端份子存在。

找出異端份子最簡單易行的方法，就是確認「血統」。閉關鎖國的日本，不僅驅逐外國人，連日本人和外國人所生的混血兒都要驅逐，以致產生了《加伽塔拉之書》[9]這樣的悲劇。

【9】加伽塔拉阿春是江戶時代出生在長崎的葡萄牙和日本混血兒，被驅逐到澳門。美貌有文采，留下了懷鄉的名文《加伽塔拉之書》。

即使歸化了日本國籍，沒有大和血統的人也不會被認可為「夥伴」。一個歸化了日本國籍的韓國學生，曾因此而絕望自殺，這是一九七〇年（昭和四十五年）的事。白扇向右指，如果出現有人向左跳，這多可怕。於是要盡量排斥有這種可能性的人。所有的懷疑都指向血統不同的人。如果受不了這種像要撕爛靈魂的視線，只好自殺。

中國統合在文明之下，日本團結在「血統」之下。在一定程度上來說，日本的做法取得了成功，所以，對「血統」的信仰不是那麼容易淡薄的吧。

第六章 「完整」與「不完整」——尊重平衡的中國人與嗜好不平衡的日本人

鑿石之人

有篇文章我自己也快忘記了。不過，並不很舊。只是沒有用我的真名。那是六年多前，我以葡萄牙人安東尼奧・馬卡斯的筆名發表在《文藝朝日》雜誌上的。

那本雜誌以《分析日本人》為題，請數位作家用外國人的名字做為筆名來寫日本人論。可以說是卞達森們的先驅吧。

前面一章中引用了很多《春秋》等名著中的艱深句子，下面來看看安東尼奧・馬卡斯的輕鬆小品文吧。

關於「血統」的「噩夢」

我常常會做噩夢。

滿頭大汗，呻吟出聲，驚醒了我的日本妻子。

「你已經退休了，整天悠閒自在，為什麼會做噩夢？」妻子很不高興。似乎在質問，在這個適合居住的平安國家，為什麼還要無病呻吟。

我沒有對她講夢的內容。如果說了，她一定會說我太鑽牛角尖。

我經常做鑿石的夢。石匠用鑿子，把石頭鑿得粉碎，不時有火花躍出，濺到我臉上。「好燙！」我跳起來，夢就醒了。

我父親的一個朋友，在荒山上建了別墅，修了高爾夫球場，那片土地也繁榮起來了。那是明治時代的事，是很久以前了。當地的人很感謝他，為他修了紀念碑。

可是，太平洋戰爭爆發了。父親的那位朋友是英國人，怎麼能為敵國人修紀念碑呢？於是政府的人帶來石匠，鑿碎了紀念碑。

我的母國當時是中立國，所以在戰時我自己有相對的行動自由。某天我去了那座山。很遺憾，父親朋友的紀念碑已經消失了，四周只剩下碎石塊。雖然正值炎夏，我卻感到不寒而慄。

此人過去很有名，說出名字，應該有很多人知道。他就是被稱為「六甲山開山之祖」的格洛弗[1]。明治維新時，作為長崎格拉巴商會的老闆來到日本。他很喜歡日本，娶了日本女人做妻子，他們生下的孩子都不學英語，而是讓他們去日本的學校上學。

孩子們如果穿西式服裝，他就會勃然大怒，以至於兒女們只能趁父親不在時偷偷穿。最後他歸化了日本國籍，但就因為他的英國「血統」，連紀念碑的石頭都不被見容。而且，紀念他為「開山之祖」的紀念碑被鑿毀，都已是在他去世三十年後的事了。

為什麼重視血統

日本人對血統的意識是否太強烈了？在區別日本人和非日本人時，就十分嚴格。曾經有位葡萄牙人莫拉艾斯熱愛日本，想成為日本人，但最終沒有成功。他的努力化為泡影，令人為之悲哀。

【1】Thomas Blake Glover（一八三八—一九一一），活躍在幕府末期的商人。明治以後經營高島煤礦。在船港建設、煤礦開發等方面促進了日本的現代化。

我父親輾轉果阿、東帝汶、澳門，最後來到日本定居。他見過世界各個地方的人，退休以後，把「骨相學」當作了一門興趣愛好。他編寫的人名錄十分奇怪。除了地址和電話號碼，還記下了此人的臉型。

山田一夫　蒙古人臉形
鈴木太郎　波利尼西亞人臉形
佐藤正男　朝鮮人臉形

如此這般。其中還有寫著熊襲人[2]臉形的，大概是個大鬍子。

在越南戰場採訪過的新聞記者報導說，那裡的原住民容貌與日本人酷似。在喜馬拉雅登山隊的旅行記裡，也曾提到不丹附近的居民，容貌和日本人十分相似。最近，在電視上看到了中國內地的小學生，播音員解說道，和日本小孩沒什麼兩樣。

在我看來，日本人裡也有和這些地方的人相同類型的。也就是說，日本人和東亞各地的人，在血統上都是有關係的。

從人種學上來說，日本人是一個混血種族，這已是定論。

既然如此，為什麼還這麼重視血統呢？理由有很多，不過，也許正因為是混血，才更重視血統。有人說，希特勒如此痛恨猶太人，強調日爾曼民族的純正血統，是因為他自己有猶太血統。另外，日本是被大海包圍的島國，這一地理環境也孕育了對外人嚴格區分的心理。

我認為，除了地理環境，歷史環境的影響也產生同樣的作用。

日本在明治時代開國時，發現西洋各國遠比自己先進，當然奮起直追。對日本人來說，西方人是目標，是領先自己的競爭者。

目標和競爭者，必須十分明確。這種意識，大概更讓日本人和非日本人的界限分明。

這麼說也許不太合適：越有上進心，就越難以避免自卑。我在澳門感覺到的是，中國人對待西方人的態度，跟日本人有些差別。中國人不只是沒有自卑，而且簡直是殷勤中有種優越感。

我一開始認為是他們沒有上進心，所以不自卑。但是，沒有證據說明中國人缺少上進心。他們有曾經創造了偉大文化的自豪感，不管現狀有多大差距，也有「前冠軍」的自豪，所以不會掉進劣等感的泥沼。

外強中乾

不能說日本過去沒有偉大的文明。不過，文字、文物主要都是從外國傳入的，由此產生的自豪感，跟中國人比起來，就要大打折扣。

明治以來，日本的進步日新月異，其中一個原因，大概也是因為背上沒有負擔，可以盡情地往前追趕。相比之下，中國人背負著過去的重擔，難以卸下，只能邁著沉重的腳步搖搖晃晃一路走來。

自卑不一定是壞東西。有了自覺，才能感到自卑，它是進步的酵母。如前面所說，中國人因為不自卑，在很長一段時間走了很多彎路。

雖然不是壞事，但它以負面形式表現出來，還是讓人覺得很不舒服。

【2】日本神話中的一族，存在於南九州。

對待外國人，以平常心相待就好了，卻偏偏緊張起來，有時又有人沒來由地自大。特別是在戰爭中經常出現這種情況。不知為何，曾有一個軍人莫名其妙罵我：「切，區區毛唐[3]。」

還有一次，與一個O型腿男子狹路相逢，對方用危險的眼光盯著我。通常O型腿的人柔道很厲害，我很害怕，便靠邊悄悄溜走。據說過去的武士常常會說「靠近必斬」，當時那男人似乎在說：「再靠近就把你扔出去。」

見我逃走，O型腿男子似乎滿足了，擴胸挺肩，神氣十足地走了。但是，我並不認為那是勇敢，而是一種自卑的表現。那男子肯定是為了揚日本國威，顯示出日本男人的氣勢。儘管如此，也沒有必要對路人揮灑愛國心吧。

假如無由地忽然變得粗暴，虛張聲勢地吼叫，這一定是因為心裡虛弱。如果只能用這種行動來扭轉局面，那是十分可悲的。

戰爭時流行的很多東西，從「禊[4]」這種奇怪的行為到日本文學的浪漫派運動，都是相似的東西。我對日本文學也很有興趣，有些研究。雖然我生來是個浪漫主義信徒，但對日本浪漫派很失望。

為什麼這樣說呢，因為日本的浪漫派有點偏離原旨，時不時暴露出想扭轉價值觀的意圖，光想著驚世駭俗，卻沒有浪漫派特有的恢弘氣象。

實際上，現在不說這些也可以。因為自卑感會隨著狀況的變化而消失。儘管目前有落後的地方，但只要追上去，自卑就會消失。

用總理大臣的口吻來說，日本也變成大國了，特別是經濟實力不容忽視。金髮碧眼的國家，也有些比不上日本的。在這種情況下，自卑也會消失吧。

確實也正在消失，特別是在年輕人中間，表現得很明顯。

現在年輕的日本人，面對外國人時不再畏畏縮縮，也不會過度緊張，更不會虛張聲勢。而是非常自然的態度。似乎是長時間以來作怪的幽靈漸漸平靜了。是啊，他們沒有理由再自卑了。

同時，對日本人和非日本人的區別，也不再像以前的人那樣過分執著了。對我們外國人來說，他們成了更好交往的對象，我們也感到輕鬆。

我長時間從事貿易工作，在菲律賓和印度尼西亞，只容許「民族商社」從事對外貿易。即使歸化後取得國籍，但不是土生土長的本國人，也不能領到進口許可證。這就是「血統」意識和嚴格的區別。也就是說，明治時期日本做過的事，現在在一些新興國家仍在延續。

日本越來越適宜居住，但是……

我們在日本，現在還頭疼覺得不好相處的，就是日本的老年人。雖然歷史環境已發生改變，但常年積澱的一些東西卻很難改變。本來可以不用勉強，卻偏要逞強，咬牙堅持。即使我們這些外國人已不再是被追趕的目標，但仍還要嚴格地區別。有句話叫「明治的脊柱」，我想其所指的就是這類人吧。

幾年前，一進大阪一家賓館的大堂，正好電視在放力道山[5]空手一砍狠擊外國選手。外國選手倒下時，

【3】對歐美人的蔑稱。

【4】武士道修煉者練習前洗冷水澡，或是在寒冬中下河、海，以鍛煉意志力。

【5】日本大力士，第二次世界大戰後建立了日本職業摔跤的基礎。

我旁邊有人站起來，大聲鼓掌：「太好了，加油！讓他們瞧瞧日本的厲害！」一看，說話的是一個禿頭，毫無疑問是明治時代的老爺子。

這就是明治精神的精華嗎？

因為追趕不上，所以虛張聲勢，著急了就以不理智的言行，想扭轉局面——那位O型腿的柔道紳士，就是極端的一例。

掩飾虛弱的強勢，並不是真正的強。明治時代的老爺子們數落現在的日本年輕人沒骨氣、沒禮數等等，他們可不是在開玩笑。本身很強的人，沒有必要虛張聲勢或者畏畏縮縮。

歷史環境改變的同時，地理環境也改變了。雖然說日本是島國，但交通工具的發達，不論有些人願不願意，都改變了環境。

現在的日本年輕人，比他們的父輩、祖父輩，更大方，更寬容。這樣的年輕人，會一代一代與日俱增。這樣下去，日本會更適合外國人居住。

前文提到的石碑，現在有人提出要再建。可是，格洛弗的孫女，一位鋼琴老師，固辭不肯接受。她說：「說不定以後還會被破壞。那樣的話就沒有什麼意義。」

我勸她說，以後不會發生這樣的事了，還是接受吧。她也重新考慮了，但還是說：「那麼，接受也可以，但不要寫『開山之祖』，就寫『六甲山紀念碑』吧。」

她在害怕什麼？我自己也不是經常做噩夢嗎？

不過，我對她說：「日本人也變了。鑿毀你爺爺的紀念碑的人，都快走到生命的盡頭了。不用擔心。」

實際上，這話一半是說給自己聽的——「不用再做噩夢了」。

新的日本人誕生了——這是讓人欣喜的事。但說真心話，也有點寂寞。這種複雜心情，我說不清楚，讀者應該能明白吧？

慕拉士[6]的悲劇

「戀慕日本，戀得悲切」

重讀舊作，前面的文章確實寫得輕巧，可以做為厚重的《春秋》的補充。因此，下面就日本人對血統的信仰，列舉幾個過去發生的令人悲傷的例子，做為未來樂觀論的補充。前面的文章我用了個葡萄牙人的筆名，偶然的巧合，我下面要舉的例子主人公也是葡萄牙作家——慕拉士。

慕拉士從心底希望自己成為日本人。

慕拉士直到死於阿波[7]邊土，
戀慕日本，戀得悲切。

——吉井勇

【6】Venceslau de Morais（一八五四—一九二九），葡萄牙海軍士官、外交官、作家。一八九八年去日本任領事。後隱居於德島，研究日本文化、風俗，介紹給海外。著有《大日本》等。

【7】德島舊名。

不同於商人格洛弗，慕拉士是注重精神的作家。

文森斯・路德・慕拉士在明治三十一年（一八九八年）定居日本。此前他一直在澳門當海軍士官，經常來日本。這一年趁來日的機會，他決定做個日本人。

他是泛神論的基督徒，從世界的森羅萬象中尋找神的所在。有這種傾向的人，最尊重自己生活裡的風土習俗。住在日本的土地上，而保持著故國的生活習慣的外國人很多，但慕拉士卻融入了日本的風土習俗，尋求與神的接觸。

據說他不論看到什麼，都會說：「可憐，可憐。」摔破了一個盤子，他也會感到十分可惜，面露悲傷。晚年他寵愛的一位德島女人說：「大鬍子慕拉士先生，經常說萬物都有生命，碗、筷子都有生命，這成了他的口頭禪。」

要變成日本人，對他來說，並不是改變國籍這種形而下的問題，而是形而上的精神問題。信奉天主教的他放棄原來的宗教，皈依佛教，而且還信仰神道教，特別信仰稻荷神。

他身穿和服，早上起來面向東方，恭恭敬敬地拍手參拜[8]；用刀豆形狀的煙管吸煙草；外出時抽「敷島」香煙；飲食也都改成了日式。

如果光是在形式上學日本人，慕拉士的行為並不稀奇。原居留地書店的外國老闆，常常穿著日式外褂坐在店裡。

但是，慕拉士從形式學起，然後漸漸逼近心靈。他憧憬著《方丈記》中描述的世界。不過，他並不十分看重書本上學到的知識。他寫到：「要瞭解日本，與其學習知識，不如去體驗感情，更加受益良多。」

這正是至理名言。

陷入兩種文明困局的慕拉士

堅定地關上身後的歐洲之門，站在新的日本之門前，慕拉士解放了自己的情感。他雖然是南歐人，但並沒有樂天的性格，索性連臉都越來越像日本人了。能面[9]上那種謎一樣的表情，也化入了他的臉。他似乎對此盼望已久。「怎麼樣，總算變得有點像日本人了吧？」——據說他常常這樣問別人。

如果光是有好奇心，是不會付出如此的努力的。住在神戶時，他在平野的祥福寺參禪。修煉十分嚴格。

在來自歐美的外國人中，再沒有像他這樣理解日本精髓的人了吧。慕拉士經常被拿來與拉夫卡蒂奧・漢恩[10]比較。漢恩被認為是瞭解日本的外國人的代表，但他太注重知識性了。

慕拉士封閉了屬於歐洲的自己的過去，漢恩卻並非如此。漢恩精神中由西歐生活中培養起來的東西，穿過打開的大門，襲向「日本」。可以這麼說，漢恩的理解是知識份子式的日本理解。

里斯本名門出身的慕拉士，毫無疑問也是知識份子，但他卻不像漢恩一樣執著於教養和知識。他甚至是有意識地要遠離教養與知識。慕拉士沒有選擇用頭腦去理解日本，而是用身體、心靈來把握。

【8】神道教的儀式，擊手使空氣振動，呼喚神靈。

【9】譯註：日本傳統戲劇「能樂」的面具。

【10】拉夫卡蒂奧・漢恩（一八五〇—一九〇四），歸化日本後改名小泉八雲。著有《怪談》。

也許可以說，他是想換一個靈魂。

藝伎出身的愛妻田子與明治天皇在同一年去世（一九一二年）。這一年葡萄牙發生革命，布拉甘薩王朝覆滅，共和國成立。傷心的慕拉士為了給愛妻田子守墓，回到了她的出生地德島。昭和四年（一九二九年），因為風濕和心臟病，慕拉士半身不遂，從走廊跌倒滾下而死。如吉井勇所詠，慕拉士戀慕日本，戀得悲切。然而，日本人卻不願接受沒有大和血統的人。葡萄牙駐日大使阿魯曼德・馬魯欽曾經就慕拉士的事向《朝日新聞》投稿，寫道：

他陷入了兩種文明的困局。他是日本人，卻始終沒有一個日本人愛他，他始終被當作外國人。

悲哀的日本人慕拉士！

無論如何也無法成為日本人，也許與日本人如此接近的他自己最清楚。猶太人有著獨特的風俗和信仰，即使移居到世界各地，也能維持民族意識。但是，在流落到世界各地的猶太人中，只有去了中國的一派因被同化而消失了。會堂、律法以及湯因比[11]所說的「文明的化石」的斷片，在中國都沒能留下來。

關於這一點，有人說是因為中國的家族制度讓人覺得很舒服。不過，如前所述，中國人對血統的寬容也是一個原因吧。

對稱性

左右必定對稱

前文中引用了很多沉重的話題，本節再換些輕鬆的。做為樂觀論的補充，再舉出一個帶有悲觀色彩的例子——我這種態度，似乎來自於中國人特有的喜歡「對稱性」的性格。

中國是文字之國，不論喪慶，都要掛「對聯」，左右一行句子，貼在門和牆壁上。這兩行句子一定是在意義上構成對仗的。

被稱為「詩聖」的杜甫，擅長律詩。所謂律詩，就是八行詩中一定得有兩組對仗的句子。有一次，杜甫被某位將軍請到別墅，做了十首五言律詩。下面隨意引用兩句：

綠垂風折筍，紅綻雨肥梅。

這兩句中，第一個字「綠」和「紅」是成對的色彩名，第三個字「風」和「雨」成對表示氣象，最後一個字「筍」和「梅」，是相對應的植物名。

【11】 Arnold J. Toynbee（一八八九—一九七五）是當代影響最大的英國史學家之一。

第二個字「垂」和「綻」都是表示自身的狀態，第四個字「折」和「肥」都是施加動作的詞。這是完美的左右對稱。

將軍不好武，稚子總能文。

「將軍」和「稚子」相應成對，「好」和「能」都是表示嗜好的字，最後，「文」和「武」是常見的對法。

自笑燈前舞，誰憐醉後歌。

想起燈火前的舞姿，自己也覺得可笑。然而去了異地，醉後高歌，也不會有人讚賞——這描寫的是歌詠酒宴的場景。

「自」和「誰」是人稱，「笑」和「憐」是一對表示感情的字。「燈前」和「醉後」前後對應，「歌」和「舞」則是一對表示歡樂的動作。

有了「東」，就反射性地想到「西」。「春」和「秋」，「龍」和「虎」，「上」和「下」，「金」和「銀」，「萬里」和「千載」——中國人不論談到什麼，都喜歡排出對稱性。

平衡的東西才是「中國美」

中國是各種各樣民族的聚居地，人們之間的關係複雜又密切，體會到妥協和讓步是必需的，因此培養了保持平衡的才能。

在說服人時，「A這樣做了，相應的，希望B也這樣做。」這類保持均衡的折中，在實際生活中最有效。幾千年間，中國人保持著平衡，成了「對仗」的好手。

漢詩必然有對仗的規則，不得不說其根源很深。

對中國人來說，不平衡的東西就算不上「美」。如果極端地破壞平衡，那簡直是一種罪惡。

然而，日本卻並不十分讚賞這種對稱性的美。

保持平衡，是因為施加了人力。日本人討厭人工美，即使施加了人力，也要盡量讓它不起眼。日本人喜歡自然之美，似乎對人工修飾的評價不是很高。

岡倉天心形容日本獨特的茶室構造是非對稱性的居所。他寫道：

為了將不完整的東西置於被崇拜的地位，在完成它的想像力的驅使下，故意保持未完成狀態。

天心認為，日本人喜歡「不完整」，是受了禪的影響。長谷川如是閑[12]將其視為日本固有的東西，舉出

【12】長谷川如是閑（一八七五—一九六九），記者。為日本自由主義的普及做出了貢獻。著有《法西斯批判》等。

了出雲大社的例子：出雲大社向右傾斜的樓梯和門，只能被理解為是人們故意破壞「完整」。

把地板清掃得乾乾淨淨，一塵不染，在日本反而不受讚賞，因為過於人工化。利休[13]看了乾淨得一塵不染的庭院，故意搖搖旁邊的樹木讓葉子落下來的故事，就很日本式。優雅倒是優雅，但將人力視為「罪惡」的想法，也有問題的吧。

【13】利休（一五二二—一五九一），安土桃山時代的茶匠。利休派茶道的始祖。完成了「侘」、「寂」的理論。被秀吉命令切腹。

第七章　「人性」和「分寸」——從自殺看差別

羅敷之歌

古代民歌中的「形式主義」

漢代《樂府》中，我最喜歡的是《日出東南隅》。《樂府》是中國的古老民歌。下面引用我喜歡的這首樂府民歌。

日出東南隅，照我秦氏樓。
秦氏有好女，自名為羅敷。
羅敷善蠶桑，採桑城南隅。
青絲為籠係，桂枝為籠鉤。
頭上倭墮髻，耳中明月珠。
緗綺為下裙，紫綺為上襦。
行者見羅敷，下擔捋髭鬚。
少年見羅敷，脫帽著帩頭。
耕者忘其犁，鋤者忘其鋤。
來歸相怨怒，但坐觀羅敷。
使君從南來，五馬立踟躕。

使君遣吏往，問此誰家姝。
秦氏有好女，自名為羅敷。
羅敷年幾何，二十尚不足，
十五頗有餘。
使君謝羅敷，寧可共載不。
羅敷前致辭，使君一何愚，
使君自有婦，羅敷自有夫。
東方千餘騎，夫婿居上頭。
何用識夫婿，白馬從驪駒。
青絲繫馬尾，黃金絡馬頭。
腰中鹿盧劍，可值千萬餘。
十五府小史，二十朝大夫，
三十侍中郎，四十專城居……

下面還有一些，太長了，這裡省略。

讀這首詩，我注意到一個現象，說羅敷是美女，可整首詩卻找不到關於她美貌的直接描寫。只寫到了她髮髻的形狀、手提竹籠的繩鉤、衣裙的顏色、佩戴的首飾，以及被她迷住的男人的動作，而關於最重要的容貌，則一字未提。

容貌也是外在的東西，可以說是形式。但是，作者卻一個勁兒去描寫形式之上的間接形式，如髮型、服裝等。

看到這裡，讀者腦中一定會浮現「形式主義」這個詞。前面所講的一連串例子——通過紋身和斷髮這些形式上的改變，文明人馬上變成野蠻人；下苦功創作對仗的句子……等等。在形式主義這一點上，都和羅敷之歌有共通之處。都說中國人愛面子。做為一種處世智慧，尊重面子不得不說也是一種形式主義。

中國人的「形式主義」產生於「信任人類」

我們來考察一下中國人性格構造的一大支柱——「形式主義」的來歷。

在宗教性的世界，事物的表裡緊緊相連，甚至已經沒有表裡之分，被神充滿，沒有空隙。但是中國是人文至上的世界，代替神的，是無孔不入的人。雖然如此，人並不像神一樣起黏合劑的作用。任何事物都有內蘊。宗教借助神靈之力，想一舉抓住內在奧秘。可是，對與宗教緣分不深的中國人來說，要探究內在奧秘是件沒有盡頭的事。於是，只有抓住表面表現出來的東西。包括尊重面子的中國形式主義，可以說是中國式無神論理所當然的選擇。

《日出東南隅》所表現的羅敷這位女性的內心，要用宗教性的把握法，才能傳達給他人。為了傳達，中國人進行了形式的馬賽克組合。

中國人認為，她是怎樣的女性，在她與想說服她的「使君」的對答中能表現出來。他們相信只有這一途徑。

假設她的內心活動以百來計算，她的語言表現出來的自己，大概只有百分之二三十。衣裳、打扮或許能表現出百分之五十，但仍無法全部表現出來。

以從表面看到的百分之三十或四十為根據來推測整體，這是中國式的方法論。

中國人以詩為最高的文學

中國人以詩為文學之首的傳統，也與上述的方法論有關。中國人喜歡議論、說服和推理（常以考證癖的形式出現），也可以說是這種方法論的產物。

信仰宗教的人，會嘗試從零出發把握整體。而中國人認為零就是「無」，是什麼都不能產生的。這樣一來，當然重視用具體的數字來表示，也就是「形式」、「外在」。

不能與中國人玩概念遊戲，通過具體的數字才是與中國人進行交流的契機。當中國人要求拿出具體的數字時，如果認為這種方式太過功利了，可不行。

不論多少，中國人都要求實物。如果是玩概念遊戲，不管堆積多少個零，中國人都不會理會。

人

「形式主義」的極致是中國的佛教藝術

佛教傳入中國後，中國人對同時傳入的佛像進行了改造。

印度的佛像大多近乎赤裸，豐滿的身體上，掛著一層薄而透明的衣裳。

中國人則給佛像穿上厚重的衣裳。這些衣裳不僅厚，而且雙肩向上翹起，顯得過於莊重，過於形式化。

據說這是佛教傳入初期，北魏式佛像的特徵，日本的夢殿裡的救世觀音便是最典型的例子。拿它與同是五世紀的印度佛像，例如馬杜拉博物館著名的如來立像相比，差異顯而易見。

也許是印度氣候炎熱，所以衣裳單薄；而華北卻很寒冷，所以佛像也要穿上厚衣服。

但是，七世紀唐代的佛像，同樣還是在華北，但衣裳卻再次變薄了，這是為什麼？以首都長安為中心，唐代國際化十分繁盛。在我看來，中國的形式主義在物質、精神的國際化中被削弱了。

印度的佛像大多官能氣息濃厚。用佛的精神形骸——肉體來表現佛；而傳入中國之後，中國人更傾向於以肉體的形骸，即衣裳來表現佛。

這可以說是形式主義的極致。

如前所述，早在遠古時期，中國人就以人力來征服自然，由此產生了人是自然主人的自信。夏禹、堯舜等治水成功者被奉為聖人，他們的事業並未借助神的力量。因此，中國人更崇拜聖人，而非崇拜神。

聖人不可輕待。

身體是人類動物性的部分。既然如此，用雕塑完美地再現身體，那就是對人的褻瀆。

從側面看，中國的佛像像洗衣板一樣薄，而這本來就不是從側面看的東西。大概當時中國的雕刻師腦子裡從來沒有立體美的概念。

這並非技術拙劣。

從青銅時代開始，中國人就活靈活現地描繪出怪獸、怪鳥的圖案。但唯獨在人體像方面，中國盡量遠離寫實性，這只能讓人認為他們是故意畫得拙劣。

為了盡可能隱藏身體，把重點放在衣褶上，消除立體感。「平面化的」、「平面的」，被認為是「單調乏味」的同義詞，但中國的藝術家的目標似乎正是平面化。

在一個將「書法」視為最高藝術的國家，畫在紙上的那樣平面化的藝術表現被認為是最優秀的。這是「形式」哲學的必然產物。

形式主義的背後就是無神論，再往深一步，就是崇尚人文的精神。

佛像上那些複雜的衣褶，大體都是左右對稱的，簡直是對稱美的樣本。

從對外來事物的改造中，可以看出這個國家固有的性格。

我們從印度傳入的佛教藝術品的中國化中，找到了中國的獨特個性。

日本的佛像傳達了身體的躍動

同樣，在傳入日本的佛教藝術品中，能看出日本的性格嗎？

佛教傳入初期，即飛鳥、白鳳、天平時期之前的東西值得注意。為什麼呢？因為此期從中國和朝鮮傳入的佛像本身就很多，即使是在日本製作的，也有很多是出自歸化日本的人之手。

在中國，佛像製作以唐代為頂點，之後開始走下坡路。而在日本，則要到較晚的時期，即鎌倉時代又一次迎來了佛教雕刻的黃金時代。製作者也不再是歸化人。而且，這一時代的作品，正面把握了人身體的躍動。

光是憑這些，也許還不能進行大膽的論斷。

不過，這與前面所講的事實——日本沒有黃河那樣氣勢恢弘的自然條件，因而沒有打敗大自然的人類英雄的形象——多少有點關係。

在日本人看來，人類並非如此偉大，因此，也沒有多少敬畏之心。所以，日本人能夠自由表現人類的身體。

日本沒有產生嚴重的形式主義，這也是其中的部分理由。沒有上帝，也沒有聖人——日本這種特殊的環境，產生了各種特殊的文明。這也是對前面所講內容的重溫。

不過，在「沒有上帝」這一點，日本和中國是共通的。總得也有些共同點吧。

自殺的規矩

自殺是「形式」——在這點上日本與中國相同

在神主宰的世界，自殺是不被允許的。生命是神授予的，人不可隨意處置。但是，在中國和日本，上帝並不存在，人也理所當然地可以處理自己的事。

古希臘諸神酷似人類，自殺是被肯定的。在尊崇人力的羅馬黃金時代也是如此。羅馬法不僅承認自殺，甚至讚美自殺。

但是，自從基督教的神統治歐洲之後，人的生命就全歸於神靈。湯瑪斯·阿奎納[1]的「自殺犯罪說」，可以說刺中了歐洲人類主義的喉嚨。

在中國，自漢代儒教國教化以後，獲罪高官自殺的例子數不勝數。自殺已成為一種慣例。

在漢武帝的父親景帝時，相當於副總理級別的御史大夫晁錯被處以腰斬之刑，這在當時是例外中的例外。

晁錯削減各地諸侯的領地，充實中央集權，由此招來怨恨，招致了「吳楚七國之亂」。為了安撫叛軍，他被處極刑。如果讓他自殺，仍不足以平息叛亂，所以不得不殺掉他。

據《漢書》中的《晁錯傳》記載，當皇帝決定對他處刑時，他並不知情。

乃使中尉召錯，紿載行市。錯衣朝衣，斬東市……

皇帝為什麼要設計騙晁錯？

如果知道自己被判死罪，晁錯一定會自殺。以為是皇帝召見，他著禮服晉見，卻想不到被斬於東市。

《史記》中記載：「九卿而罪死即死，少被刑。」

「三公九卿」指閣僚，「罪死即死」是定罪後立即自殺的意思。所以，實際上基本沒有進行過處刑。

【1】湯瑪斯・阿奎納（Thomas Aquinas，約一二二五年—一二七四年）是中世紀經院哲學的哲學家和神學家，死後也被封為天使博士（天使聖師）或全能博士。他是自然神學最早的提倡者之一，也是湯瑪斯哲學學派的創立者，成為天主教長期以來研究哲學的重要根據。

漢成帝時，曾有廢后獲罪自殺的事件。《漢書》的《外戚傳》中記載：「天子使廷尉孔光持節賜廢后藥，自殺。」

這麼看來，一旦被判有罪，通報的使者會事先帶著毒藥去。

此外，漢宣帝時代的田延年等人，因某事件連坐，當聽見通報的使者到來的鼓聲時，立即自刎而死。

自殺已變為形式化。畢竟自殺和形式主義都同樣是從無神論之根長出的樹木，互相枝葉相連。

這在日本和中國都一樣，關於自殺的根源「人類至上」，兩國之間存在著程度深淺的差別，這表現在死亡的方式上。

三島由紀夫的死沒有人間氣息

三島由紀夫的自殺，是想以自己的死為「皇國」的將來效力——也就是說，是做為人的一種努力嗎？

三島由紀夫對人類的信任有多深？——他對自己信心極強，但他相信別人嗎？他絕對缺乏對庶民生活的熱愛。在做為遺言的那篇檄文裡，他完全沒有提及生活著的庶民，從這一點就可以看出來。

不相信別人的人，不會期待自己死後的崛起。因為自己死後，「崛起」的肯定是別人。

這樣看來，他的死不是政治性的死，而是美學性的死，或者說是情緒性的死。

腦袋落地，看起來觸目驚心，但他的死沒有世俗感，這不光是因為那篇十分空洞的檄文。

沒有世俗感的三島之死，講究形式，可謂是一種美。

日本武士道認為臨死掙扎很恥辱。當然，中國人也讚美從容赴死。但實際上從日本人眼裡來看，很多中國人會在死前掙扎。

不過，據說在處刑時，白刃加首那一瞬間，中國人更為乾脆。

中國沒有「辭世」這一風俗

死前留下「辭世」的優雅風俗，是日本所獨有的。

在漢語中，「辭世」即「死」，意味著辭別世間，沒有臨死前留下歌詠的意思。含有這個意思的「辭世」，是日本人的慣用語。

「辭世」符合美學性的死。寫詩也是人的行為，不過，大多是在不再掙扎的心境下寫成的。一直到生命最後都相信人的力量、人類至上的信念，就當然會掙扎。

在吳越之爭中，大家熟悉的戰國時代吳國名臣伍子胥，被吳王懷疑有異心，獲賜「屬鏤」之劍命他自殺。死前他叫道：

> 必樹吾墓上以梓，令可以為器；而抉吾眼懸吳東門之上，以觀越寇之入滅吳也。

這是毒咒。

沒有自己，吳國也就完了。到時，把自己墓上生長的梓木做吳王的棺材。把我的眼睛掛在吳國的東門，以見證這個國家的滅亡。——這種死多麼有人間氣息啊。

日本人的「自殺」與「物哀」相通

與孫子並稱為「孫吳兵法」的吳起，在楚國做官，權勢極大。在庇護他的悼王死後，平時受吳起壓迫的王公大臣們群起而攻之。

這時，吳起跑到宮中，伏於悼亡遺體上。追兵當然追上去將他亂箭射死，不過有幾枝箭也射中了悼王的遺體。

太子即位後，射殺吳起的人一律被滿門誅殺，理由是向先王遺體射箭。

吳起是軍事家，死前也運用了人力，設下計謀向射殺自己的人復仇。雖然不算豁達，他到最後仍相信人力。如果信念薄弱，就容易中途放棄。

並不是說這樣不好。從某種意義上說，這也是一種美。

這裡我關注的是，日本人雖然和中國人同是無神論者，但對人類力量的信仰之心卻相對淡薄。說得不好聽是半途而廢，說得好聽是「有分寸」。人力無法企及的，就是「物哀」。同樣肯定自殺，並且自殺的人同樣很多，但日中兩國各自又有區別。這值得深思。

政治即文化

無意識中使用對偶句的中國人

由三島由紀夫想起了另一件事。

在外國長大的人，過著雙重生活。就我來說，在幼年時代的記憶中，日本教科書的「花、鴿子、豆……」和祖父給我朗讀《三字經》的「人之初」的畫面相互重疊在腦海裡。

我習慣於把眼前的現象分為「日本的東西」和「中國的東西」加以認識。共通的東西不少，不過區別明顯的東西更多。

這種時候，我常常要去思考「為什麼」。

一天晚上，我忽然想到，是不是這種習性促使我去寫推理小說的？

一天早上——寫下這四個字，我才意識到這是「中國的東西」，不由苦笑。前面剛寫了「一天晚上」，接著在無意識中，為了講究平衡，用了對偶句。——閒話少說，一天早上，我打開報紙，上面有三島由紀夫、安部公房、石川淳、川端康成四人發表的聲明：「中國的『文化大革命』侵犯了學問藝術的自由。」

那是昭和四十二年（一九六八年）的事。

我當時反射性地想到，這毫無疑問正是「日本的東西」。

在本書中，我堅決抵制出版社的意見，沒有多例舉時事。當然，時事也很重要，但我害怕太追求眼前的問題，最後會如同掬起水面上漂浮的渣滓和水泡一樣，只是關注無關緊要的事情，那就完了。我想更深入地提煉出一些東西。

不過，在這裡，我不準備批判「文化大革命」，也不準備批評這四位作家的聲明。

我想把這四位作家的聲明，當作日中兩國差異性的一例列舉出來。

「一致反對把文學藝術最終作為政治權力的工具的思考方法」，這是四位作家聲明的結尾。

把學問藝術、文化與政治權力對立起來，至少分開來思考，這是日本式的思考方法。

中國的政治理想是「禮樂之治」，「禮樂」就是文化。

「郁郁乎文哉」——孔子這句話是稱讚周朝的政治，前提是政治即文化。

並非誰是誰的工具，而是不可分離的血肉關係。

文化活動不是遊戲

人文主義或是文化至上主義，聽起來很美，但實際上並非如此。文化和政治既然不可分離，要引進其他種類的文化，那就不是文氣優雅的沙龍活動了，而是腥風血雨的政治活動。

也就是說，文化的引進與政體的改變相關聯。對想要蠶食分佈在自己體內、無處不在的血管裡的別種血液，原政體必定會拚死戰鬥，挑戰的一方也是全力以赴。

文化活動並非遊戲。

中國的歷史在我們面前展示了一長串沾滿血的文人名單。日本人熟悉的名字有自殺的屈原、寫《正氣歌》的文天祥。即使在華麗美文粉飾的六朝時代，也有寫《曲水詩序》的王融被殺；丘巨源因諷刺被殺；被讚為「二十年來無此詩」的謝朓，也死於牢獄。明太祖將天才詩人高青邱腰斬棄市，也廣為所知；同時代的徐賁、楊基死於獄中，張羽被逼自殺。

即使是被視為文人皇帝的清朝乾隆皇帝，也殺了《堅磨生詩抄》的作者胡中藻。處以的本是死無完屍的「淩遲」之刑，但乾隆皇帝出於對詩人的同情，把「淩遲」改為「斬」。

當胡中藻在詩中將國號「清」前面加上了「濁」字，應該就已經有了覺悟。敢於進行這種冒險，正是因為他相信詩文的力量吧。

文章是經國大業

中國文人基本上無一例外都參與了政治活動，日本有很多人對這點頗不以為然。不過，「文章為經國大業、不朽盛事」，中國文人並不認為這句話內容空泛。

讀了關於「文化大革命」的新聞，很多日本人會這樣想：為什麼對作家們做的小事，要一一雞蛋裡面挑骨頭？

「藝術是無賴漢的事。」川端康成在報紙上這樣說。

這是出自同樣的想法。

無賴漢和黑幫，都是沒用的人。松尾芭蕉也把俳諧比喻為「夏爐冬扇」，也是一樣的意思。冬扇對生活無益，和與生活相連的政治也無關。文學也是如此，置於政治之外，這就是日本文學的傳統，現在仍在持續。

平安時代日本人最喜歡的中國詩人是白居易。說到「文集」就是指《白氏文集》。白居易把自己的詩分為諷喻、閒適、感傷以及律詩，最後一種是根據詩的形式分類，前面三種都是不拘於音律的古詩。

諷喻詩是進行政治批判、社會批判的詩，諷刺政治的混亂和統治階級的墮落，對人民的痛苦給予同情。

閒適詩是隱退或是因病療養、閒居之時，「知足保和，吟玩性情」的詩，以私生活為主題。

感傷詩是遇事而發，情理內蘊的詠懷詩，著名的《長恨歌》、《琵琶行》屬於這一類。但是，收入《倭漢朗詠集》的白居易名句一百三十八條中，不是閒適詩就是感傷詩，幾乎沒有諷喻詩。

從這裡，就可以看出日本文化多麼不願與政治掛鉤。隨著時代發展，武家政權長期當家，日本越來越變成「尚武」的國家。日本本來就是一個軍事戰鬥集團性色彩強烈的國家，與文章為經國大業相反，產生了文章應該私下經營的觀念。《方丈記》、《徒然草》之類的隱者文學，做為文章的正道，源遠流長，一直流到現代的私小說。而且，明治的開國，也沒有糾正這種觀念。

開國後，大量傳入、映襯出日本落後性的，主要是西歐的技術。為了扭轉劣勢，日本舉國大張旗鼓開展了洋化運動。「和魂洋才」，這個體面的詞，指的是獎勵技術的洋化。「魂」，也就是精神方面，保持原樣即可。並非是因為優秀才保持原樣。精神文化的優劣跟技術產業不一樣，無法直觀，特別是文藝領域，還存在語言的差異。

在鳥銃傳入種子島以來傳統的日本，技術的洋化馬上與富國強兵聯繫起來，被這種洋化運動排擠在外的作家們，更加加深了局外人的意識。

日本文學的態度，與其說是反體制的，不如說是常置身於體制之外。

中國的人文主義、文化至上主義，必然產生出「輕武」的風氣。「好鐵不打釘，好男不當兵」，這句有名的俗話就是證據。

沒射中靶心的日本人

在中國，暫且不論局部戰爭，凡是舉國投入的重大戰爭，一定會任命文官為最高司令官。被稱為軍閥先祖的袁世凱，不是軍人出身，而是從書記升上去的文官。當時的制度是由逐級升遷當上巡撫、總督的文官掌握兵權。曾國藩、李鴻章也是如此。

中國所謂的文官，翻譯成 civilian 不太合適。魏特夫[2]曾稱之為「非軍事階層」，我認為甚至可以稱為「身為文學者的官吏」。

他們通過嚴格困難的科舉考試，都是會做詩的人。創作能描繪出一個世界，人們尊重有這種眼界的文人，而職業軍人則被輕視為戰爭技術者。

在如此重視文人、相信文章的力量的世界，文學者不可能成為無所事事的無賴漢。就算成為無賴漢也可以，但他必須有為此犧牲的覺悟。明朝的李卓吾（李贄）貶斥一群被稱為忠臣、君子的人，反抗當時既成倫理道德。不過，他預想到自己的著作會被燒，所以事先給自己的書題名《焚書》，同時也覺悟到自己會被處刑。李卓吾最終自殺於獄中，這與被殺差不多。

近代被處刑的文人也不計其數。

魯迅的心愛弟子、《瘋人》的作者柔石，在一九三一年被槍殺；同年，《少年先鋒》的文學家李偉森也被槍殺。寫作了以農村為背景的名作《流亡》、《家信》等的洪靈菲，一九三三年在北京被捕處刑。《亂

[2] 德國裔歷史學家。

彈》的作者瞿秋白一九三五年在福建被槍殺。二戰結束後次年，詩人聞一多在昆明被暗殺，這無疑也是政治處刑。

政治體系即文化體系，因此作家的活動與政治核心緊密相聯。每個作家平日都有賭上性命的覺悟。東方鄰國的文人們，同情中國文人的遭遇而發表了聲明。但是很遺憾，這些聲明未能反映出真相。

在中國，文人就是政治家，文學和政治緊密相連。

理解這種差異，這是最低條件

在日本，有不少攝政關白大臣在《古今和歌集》、《新古今和歌集》裡留下歌詠，但他們並非因為是詩人才成為政治家；並非通過詩歌、文章的考試，而是靠門閥（血統）登上廟堂。因此，文學和政治沒有必然的關聯。

即使事實不是如此，在日本人看來，政治是顯露人類經營的部門，是「貪世之事」。

就像家裡的煙囪一樣，盡量不惹人注目才好。

即使是太陽光，若直接射入房間也覺得不雅，人們以經過紙門中和後的光為上品。

與其說是對政治的信賴度低，不如說是出於好惡的選擇，在日本，人們不屑於參與政治。

即使是在現代，雖然政治如同毛細血管侵入我們的日常生活，但日本人也總是對政治施加白眼。在揶揄從政之人方面，日本人算是世界上最熱衷而且辛辣的。

接下來又是重提舊話。——

假設生存所需要的依賴度為一百。

在中國，對人的依賴度達到九十。日本對人的依賴度大概只有五十，剩下的五十，本來應該由「神」來填補，但日本人卻填入了審美意識。

這就是「物哀」。

對日本人來說，文學所處理的，主要就是「物哀」，赤裸裸的政治是文學的對立物，最好與之割斷聯繫。

雖然喜歡白居易的詩文，但平安時代的文化人卻拒絕其中的政治諷喻詩。從日本的體制來看，這也是必然的。

三島由紀夫們的日本式心情，認為無垢的學問藝術被醜陋的政治所污染，老天都看不下去，無法忍受「文化大革命」。

不論如何，他們的聲明，將日本和中國的差異暴露無遺。

日本人都認為三島由紀夫們的聲明理所當然，很少有人有異議。

但對中國人來說，文學者被捲入政治的漩渦，也十分正常。即使受到彈壓，當事人也會覺得理所當然。

這不是哪個好哪個不好的問題，也不是要求改變與生俱來的東西。但如果中國和日本想互相接近，至少應該理解對方的差異。

為了讓大家理解這一點，我引用了四位著名作家的聲明，做為分析的樣本。

第八章　我們這對鄰居——長短相補，此為天命

洗臉時是移動毛巾，還是……

名與實

取實捨名，還是取名捨實——這個問題就像孩子們問「雙葉山厲害還是大鵬[1]厲害」。不過，我們還是清楚地分個勝負吧。

日本人取「實」，中國人取「名」。

這麼說可能會引起爭論。

但是，做為效率主義的軍事性集團一員的日本人，在「名」和「實」面前，毫不猶豫地會選擇「實」。不是說這樣不好。是勝還是敗，走在生死線上的集團，不這樣就無法生存下去。

看看二戰結束後不久的日本社會世相，就會若有所悟。

「天皇陛下萬歲」，一夜之間變成民族主義；「鬼畜美英」的辱罵，則一變而成「哈囉」。

明治維新時也是如此。據說新政府命令奈良寺廟的僧侶廢佛棄釋，從第二天開始當春日神社的神官。僧侶馬上服從，把佛像拆了當燒洗澡水的乾柴。

出任過歷代幕府內閣首領的井伊藩，一見幕府旗色變換，馬上變成勤皇派，幾乎沒有反對聲。從織田信長到豐臣秀吉，再到德川家康——當時政權的交替中，曾受過織田、豐臣恩顧的諸將領，也馬上就變換立場。

更進一步說，現代日本的政界也大致如此。

在大多數情況下，尊重「名」，被認為是通往「實」的一個階段，或是一種手段。佛教也是如此。中國的天台宗尊重符合法理的真理，也就是「理圓」。傳入日本後，變成了更重視符合物象的真理「事圓」。道元[2]、白隱[3]都是如此。

「理」即是「名」，「事」即是「實」，雖然不能簡單地如此替換，但情況很相似。理法有一定的套路，物象則時時刻刻變化。「名」在一定程度上固定，「實」卻是變化著的。

洗臉的時候，日本人把毛巾在臉移動；中國人則不移動毛巾，而是轉動臉。這雖然是常見的習慣，但可表現兩個民族性格上的差異。日本人支配或使用像毛巾這樣的「東西」非常得心應手，而中國人卻將這種東西當道具固定起來。

中國人最信賴的是「歷史」

中國人認為最固定的、可以將自己托付的東西是什麼呢？對基督徒來說，那應該是「神」。可以代替神的東西，能成為中國人寄託靈魂的東西——

那不就是「歷史」嗎？

已經被寫下的歷史、將要被寫下的歷史，被做為人類生活本身受到尊重。誇張地說，沒有被歷史記錄

【1】雙葉山和大鵬都是日本著名的大力士。
【2】道元，（一二〇〇—一二五三），鎌倉初期的禪僧。日本曹洞宗的開山祖。
【3】白隱，（一六八五—一七六八），江戶中期的禪僧。臨濟宗中興之祖。

下來的人，就等於沒有存在過；沒有被歷史記錄的行動，就等於沒有發生過——中國人心裡中隱藏著這樣的歷史主義。

司馬遷在《伯夷傳》的評註中說，像他這樣的隱士還有很多，但大多遺失其名，不為人知。他悲哀地總結道：「悲哉！」

留名青史——這是男子漢的抱負。

未得志的書生勉勵自己說：「千年史冊恥無名。」

在這裡介紹一個中國人絕對相信歷史的故事。

春秋時代，齊國的實力派人物崔杼殺害了主君莊公。這是西元前五四八年的事。

這時，齊的史官記錄道：「崔杼弒其君。」

崔杼一怒之下，殺了史官。史官的弟弟繼承兄長遺志，還是這樣紀錄，崔杼又殺了他。

史官還有一個弟弟。當時的官職是世襲的，一家都做同樣的工作。這個弟弟也在史書裡寫進了同樣的話。

崔杼也無可奈何了。

另一方面，一位地方的史官聽說中央史官接連被殺，抱著記錄用的竹簡急速趕往都城，想記下事實的真相。聽說最後的史官已經記下來了，才放心回鄉下去了。

這件事記載在《春秋・左傳》上。

做為歷史學家，與其曲筆，不如選擇赴死的勇敢事例，這一史實經常被引用。

被殺的史官、冒死記錄的史官，還有特意從鄉下跑來的史官，都是忠於職守的人。

但是，從這個故事中，我們不光能學到修身的教訓。這個故事還如實地揭示了，歷史對中國人來說具有何等重要的意義。

編纂清代歷史

什麼都可以出錯，但歷史不容許謬誤。為什麼呢？因為人們把一切都寄託在歷史上。歷史對人來說，是神聖的擂臺。如果歪曲了，從一開始就無法決出勝負。

被認為現實的中國人，不時會做出不可思議的行為，大致都是因為意識到了「歷史」的存在。以《史記》為首的正史有二十五史，其中，《新元史》等是二十世紀以後才完成的。

今年（作者寫作本文之年，昭和四十六年，即一九七一年）是辛亥年，清朝滅亡正好六十年，清代的正史還未編纂。「文化大革命」中受到批判的《三家村劄記》一書中，曾提議該編纂清朝的正史了。像《明史》的編纂也花了百餘年才完成，現在編纂清史不算太遲。

所以，將現在的自己和周圍的事物寫進歷史的，並非現在叫著「萬歲」、「萬歲」的人。政權數度更迭後，由與自己毫無利害關係的後代學者來寫。

政治性的人，所認識到的是政治性的歷史。

基督教徒說「以神的名義……」，中國人會說「以歷史的名義……」。

歷史尊重主義發展到極端，恰恰就是形式主義。

但是，正是因為有這種形式主義，中國才能統一。不論如何混血，外國侵略者如何來襲，只要有中國人的意識——擁戴中華文明這種形式存在，就被承認是中國人。

中國曾是帝國主義列強蠶食的對象。「中國不是國家，只是地域的稱呼」——常有人從這種想法出發，鼓吹中國分裂論。

中國歷史上，也有三國鼎立和南北朝分立的時代。但是，這些分裂時代的人，也不認為這是常態。「本來是一個國家」──中國人一直固守著精神上的形式主義。

中國人本能地嫌惡「兩個中國」，這與任由列強宰割的痛苦記憶緊密相聯。

滿族奪取政權，強迫人民留髮辮時，有數萬人因拒絕而被殺。髮型雖是一種形式，也有人會為它而死。

中國人也許現實，但並不功利。在關鍵時候，甚至會捨實取名──意識到後代歷史家的筆時，就會如此。

龍與鳳

中國人是運動型民族？

有人進行了這樣有趣的觀察。

伊達亞・卞達森在《日本人與猶太人》中寫道：

拿毛澤東來說，看來他想把孫中山稱為「散沙」的這個民族改變成一個運動型民族。極端地說，就是想把中國人改造成日本人。

所謂運動型民族，就是喊著「追上去，超過他們！」、「打到××」的口號向前衝，甚至都不需要口號，或是連領導者的指揮都沒有，可以全體採取一致行動的民族。

如前所述，文化大革命很中國化。中國需要改變一些事物的時候，就要進行數年的說服運動。如果是在日本，只要揮動軍扇就能解決。

那麼，毛澤東是想用中國式的方式，把中國人變為日本人？是卞達森想得過頭了。

中國的理想是自給自足。

十八世紀末，對想締結通商條約而來到北京的英國使節，乾隆皇帝下諭遣返：

> 天朝物產豐富，無所不有，原不必藉外夷之貨物以通有無。

無所不有——即使現在或許已經失去了，但以前什麼都有，這在現在也還是中國人的信念。因此，不用把外國當榜樣。中國人想改造自己的時候，榜樣也會從歷史人物中挑選吧。

抗戰後被暗殺的詩人聞一多，是古代史學家。他在論文中曾談到，中國過去有龍的部落和鳳的部落，交替執掌政權。

從龍身上喚出鳳的性格的毛澤東

眾所周知，龍是想像中的怪獸。鳳也是想像中的鳥，形狀不算奇怪，放進鳥類圖鑑，不注意也能混過去。但是，如果動物圖鑑上有龍，就連小學生也馬上會指出：「動物園沒有這種動物。」

是不是奇怪的「龍」的部落很可怕，而與現實中的鳥沒有多大區別的「鳳」的部落比較可愛？

不，實際上正好相反。

龍和鳳，本來是部落氏族的象徵圖案，也就是民俗學所說的圖騰。現在在一些未開化的社會，還會相信自己是狗或馬的子孫等，將其畫像作為神聖的象徵。

部落間會發生戰爭。如果狗的部落戰勝馬的部落，後者就會失去自己的象徵，歸為犬旗下，成為奴隸。但是，如果雙方衝突不那麼激烈，在一定程度上妥協，就會採用狗和馬混合的別的動物做象徵，形成共存。

仔細看龍的圖案，頭是馬，頭上長著鹿的角，身體是蛇，爪子是狗，全身的鱗是魚鱗。也就是馬、鹿、蛇、犬、魚等各個部落間，戰爭沒到你死我活的程度就講和，結果產生的聯合旗，就是龍。因為它是和平聯盟的象徵，並非凶惡的動物，就不可怕了。

相較之下，鳳可以說是真實存在的鳥，圖形相對簡單。所謂簡單，就是排除妥協，一路前進的結果。征服了犬的部落，就把犬的痕跡完全抹去。征服了蛇的部落，與蛇相關的象徵物就被摧毀，所以才能保持自己原有的形態——鳥。這才是真正可怕的動物。

「龍鳳」並列，在中國成為皇帝的象徵。皇帝的臉叫做「龍顏」，皇帝的乘坐工具是「鳳輦」。根據聞一多的說法，夏王朝是龍族，殷王朝是鳳族。也可以說農耕民族是龍，遊牧民族是鳳。

從地理上——這種說法也有異議——大致來分，南方是龍，北方是鳳。禮法規矩要求嚴格的孔子是鳳，尊重個人自由的老子是龍。當時孔子見了老子之後，確實說「見到了龍」。楚國狂人接輿從孔子身邊經過，唱道：「鳳兮鳳兮，何德之衰……」（見於《論語》的《微子篇》）

這些都是一般的說法，中國式性格表現在表面的，主要是妥協性造成的奇形怪狀的「龍」的性格。但是，被隱藏的、不知妥協的「鳳」的性格，也不能忽視。

用卞達森的話說，就是——

現在，具有強烈龍的性格的中國人，想喚醒鳳的性格……

為什麼日本沒有根本性的變革

戰鬥集團很容易被毀滅。中國歷史上出現的塞外民族的命運就是如此，很多都不知所終。只有日本保留了戰鬥集團的形式，存活至今。最大的原因是不以掠奪、遊牧為生，而以農耕生活為基礎。

蒙古即使建立了元朝，對中國的統治也沒能持續一百年。滿族統治的清朝之所以能存在二百多年，是因為他們早期是養豬的民族，因而在遊牧民族中，被稱為「豬倌」，人人掩鼻而過。養羊的遊牧民族行動迅速、遷徙便捷。但是，豬走起來搖搖晃晃，率領豬群移動，是想起來就讓人頭疼的事。所以，滿族很少遷徙，也就是過著半定居的生活。這對後來建立王朝過定居生活，有很大好處。

西方經營漁業的塞爾柱土耳其國家比蒙古諸汗國存在時間更長，就與此理由相似。土耳其人雖然在河川裡捕漁，不過漁場是固定的，比純粹的遊牧民族定居性更強。

比起養豬和漁業，農耕的定居性更強。

農耕維持著日本直到現在。

長存是造就前面所說的日本人的「保存天才」的一大要素，但並非全部。

正倉院御物能保存下來，不僅是因為日本這個國家一直存在，還有從未發生過嚴重的破壞運動這一必要條件。

日本很少有大的流血的戰爭。托海洋的福，日本很少與異民族發生戰爭，這也是一個重要的原因。此外，還有一些其他原因。

對戰爭集團來說，什麼最重要？最重要的就是團結。

在軍扇指揮下行動，如果沒有揮扇子的人，那該怎麼辦？指揮者也有失敗的時候。失敗的指揮者會被流放吧，到時要立刻找到代替的人。但是，由誰尋找代替者？又由誰來授予他實權？

像這樣，組織越是有機，戰鬥集團越是需要擁有絕對權威的首長。

如果一位首長在取得絕對權威的基礎上，絕不會失敗，而且永遠不會被代替的話，他就會成為一個具有象徵性的偶像。

再次翻開《魏志・倭人傳》中著名的女王一段——

其國本亦以男子為王。住七八十年，倭國亂，相攻伐歷年，乃共立一女子為王，名曰卑彌呼，事鬼道，能惑眾。年已長大、無夫婿，有男弟佐治國……

卑彌呼就是絕對的、象徵性的首長，立她為王是為了平息紛爭、保衛「團結」。輔佐她治國的弟弟，正是揮扇之人。

白鳥庫吉博士認為，卑彌呼是「女巫」，男弟是「男巫」。類似的情況，在日本歷史上還有很多例子：

天照大神與天兒屋根命、建御雷神；
神功皇后與武內宿禰；
推古天皇與聖德太子；
齊明天皇與中大兄皇子。

這逐漸成為一種定勢，衍生了天皇與攝政關白大臣、天皇與幕府的政治結構。

一方是偶像，一方是揮扇之人。一方是絕不會被流放的絕對首領，一方是有個風吹草動就可能倒臺的人。

日本並非沒有變革。但是，這種政治結構保證了變革不會波及到絕對首領。因此，日本從未發生過根本性的顛覆。

日本沒有產生過發起顛覆性變革的人，這也就意味著很難出現超人式的英雄，即便有變革，範圍也不大。

因此，日本能夠預防根本性的破壞，中國亡佚的書也因而在日本被發現並留存，正倉院御物也得以保存了下來。

人力使一切皆有可能

再談談前面沒說完的話題。就是關於自殺的問題。

高官不經處刑就自殺，這本是中國傳統的形式，但漢武帝對此進行了少許修改。

大臣有罪皆自殺，不受刑。至武時，稍復入獄，自寧成始初。（《漢書・賈誼傳》）

寧成是九卿之身，受剃頭加首枷之刑。

漢武帝又對公孫賀等三丞相處刑，或讓他們死在獄裡。

漢武帝打破了對大臣不處刑的「形式」。

只要有人的力量，什麼都可以做到，甚至可以使狂怒的黃河水平靜——這種對人的力量的過度信賴，產生了中國的人文至上主義。

但是，不是所有人都有無限的力量。成為聖人或是皇帝（古代兩者是一致的），才能得到力量。漢武帝便是這種極端人文至上主義——皇帝的人文至上主義的代表人物。

產生於人文主義的「形式」，也可以由人力擊碎。

人力如此巨大，不過對其也有畏懼。集絕對權力於一身的皇帝的魯莽行事更是可怕。

聖人當帝王時還好，但事情並非一直如此。在霸王不斷出現的時代，產生限制皇權的思想也是理所當然。

孟子就是這樣一位思想家。他以人民為最貴，社稷（國家）次之，君主其後。這是一種承認革命的思想，限制了皇帝的人文至上主義。

傳說載著《孟子》來日本的船，一定會沉沒。日本是權力的二重構造，已經具備很好的牽制作用，不需要革命思想這種牽制力量。

日本政權的穩定，是因為權力二重構造的一方是絕對首領。革命思想很有可能會動搖絕對性，所以被視為十分危險。

漢武帝以後，受儒教的影響，人文至上思想的色彩更加濃厚了。同時，這又發展為極端人文至上主義，皇帝的權力也被強化了。

武帝想用儒教來建立起皇帝的獨裁體制。

但是，在這種體制下面，也埋下了儒教革命思想的炸彈。

取長補短的日本和中國

集權力於一身，以此來維持統治體制的皇帝的人文主義；受到深重壓迫，為找回人的尊嚴，要打破體制的人民的人文主義——這兩種人文主義取代了神，成為兩千多年來中國歷史的底色。

在中國人的思想裡，容忍聖主的皇帝獨裁，認可恢復人性尊嚴的革命，這具有理念的雙重性。

日本通過結構或是傳統上的權力二重構造進行自我控制，而中國則是通過理念的雙重性和龍鳳性格的交替來一次次獲得重生。

不用說，結構是「實」，理念是「名」。

這樣，兩個長短相補的國家，做為鄰國存在，似乎是一種天命。不是誰更優越的問題。一方模仿另一方，最後被同化之後，只會變成「四不像」。這是對天命的冒瀆。

下篇

第九章　鄰人

醉態

在日本的酒席宴會中，看不到以前那麼多爛醉的醉漢了。也許他們只是換了根據地，不再出現在我們常去的地方了。

不論如何，以前談到日本人和中國人的區別，一定會舉出爛醉街頭為例。日本人會在街頭酩酊大醉，高歌放吟，踉踉蹌蹌，拉住路人惹麻煩。中國人同樣也是人，對酒精的反應應該是相同的。不過，中國人大醉之後，會避免出現在人前，不會大搖大擺地在路上大叫大嚷，而是會悄悄地走小路回家。

日本人會說，醉了還能那麼理性嗎？那喝酒還有什麼意義呢？

日本人不怕醉了露醜，以此來誇耀自己想喝多少就能喝多少。——有些中國人也有這種念頭。

中國人以爛醉為恥，是從小就開始的。中國人尊重老人，以有自制力、成熟為榮。小孩式的興奮，只能證明此人是「小人」。因此，類似的情況盡量不要暴露在別人面前。

小孩可以到處亂跑，大人則不能在路上狂奔。

孩子氣不一定就壞，成熟也不一定就好。例如，明治維新以後，日本以其孩子氣的狂熱，一路狂奔贏得了近代化的比賽。在同一時代，成熟的中國遲遲沒有行動。

當然，這只是一般而言。在中國人中，也不是沒有爛醉的醉漢。有名的例子是李白想掬起映在水面的明月，落水而死的傳說。

「人間不醉不解愁」，這是白居易的名句。但這是「詩境」的天地，現實中在人前亂醉是很羞恥的事。

日本第一次在中國史書中登場，是在眾所周知的《魏志・倭人傳》裡。裡面記載說日本人「性嗜酒」。人大多都好酒，史書中特別記載一筆，那肯定不是一般的好酒，而是非同尋常地好酒。也就是說，喝得酩酊大醉，在日本自古以來就被允許。

不過，如今日本的酒席筵會上醉漢少了，這不是我一個人的感覺。最近野阪昭如在一段文章裡寫到：「最近，很少見人酒後大吐。」

他也發現了這種情況吧。原因有很多，例如員警力量充足，醉漢馬上被保護起來了，即使有吐的，也馬上被清掃乾淨了。

又或者，日本人開始成熟起來了？那倒也好。可愛的稚氣消失了，但又沒有成熟起來，這樣的人最難打交道了。

半途而廢可不行。衷心祈禱日本人不要吊在半空中半上不下。

例外

比較是一種易懂的說明方法，但危險的陷阱就隱藏在周邊。特別是在比較集團時，陷阱密佈，不可疏忽大意。

集團也和個人一樣，各有各的性格。但是，也有例外。只是有時例外是千分之一、百分之一或十分之一，有程度之差，處理時所費精力也有所不同。不論如何，誇大一個例外，把它當作集團的性格，就會落入陷阱。

第一次到某地的旅行者，印象一般很鮮明，意外地能抓住要害之處，我很喜歡讀他們的遊記。只是，前面提到的例外現象，會被誤解為一般現象，要格外注意。

萬延元年（一八六〇年）來到日本的英國植物學家福瓊[1]，在江戶肉鋪的店頭看見掛著猴子肉。

猴子被剝了皮，跟人類種族如此相近，讓人感到很不舒服。也許日本人認為猴子肉很好吃。

他的遊記中這樣寫道。看來他誤以為日本人喜歡吃猴子肉。肉鋪裡有猴子肉，福瓊是親眼所見，沒有錯。但喜歡吃猴子肉的日本人，也只是極少數。

說到猴子，有些日本人相信中國人會割下活猴的頭吸食腦髓，把小家鼠漬蜜生吃等。不能說沒有這樣的人，但即使有，也是極少數的例外。

日本兵曾一度十分精銳。日本兵問中日戰爭中被俘的中國兵：「怎麼樣，還有力氣再戰一次嗎？」中國兵回答：「如果是一〇一，再戰幾次都行。」

日本的一〇一軍團以東京的召集兵為主體，不是很強。新劇的友田恭助[2]屬於這個軍團，戰死在吳淞。這麼說可能會被一〇一的OB[3]斥責，這個部隊可以說是日軍中的例外。

中國人寬容而有耐心，湖南人卻從屈原開始，就是不知妥協的頑固者，血氣旺盛。

聽某位華僑老人講過，他年輕時，作為電器技師去湖南某地赴任，坐人力車從車站到市政府時，路很難走，坡道很多，花了很長時間。因為剛到新崗位，他很在意時間，催車夫：「快點。」車夫站住扔下車把，回嘴到：「我來坐車，你來拉，看看能不能快點。」

著人力車走。

「好好，慢慢走也行。」他大驚之下道歉，對方卻不聽，絕不妥協。據說，年輕的電器技師最終只好拉

湖南人口很多，這類人就算是例外，也佔有相當的比重。毛澤東、劉少奇就是湖南人。

盆栽

學生時代不知在哪兒讀到過「盆栽式精神」這個詞，當時記得自己作為一介少年，覺得這個詞說得真好，十分佩服。自己的辭彙貧乏，一旦碰到稍為不尋常的表達，就馬上被迷惑了。

小巧精緻，處處用心。但沒有自由奔放、突破傳統、野性不羈的趣味。——我認為「盆栽式精神」這個詞是形容這種性格。

這種性格正是日本式的。

《世界大百科事典》的「盆栽」一詞的定義是：

將草木植於小器物，利用其生長能力，進行適當的培養和矯正姿勢，維持其生命，表現「自然美」，更

【1】羅伯特·福瓊（一八一三—一八八〇）是英國著名的植物學家和旅行家。
【2】日本新劇演員。
【3】日本退伍軍人。

表現出「超越天然自然的自然美」，使之作為室內觀賞物的由日本創始的藝術品。（平凡社《世界大百科事典》）

這與「盆花」不一樣。盆花是為了欣賞花、草木的「植物性」，「盆栽」則是為了從中找出「自然美」。三十公分左右的小樹，能讓人聯想起沖天大樹等各種自然景觀。

如《世界大百科事典》所說，我也一直以為這是日本創始的藝術。

中國有盆花倒是知道。我祖父們是愛蘭癡，家裡都是蘭花，因為家裡地方小，盆花一盆挨一盆擺著，這樣就只能欣賞植物美。要從盆栽的蘭花中看出自然美，還是看單獨一盆比較好。

最近，因為需要，我看了《秘傳花鏡》這本書。這是清初出版的中國園藝書，日本也有譯本。其中有「課花十八法」，列舉了園藝的十八個秘訣，其中第十五項的題目是「種盆取景法」，直譯就是「種在盆裡製造景觀」。既然是景觀，那就超越了植物美，追求自然美。

書中舉了一個例子：「最近，在江蘇，出現了一種如雲林山樹充滿畫意的盆景。」很明顯，盆景的精神是從一盆之中看出自然美。

因此，日本創始盆栽的說法存在疑問。

日式盆栽也許是日本創始的，但盆栽並非只有日式。認為盆栽是日式的東西，其實不然，日本以外也有，這種情況也很多。

伊達亞．卞達森的《日本人與猶太人》成為暢銷書後，大家過度關注日本人和什麼什麼人不一樣之類的「差異點」。我也隨大流，寫了不少這種文章。大的方面說不好，我認為與差異點相反的「相似點」也需要舉出來。

指出《世界大百科事典》認為是不同的、獨特的東西，實際上是相同的、相似的東西，對發現共通的基礎來說，也是件很有意義的工作。

忘卻

忘卻是件好事。記住每件事很耗費精力，而且容易憂鬱。忘了，腦子就清爽了。

關於忘卻，日本人比中國人，甚至比世界上其他國家的人更為擅長。所以，見英國人、荷蘭人還記得三十多年前的戰爭恩怨，砍掉手栽的樹、往車上扔雞蛋，就大吃一驚，搖頭感歎：「真是想不開。」

但是，從外國人來看，日本人忘卻之快，才令人吃驚。

例如，A級戰犯當上總理大臣，是在戰爭結束剛十二年的昭和三十二年（一九五七年）。同樣是戰爭罪人，現在仍作為政治家發揮影響力的也不少，這種事實才令人吃驚，令人搖頭。

中國人罵人「忘八」，是最嚴重的話。有時也寫作「王八」，忘了「八德」，也就是不知羞恥。「八德」是孝、悌、忠、信、禮、儀、廉、恥。在後面加上「蛋」，就是「忘八蛋」，這已經是罵得最厲害的了。

從這能看出，中國人是如何的輕視忘卻。與認為牢記在心很麻煩的日本式想法，有很大差別。

流浪諸國最後回國即位的晉文公等，就是代表的例子。偷看了流浪中的文公入浴的曹共公等人，後來受到討伐。他半開玩笑地說：「給我土，就是給我土地。」吞併了老農贈土之地。恩怨必報是為人之道，不可忘卻。忘卻也得分對象，一般來說，忘卻被認為是惡德。

說些題外話，剛才提到的罵人的「忘八」，有時也指烏龜。據說母龜會和蛇交配，名聲不太好。隱晦地稱妓院的主人為「烏龜」，也和這個傳說有關係吧。

日本認為龜是長壽的動物，與鶴一樣象徵吉祥。在中國雖然也是如此，但龜並非惹人喜歡的動物。在有中國人的情況，如典禮用品等的紋樣，還是避開龜比較好。

這麼說來，日本也有「出齒龜」（色狼）的說法，很難說龜的形象很好。背著硬殼，藏在殼裡，陰沈的龜，似乎沒有人氣。

南瓜

在日本，南京豆、南京錠（荷包鎖）、南京蟲、南京玉、南京緞等，前冠地名南京的詞很多。這是因為日中兩國的往來中，過去南方比北方更頻繁的結果。去往長崎的唐船，大多從寧波一帶出發，也就是江南，其中心就是南京。因此，南京成為中國的代表也不足為奇。

明治初期，神戶有叫做「南京姑娘」的女性，不是指中國女性，而是被中國人所圍繞的女性。直到昭和初期，中國人都被稱為「南京人」，我也被這麼稱呼過。

在前冠南京的名詞中，「南京蟲」是最不討人喜歡的，這種蟲是否真是從中國來的，有點可疑。南京蟲即臭蟲，原產地是南亞。同樣的，從泰國、印度進口的外國米也被叫做「南京米」。我曾聽老人說，南京蟲是跟著南京米的袋子一起來日本的。

說到南京，讓人想到的是海那邊的地方，但不是西洋，這個詞被擴大範圍用來形容本朝沒有見過的珍奇事物。

南京豆就是花生，原產地是南美，中國沒有。明末博物學的集大成之作、李時珍的《本草綱目》（一五九〇年刊）中也沒有記載。清代乾隆年間，也就是到了十八世紀，才在各書中散見其名。《福清縣誌》中，記載了到日本布教的僧人應元，把花生的種子帶回福建種植。如果是這樣的話，花生就不是源自中國，而是「日本豆」。

南瓜也有個「南」字，但如其英文名所示，它是柬埔寨傳來的。但是，中國人卻把南瓜又叫「倭瓜」。從「倭寇」、「倭人傳」等用例來看，「倭」字意味著日本。

在諸橋轍次編纂的《大漢和辭典》中，把「倭瓜」解釋為「真桑瓜」，越解釋越麻煩。本來地理、時代不同，地名也不同。像玉筋魚（ikanago），有些地方也叫做 hisugo、hinago。真桑瓜現在中國叫做「甜瓜」，別名「梵天瓜」。這麼看來，原產地是印度，不論怎麼看，都不是日本進口的東西。

中國人罵人的時候說「倭瓜腦袋」，直譯就是「南瓜腦袋」，意思是「笨蛋，不俐落（坑坑窪窪）」。甜瓜沒有坑坑窪窪，過去不知道，現在知道了，倭瓜（日本瓜）肯定是指南瓜。

斗膽說說我這個業餘人士的考證。我認為這個「倭」可能是同音字，表示洞穴的「窩」的轉用。那麼，語源就不是原產地，而是來自其形狀「坑坑窪窪的瓜」。不論語源來自何處，現實中它被叫做「日本瓜」。

看來中日兩國都想把這個坑坑窪窪的醜陋的瓜推給對方——「這是你們那兒的瓜」。吸人血的蟲子、難看的東西前面，冠上鄰國的名字，這種互相抹黑的事還是少幹為妙。

醫術與天文學

中國的針灸麻醉，現在成為一大話題。

日本也掀起了一陣中藥熱。實際上，自明治開國以後，日本的中藥就被棄之如敝履。日本人採用新東西之迅速，另一方面也說明了他們拋棄舊東西之迅速。

關於日本的飛速近代化，有很多理由。不可否認，明治以前就有底子。要早日實現近代化——敲響警鐘的人起了很大作用，而這些人都是對西洋有所瞭解的人。在閉關鎖國的日本，讀著橫排文字，雖然不很明白，卻多少瞭解外國情況的，不用說是西醫。

那麼，在同時代的中國，就沒有瞭解外國情況的人嗎？

並非沒有，還是有少數人讀橫排文字。但是，他們並不是醫生。

從明朝到清朝，德國的耶穌會僧人湯若望在北京建立了天文觀測機構，把西洋的天文學著作翻譯成中文，最後當了欽天監（天文臺長）。因為這層關係，研究天文學的學者中有讀橫排文字的。一年到頭看著天計算。所謂「天文曆算」的人，看起來像仙人，對世俗毫不關心。好不容易讀了橫排文字，對外國有了瞭解，他們也不會敲響警鐘，啟蒙世人。肯定是嫌這種事太俗了。

這麼說有點失敬，日本的政府部門中，最沒有權力的，也是氣象廳。

在這一點上，醫生與活人打交道，對社會、政治的興趣也比較深。因此，醫生中有政治權力的人很多。看看武見太郎[4]先生的例子就知道了。因為醫師會的壓力，國民也開了眼。

開國前夕的外國通，在日本是醫生，在中國是天文學家，考慮到這一點，就能明白近代化中兩國起點的差異。

中國人在天文方面還好，對有關人命的醫術，則不願輕易相信「紅毛外夷」的手段。因此，在日本基本上已被拋棄的中藥，在中國與新的西洋醫術並存，研究後繼有人。這種不乾脆的放棄，才造就了針灸麻醉這一傑出成果。

放棄得乾脆不乾脆，有好有壞。這樣來說，長短相補的日中兩國國民，在東亞比鄰而居，真是上天的調配。

瀟灑

很久以前，常見到旅行包底下安裝車輪，可以拖著走。

凹凸不平的道路、樓梯等不用說，車站、機場大廳等地方，基本上不需要力氣就可以搬運。購物也用上了有車輪的購物籃。

真是巧妙的設計。

我有過滿頭大汗提著行李的經歷，所以總覺得損失了點什麼。

【4】 武見太郎（一九〇四—一九八三年），日本醫生。日本醫師會會長（一九五七—一九八二年）。世界醫師會會長（一九七五年）。

搬運東西的方法，這種基礎的設計，現在依然能讓人眼前一亮，不是有點奇怪嗎？要裝上車輪，讓旅行包著地，就必須把旅行包設計成豎長形。於是產生了新的創意，打破了橫長形的旅行袋的既成觀念。

搬運東西，通常是手提或是背。用頭頂的方法已經排除了。頭頂東西，兩手就有空。我沒有用頭頂搬運過東西，所以不知道疲勞度，肉體上一定不輕鬆。用手提手會酸，用肩背肩會疼。不過感覺相比之下，還是消耗能量少。

《孟子》裡說：「頒白者，不負戴於道路。」「頒白」就是半百，是說頭髮半白的老人。「負」就是背，「戴」就是頭頂。老人背負或是頭頂東西搬運，年輕人出於敬老精神，馬上就會接替，所以路上看不到這樣肩背頭頂的老人。

從這句話裡也可以看出，中國過去也把東西頂在頭上搬運。不知何時，這種風俗消失了。日本也很少還有，東亞只有朝鮮還殘留著這種風俗。也許是用頭頂需要很高的技巧，朝鮮人的平衡感很好。

不過，我倒認為，體態的問題是個大原因。頭頂著東西，必須不斷保持平衡，不能擺出自己喜歡的pose，形式主義者一定不喜歡。

希望自己瀟灑，不論東西方，都是相通的心理。注意到對方認為什麼是瀟灑的而行動，是鄰人之間的禮儀。

自從在車站看見裝有車輪的旅行包後，過了很久，也沒見更多的人使用。大概是感覺有點橫行霸道，不太好看。

不過，最近開始流行故意扮邋遢。例如，很多人不繫好腰帶，踩著鞋後跟，像穿拖鞋一樣。帶車輪的旅行包，大概馬上也要爆發式地火起來吧。

想像力

西元前的春秋戰國時期，中國人還能自由展開空想的翅膀。當時盛行自由言論，被稱為「百家爭鳴」。特別是南方，此風盛行，產生了《莊子》、屈原的《離騷》等想像力豐富的文學。

但是，秦始皇統一天下，建立了集權國家，其後的漢代定儒教為國教，想像力逐漸被視為異端。畢竟儒教的姿態是「述而不作」，如《論語》中所說——嚴格禁止虛構。依實敘述事實，重視將前代傳下的東西原樣交給後代。

唐代男子的三大生存價值，第一是通過最高級別的科舉考試，成為進士；第二是娶名門美女為妻；第三是記錄歷史。

在科舉及第者中，只有成績優異的人，才能成為翰林院編修，參加編纂史書。這是一直延續到清末的規矩。

編纂史書是記錄事實，是很重要的工作。小說是虛構的，所以一直被輕視。直到魯迅登場，才成為文學的主流。

過去中國的小說，被認為是二流以下的文人的工作，那些人也似乎心懷愧疚地寫著。讀的人也偷偷在書桌下躲著看，就像現在的人看黃色小說一樣。

中國文學的主流，是歷史記述和詩歌創作。不過，在詩的世界，排斥虛構的氣氛也很濃厚。以「月落烏啼霜滿天」聞名的張繼的《楓橋夜泊》，也被宋朝的歐陽修等批評為違反事實。據說結句「夜半鐘聲到客船」是不可能的。當時為了不妨礙居民睡眠，日落後寺院是禁止撞鐘的。「夜半」就是深夜，不可能聽到被禁止的鐘聲。所以張繼被批評不該如此寫詩。

在這一點上，日本人從《源氏物語》以來，就大方承認虛構。戰爭中的《愛國進行曲》裡有一句「旭日高高放光輝」。

仔細想想，旭日就是早晨的太陽，不可能高高掛在天上放光芒。剛升上水平線或地平線的是旭日。日本最近用「高」來形容勇壯，大家都默許而不覺得奇怪。想像力也是有限度的，有時超過了界限，如歌謠裡唱道：「叼著煙管吹口哨」——叼著煙管能吹口哨嗎？我倒想實驗一下。

這本是形容瀟灑，可以原諒，確實傳達了那種感覺。不過，中國人聽到這歌詞，肯定會歪著頭想一想，不緊不慢地說：「不可能做到，歌詞錯了。」

跟以「述而不作」為座右銘的中國人打交道，要避免太寫意的表現，否則會招致不必要的誤解。

啊，麻將

明治以來，日本和中國的交往忽然變頻繁了。當時來日本的中國人，看見本來在自己國家已經滅亡的東西，在日本好好保存著，大吃一驚。

和服就是如此。合襟繫帶，上下一件，是中國古制。經過清朝滿族的統治，傳統失去了。現在說的「唐裝」，是滿族的服裝。

將食案舉至眉高搬動的風俗，是中國的古禮「齊眉」——與眉一般高，但在中國早已滅跡。中國餐廳的服務員，漫不經心地端著盤子，「哐當」放在桌上。在日本，去有些名堂的地方，現在還能看到「舉案齊眉」。

不光是舊傳統，較新的中國原創，在中國消失了，但日本還保存著的，還有「麻將」。在中國內地，似乎麻將牌的聲音已經消失了。

香港還很盛行，不過他們用的麻將牌比日本的大幾倍。

本來麻將是中國宮廷，而且是後宮——相當於日本的大奧——所想出來的遊戲。大奧的女性不事生產，唯一的男性——皇帝能力有限，一年到頭很是無聊。要打發無聊的日子，一般的遊戲可不行，必須是十分有趣的。而且，時間很充足，可以慢悠悠地打出大牌。

到了日本，麻將變成了目不暇接的忙碌遊戲，這到底是因為什麼呢？偶爾有人拿著牌陷入沉思，其他的人就不耐煩地抱怨：「喂，你打亂節奏了。」

日本的和服也是中國的古制，但並非完全相同，而是按照日本風俗進行了修改並保存下來。特別是腰帶，完全變了樣。

中國的腰帶叫做「紳」，長長地垂在前面結起來。腰帶繫得好的人，就被稱為「紳士」。

日本的腰帶本來是前垂的，後來就挽到後面，變成了現在這樣。

因為有這樣的先例，本來是悠閒享受的麻將，到了日本，像賽跑一樣變成快打，也沒什麼大問題。

中國人拒絕麻將，是因為它與賭博扯不開關係。牌的形狀，有筒子、餅子，是有洞的銅錢形狀；索子是穿過錢孔的繩子的形狀，萬子更是直截了當。反正後宮出身都不健全，銅臭味揮之不去。

不過，在中國的遊戲中，麻將是最新的，以前並沒有傳統，捨棄了也沒有什麼捨不得的。

實際上從清初開始，就傳說後宮在打麻將。如果屬實，那麻將就有三百多年的歷史了。後宮是個封閉的社會，因此麻將沒有傳到外部。

另一個說法是，在義和團事件中，以西太后為首的王室成員逃往西安，宮女四散逃亡，因此這種遊戲得以在民間流傳開來。義和團事件發生於一九〇〇年，和二十世紀的鐘聲同時，溫室養育的麻將被投入人世的洶湧大海。如果這麼看來，在後宮發展起來的麻將，還真是在短短七十年間堅韌地成長起來了。

我小時候，家人擁有的麻將是每人手上十六張牌，有「春夏秋冬」這幾張沒用的牌。現在日本的麻將毫無例外都是人手十三張。

香港和臺灣既有十六張的，也有十三張的。十三張的說不定是從日本反輸出的。

不論何時，日本人只按需選取，從這件事上也可以看出日本的國民性。自古以來，日本的口號都是：「追上去！」一邊吸收中國、西歐的文化，一邊這樣想。一副慢性的落後國家姿態。

從沒有想過「讓別人趕不上」，也就是從來沒有領頭的經驗，只是常常瞄準第一名。

要追上就要輕裝上陣，沒有萬事俱備的奢侈餘地。例如明治以後，日本把富國強兵放在第一位，其他關係不大的都被放在一邊。這是重點主義的表現。

因此，雖說只是麻將，但跟遊戲本質沒有太大關係的惹麻煩的牌就被清理出去，抓重點，就產生了十三張牌體系。

麻將牌中的「白」、「發」、「中」三張的由來，眾說紛紜。

「白」是白粉，綠的「發」是綠色的青絲，紅「中」是紅唇——有人說代表了宮女的容貌。

我倒覺得更像是出人頭地的途徑。

「白」是無地、無位無官、無財產。中國人把擁有財富叫做「發財」，「發」是賺錢。「中」是「考中」，也就是考試合格，成為官吏資格最高位的進士。

所以就必須按「白」、「中」、「發」的順序排列。窮書生通過學習考試合格，做官後受賄發大財，這是正常的途徑。

不過，通常都按「白」、「發」、「中」的順序叫。也許是想要賺到錢後行賄，像日本醫學部那樣順利及格吧。

其他的牌要麼表示錢，要麼是穿錢的繩子，要麼是數字，麻將真是一種現世的遊戲，是後宮之人如籠中鳥，羨慕紅塵世界而發明的遊戲。如果真是這樣，其起源真是令人悲哀。

商標

牛肉從中國買便宜，但怕有病，日本政府長期不許進口。

但這東西戰前就進口了很多。把活牛裝在船上，在神戶靠岸，送去屠宰場。上貨地主要是青島。

這是先父告訴我的，大概是大正末到昭和初的事。青島牛的供應商團來神戶視察，當時還年輕的父親曾當過他們的導遊。

參觀牛的卸貨、收容地點、飼料、屠宰場，這些還好。到了參觀批發店、零售店時，青島的中國牛供應商就不高興了。本來是自己花盡心血飼養，滿懷自信可以說是青島牛最優質的牛肉，被當作「神戶牛」在賣。

「為什麼？」

我父親是海產品商，對牛完全是外行。被這麼一問，無言以對，好不容易回答說：「不太清楚，不過神戶是個都市，不可能飼養牛。大概是在神戶屠宰的牛中最高級的叫做『神戶牛』吧。也就是說，『神戶牛』不是表示產地，而是表示等級吧。」

對方指著零售店的盒子說：「那這也是表示等級的嗎？」裡面有個角落豎著「青島牛」的牌子，擺著肉屑一樣的劣等肉，價錢也非常便宜。

「這絕對不是青島的牛。」專業的供應商這樣斷言，應該沒有錯吧。

如果表示等級的話，標上一等、二等等數字就行。為什麼隨便把「青島」這個地名，而且是牛的產地名用作表示劣等品呢？

青島牛的供應商們為此生氣也是理所應當。他們群情激憤，堅決抗議。我父親僅僅是個導遊，對進貨的日本人是怎麼處理抗議的，不是很清楚。

同行的團長對送他們回國的父親說：「日本人買東西好像是買商標，並不是買裡面的東西。」好像還沒有釋然。

「如果不吹噓是『神戶牛』，在日本多好的肉也賣不出高價。青島的好牛，也正是貼上『神戶牛』的標籤，進口時才能給你們好價錢。」——似乎日本的進貨商這樣說服了青島的供應商。

團長上船前，對父親擠擠眼，補充說：「中國人不管貼著什麼商標，都要看了裡面的貨才買。」日本人無法抗拒商標——另一方面顯示了在日本商標的威力，看起來似乎已經深入他們骨髓。日本人無法抗拒商標，這並不是在說日本人的壞話，而是證明日本人到現在為止是何等的幸運。日本的權威是永恆的。萬世一系的皇族不用說，法隆寺和正倉院，也是很好的例子。

只有在這種世界，商標才能發揮威力。相反的，權威目不暇接地交替的世界——今天的宰相明天就被放逐、昨天叛軍的首領今天當上皇帝的世界——商標很難有說服力。

真的是這樣嗎？即使是真的，到明天還行得通嗎？還是不要貿然出手。——於是就猶豫起來。

一般來說，說日本人容易相信商標，這倒是一種讚辭。大正時代，因為本國革命，一群白俄人亡命日本。他們中的一部分人，行商走遍日本全國，背上背的大包裹裡，塞滿了三流的呢絨。

「這是俄羅斯呢絨，便宜賣。」白俄行商這樣說，就有人以為這一定是舶來的呢絨，於是就被金髮碧眼的傢伙的商標給騙了。托他們的福，國產呢絨賣出去很多。

最近，義大利人也在用這一手。

不過，在白俄人之前，中國人就已經開始做同樣的事了。背著日本產的、而且是小企業的絹織物行商。解開包，擺出物品，「這是重慶的絹，便宜賣啦。」

大正以前的中國人，剃頭，留著辮子，長長地垂在腦後。只要是這副模樣的，毫無疑問是中國人，他們拿出來的東西，也一定是重慶的絹。——日本人都是老好人，一看見辮子這個商標，就相信了。

對商標的抗拒力強還是弱，是個程度問題。

從十三世紀到十六世紀，騷擾朝鮮和中國沿海的日本海賊被稱為「倭寇」，讓人聞風色變。「倭」就是日本人，厲害非常。一說「倭寇來了」，不光是平民，官兵都不戰而逃。

但是，中國史書中卻說：

真倭（真正的日本人）十中一二。

大部分是中國人剪發椎髻，扮成日本人。一看見椎髻，對方就會逃，這身裝扮太有用了。椎髻這個商標，在對商標有抵抗力的中國，看來也通用了。

在明治及大正時期的「重慶絹商」中，也許也有留辮子的日本人。

最近，可以染髮，貼上眼膜讓眼睛變成藍色，通過整形手術變成金髮碧眼；男人也可以輕而易舉地變成女人。要時時刻刻當心商標啊！

清早

有人說聖誕節並非耶穌的生日，而是冬至的儀式。

冬至通常是十二月二十二日或二十三日，是一年中白天最短的一天。到冬至為止，白天的時間變短。但是，過了冬至，白天就不會再變短了，從第二天開始，每天變長。

最近才出現了「深夜族」這個詞，這大概是因為電費太便宜了。

以前燈油很貴，所以夜裡很晚才睡是很奢侈的。太陽一落山，連燈都不點就早早睡覺了。日沒閉門，早上和太陽一起起來——這是日常生活。

太陽出來的時間短還是長，習慣人工照明的現代人也許沒有注意。但對過去的人來說，只有有太陽的時候才能過生活。白天的長短，是有關生活內容的重大問題。

要充實生活，讓生活更豐富，只有早上早起，把清晨的時間也利用起來。

在中國，「王朝」、「朝廷」、「朝貢」、「朝政」、「來朝」等，政治相關、有「朝」的詞很多，都與政治相關，這是因為政治從早朝開始。調查一下清朝軍機大臣的上班時間，竟然是清早四點左右，這樣可當不了「深夜族」。

對過去的人來說，白天長，是件多珍貴的事，現代人無法想像。

以冬至為界，白天慢慢變長，人們一定會感到是上天送的禮物。

在日本，確實有些地方也有這樣的傳說——冬至時弘法大師挨家送東西。大師也好，聖誕老人也好，總之，從這一天開始，白天不會再變短，這是對上天賜予的禮物的樸素感謝。

冬至和聖誕節相差只有數日，習慣和傳說也很相似。

中國人到了冬至，有吃營養價值高的美食的習慣。大概也是出於前面所說的感謝之心，同時，也蘊涵著從這一天起就越來越冷、要吃點好東西增加抵抗力的生活智慧。

曾經看到過外國的報導，有一段中寫道：「夜晚的街道很黑。」以此判斷該國文明度很低。

不光是「深夜族」的文明才是文明。有些地方晚上街道暗，大清早曙光微明的時候就已經開始了鮮活的生活，那裡也有健康的文明。

中國人不論是過去還是現在，早上都起得很早。正是在這種地方，「長夜之宴」才顯得奢侈可貴。

把是否有夜生活當作評價文明的標準，十分可笑。

相互尊重生活方式，是友好的第一步。

「昭」字

「昭和」這個年號也迎來了第四十七年，超過日本最長的年號「明治」（四十五年）兩年，正創造著新紀錄。

中國有兩個超過六十年的年號——清朝康熙六十一年和清朝乾隆六十年。漢武帝在位五十三年，期間使用了十一個年號，這也是同一個皇帝在位時改元的新紀錄。因此，關於年號時間的長短，中國第三位長的是明朝萬曆的四十七年，與昭和一樣長。

不過，仔細想一想，現在世界上有年號的，只剩下日本了。

中國宣統三年（一九一一年），清朝滅亡，改制共和，不再有年號。現在中國以西曆紀年。

直到本世紀中期，越南名義上稱「保大幾年」，但實際上已經廢止年號了。

朝鮮的李氏王朝隨著一九一〇年的日韓合併而滅亡，年號是隆熙四年，和王朝一起消失。第二次世界大戰後，這個國家分為南朝鮮和北朝鮮，各自獨立，年號未再度啟用。

雖然還有異議，但普遍認為，日本的年號自大化革新的大化元年（六四五年）開始，一共使用了二百五十個年號。包含南北朝時期兩朝的年號。日本只有南北朝的六十年間，同時使用不同的年號。中國不止有同時使用兩個年號的，還有同時使用四 五個年號的。因為分裂時期很多，所以從漢代開始的年號，到最後的「宣統」，一共有六百五十多個。

昭和的「昭」字，筆劃少，發音響亮，意思也好，會讓人以為應該經常被用作年號。實際上，日本的二百五十個年號中，使用「昭」字的，出人意外地只有「昭和」。

年號裡有「和」字則很多。用作第一個字的只有「和銅」，用作第二個字的有「享和」、「元和」、「仁和」等，多達十四、五例。

中國也經常用「和」字做年號。「和平」用了三次，分別在後漢、前梁、北魏。在中國，以前有人用過的年號，再用也沒什麼關係。用了四次的年號有「中興」、「永康」、「永平」、「建元」、「太始」五種，用過五次的年號有「永和」、「甘露」、「建興」三種。另外，「永興」用了六次。

不論在日本還是在中國，年號用得最多的是「永」字，這是祈望王朝永遠持續。

那麼，中國年號有沒有用「昭」字的？一查，看來只有前漢元帝的「建昭」（西元前三十八年到三十四年）一次。

沒有調查朝鮮、越南的年號，現在只知道中日兩國還少用「昭」字做年號。理由不得而知，有一個說法是「昭」字口上有刀，字形不好。

但是，中國的皇帝、皇子也常用「昭」做名字，「昭」字只是和年號比較沒緣分。

姓談

日本到底有多少個姓？

大概要以萬來計了吧。總有電視節目猜奇怪的姓，似乎永不間斷。

中國有「百家」姓之說，姓的數量有限。天下的人民是「百姓」，不過實際上比「百」要多，但也不到「千」，大概有五百多個吧。

不論中國有多少姓，相較而言，日本姓的種類更加豐富。

在日本，通常結婚後女方隨男方的姓；但在中國，結婚後女方還是保持自己娘家的姓。孫文的未亡人是宋慶齡，其妹宋美齡是蔣介石夫人。毛澤東夫人是江青（這似乎不是本名），周恩來夫人是鄧穎超。在中國，只是生出來的孩子隨父姓。

中國又有「不娶同姓」的原則，十分嚴格。留在日本的華僑也很少有同姓結婚的。

近代科學表明，近親結婚不利於優生學。一定是從經驗發現了「不娶同姓」這一規律。

如前所述，姓的種類少，同姓的人口就多。王、陳、李等姓，各有數千萬人口。因此，雖說是同姓，卻幾乎沒有血統關係。我和陳毅、陳伯達等人應該沒有血統關係。

不過，如果我的妹妹和姓江的人結婚，兒子的姓就是江。這時，我和這孩子的血統關係很近。儘管如此，由於不是同姓，似乎可以和我的孩子結婚。這是個很大的矛盾。

不論如何，在戀愛前，要先問對方的姓，很是不便。這也就不能一見鍾情了。

同姓不一定是血親。倒是前面所說的雖是異性，但血統關係密切的人結婚更不好——理由都懂，但禁忌歷史久遠，現在依然存在，法律並未禁止。但直到現在，同姓結婚仍然很少。

拘泥於姓，是因為意識到其重要性。這是受到以「家」為中心的儒教思想的影響。「家」擁有的力量太大，即使嫁給別人，也不會改姓。

大家熟悉的國姓爺鄭成功，被賜皇家姓「朱」，但他並不自稱「朱成功」，依然用鄭姓。即使是皇帝賜姓，本姓也不能輕易改。這和結婚的女性一樣。

近代中國煞費苦心想脫離儒教體制，「家」的問題也與此相關。不論如何，「不娶同姓」的禁忌，實質上會消失吧。不過，女性保持娘家的姓，是尊重個人的獨立，應該不會改。

舊風俗在新的時代也通用，這是一個好例子。

不論是雙字還是單字

森鷗外在《寒山拾得》中說，閭丘胤（寫《寒山詩集》序的人）姓閭，名丘胤。人並非神，歐外也會犯錯誤，實際上此人姓閭丘，名胤。

中國人的姓大多是單字，極少例外的也有雙字，叫做複姓。閭丘就是複姓。其他還有《史記》的司馬（遷），《三國志》的諸葛（孔明），唐朝著名書法家歐陽（詢），《金瓶梅》的西門（慶），《滑稽列傳》的東方（朔）等複姓。但是從總體上來看，還是很少。

江戶中期的儒學家荻生徂徠，沉醉於中國文化，仿照中國的單字姓，自名物茂卿。荻生家是物部氏出身，所以姓物，有點勉強。

也有減一字的。日本南畫的開拓者彭城百川自稱「彭百川」。但是，中國宋代也有文人叫彭百川，就變得有點麻煩。

日本人賴山陽的「賴」是真姓，本是大學總長的吳氏（吳文炳氏，日大）、新聞學的何氏（何初彥氏，東大）、會社會長的莊氏（莊清彥氏，三菱商事，已故），都是如假包換的日本人。

神戶有個著名的醫院叫劉外科，華僑學生以為是中國人，前去募捐，對方拒絕了。——「我是日本人，應該是過去歸化的。也不能算是沒有緣分。」

「林」這個姓，中日兩國都有很多。查林姓中國朋友的電話號碼，按 lin 查不到；按 hayashi[5]來查，基本上能查到。

明朝滅亡時，不少中國人逃亡日本，歸化日本。其中有保持原姓的，也有學日本人改為二字姓的。江戶初期尾州藩的歸化人曹數也，用了「平尾」這個姓。把「尾張」的「尾」和「松平」的「松」合在一起。此人成為茶道一派的創始人。

歸化人也有以出身地的地名為姓的。陳氏一族出身河南省潁州，歸化日本後改名「潁川」的不少。例如江戶初期的名醫潁川入德，本名陳明德。也有把這個姓變為更簡單的「江川」的。

姓是一個字還是兩個字，差別並不大。

關於姓，中日兩國存在一個決定性的大差異。

日本人大部分過去沒有姓。有姓的只有士族以上的階層，平民中只有一些特別的人被允許有姓帶刀。所有人都有姓，是明治維新以後的事。

日本人喜歡設階級，熱衷於設置不同的身分，以前也曾經提過，姓的有無，可以說是最極端的例子。姓表示家系，日本直到百年前，還不承認平民有家系。這太過分了。中國自古以來，連乞丐都有姓。

運動名

「乒乓」這兩個奇妙的字，和 ping pang 的讀音，自一九七一年的「乒乓球外交」以來，名聲遠揚。

中日雙方在乒乓球上爭奪世界霸權，也許是用筷子的民族比用刀叉的民族手巧。不過，中國的乒乓球變得厲害，不是很久遠的事。也許是因為乒乓球可以在短短的休息時間內，在不大的地方進行，新中國成立後得到特別推廣。

在此之前，中國人喜歡的運動是籃球和足球。

「籠」和「籃」都是籃子，但在中國，「籠」是指鳥籠或者蒸籠這種有蓋的籃子，「籃」是指蔬菜籃、花籃這樣沒有蓋的籃子。要把球投進去，有蓋可不行，所以就成了籃球。

籠城、參籠[6]，都是封閉的，燈籠也有蓋。搖籃寫作「搖籃」，沒見過有蓋的搖籃。

足球在日本叫「蹴球」，在中國叫「足球」。有時也會用腳像玩雜技一樣操縱球，還是叫足球比較合適。

野球在中國叫「棒球」，因為用棒打，所以叫這個名字。但不光是打，還要扔和跑，似乎還是日本叫

【5】林的日語訓讀音。
【6】一定期間內閉居在神社、寺院內齋戒祈禱。

「野球」更勝一籌。

Softball日本用了英語音譯，中國叫做「壘球」。Badminton日語用英語音譯，中國叫做「羽毛球」或是「羽球」，而音譯叫做「拜敏頓」。

Rugby日本沒有譯語。中國人不太喜歡這種抱住對方、掀翻對方的粗暴比賽，基本上不玩。只聽說在日本留學時玩過的少數人，在臺灣組成了隊伍，指導後輩。那麼，他們是怎麼翻譯的呢？翻譯相當巧妙，叫做「橄欖球」——球的形狀確實像橄欖。

Hockey是「曲棍球」，因為是用彎的棍棒打球。另外，也用音譯「霍蓋」。此外，Ice Hockey也叫「泳球」。

Tennis在中國叫「網球」，這和日文的「庭球」一樣，聽起來很優雅。

在中國，庭院一般叫「院子」。「庭」也有「院」的意思，但指「法庭」的時候更多。「庭長」不是指園丁的父母，而是法官。「庭警」不是公園警備員，而是法庭上的巡查員。因此，如果譯成「庭球」，就有點沉重，所以避而不用。

既然說到了審判，那就再提提球賽的裁判員叫做「球證」。

這樣列舉下去，會讓人覺得怎麼回事？全都不一樣。不過，中日雙方也有保持一致用同一個名的，那就是「排球」。

拿手好戲

日本獨特的風俗中，本來從中國傳來的很多。相反，看起來很相似，卻不是傳來的東西，而是日本獨特的也很多。同樣是季風地帶的農耕社會，雖然各有各的風俗，也當然有些類似的地方。

上田秋成的《雨月物語》有很多內容翻案自中國小說，只有《吉備津的釜》、《蛇性之淫》以及《夢應的鯉魚》等似乎比中國的原創還要描寫得精彩。

從別處借來主體，再加以打磨，是日本人的拿手好戲。這並不是件壞事。

立春的前一天叫「節分」。驅鬼的風俗，也是從中國傳來的。中國叫做「打鬼」，要進行三天，帶著長角的動物假面的怪物，在人群中手舞足蹈。

在日本，撒豆子，把鬼攔在外面，中國則用皮鞭驅鬼。似乎在哪裡讀到過，撒豆子是室町時代從明朝傳來的習俗，到底是不是呢？至少清末似乎還沒有向鬼撒豆子的習慣。中國很大，各地有各地的風俗，至少我聽到的是這樣。

不過，結婚那天，嫁出女兒的人家，有向新娘扔米、麥子、豆等穀物的習慣，這是象徵「一輩子不愁吃」。依此類推，向鬼撒豆子，就是「吃豆子吃飽吧」。

我覺得，豆子可能是代替石頭向鬼扔去的。

立春是從中國傳來的二十四節氣之一。三月、五月的女兒節和端午節，儘管是另一個系統，但也是中國傳來的節日。不管是端午、重陽，還是二十四節氣的清明、穀雨、白露等，都有非常優美的名字。

但是，日本有而中國沒有的節日，則有二百十日、八十八夜等。這讓人感到，日本人明明很感性，為什麼就這樣用數字草草命名呢？

從立春開始第二百十日，是颱風季，這個節日是為了提高人們的警戒心而設的。這麼說來，「二百十日」的發音 nihyakutoka 聽起來很響亮，有警告意味。

「八十八夜」還是從立春開始起算，俗稱「別霜」，從此夜之後，不再降霜，可以插秧了。「八十八夜」的發音 Hachijyuhachiya 聽起來就像是夏天將近，喜不自禁。

雖說是數字，也不能說是毫無風情。

日本出現這樣獨特的節日，是因為當時中國的中心華北，和日本的氣候很不同。

雖然採用外來的東西，但絕不是囫圇吞棗，而是加工以後以適應自己的需要。在創造節日這一點上，日本人的拿手好戲表現得淋漓盡致。

大炮．鳥銃

豐臣秀吉出兵朝鮮，明朝派出救援兵南下。

最終，秀吉死去，日本軍撤退。戰爭也許就是這種東西，但不得不說，這次戰爭毫無意義。日明兩軍，雙方都有勝有負。追究勝負的原因，十分有趣。

小西行長未固守平壤，是因為明朝將軍李如松用大炮攻擊。

李如松認為日軍很弱，繼續追擊，這次沒有帶沉重的大炮，本來炮兵也就不是他的直屬部下。但是，他一路緊追，在碧蹄館被日軍大敗，被日軍的鳥銃隊打得落花流水。

也就是說，日軍以鳥銃勝，明軍以大炮勝。

洋式的大炮和鳥銃都是十六世紀由葡萄牙人帶來的。葡萄牙人到達中國比到日本早二十八年，大致是同一時代。

日本種子島採用了鳥銃，但似乎對大炮沒有顯示出太大興趣。

中國引入了葡萄牙的大炮，稱為「佛朗機炮」，對鳥銃沒有太大興趣。和秀吉軍對峙的時候，明朝軍隊也沒有鳥銃隊。

更早的時候，「弩」這種厲害的武器傳到日本。在日本曾經發掘出弩，但日本人似乎不常使用。超弩級，顧名思義，是巨大的石弩。形體巨大，好幾個士兵才能操作一台弩。

日本人從來就不喜歡這種粗放、而且得好幾個人共同操作的工具。大炮也是如此。好幾個人要看著一門大炮，這樣一來，就顯不出個人的技巧了。倒不如把個人的技巧磨煉到極致。這樣看來，鳥銃比大炮好，弓比弩好。

注重個人的技巧，表現在作戰方式上，就是單槍匹馬。

運動也是如此。棒球在日本如此興旺，是因為投手和接球手單槍匹馬的特性，比較適合日本人的氣質。

保齡球也是日本特有的，這也是個人的遊戲，不需要團隊協作。

不過，最顯示個人技術的比賽是遊戲機，單槍匹馬的對手是不會說話的機器。

日本曾經試圖把遊戲機推廣到東南亞，但一直沒有成功過，因為它太過日本化了。自動賭博機這種東西沒有「技巧」，所以不適合日本人。不斷打磨技巧，使日本人成為藝術性的民族。這種性格有短處，但相隨而來的長處也得到了很好的延伸。

友好的秘訣

要和鄰居友好相處，我們不能忘一個基本原則：鄰居和自己是不同的，不能在自己的腦子裡隨意描繪鄰居的形象。

隨意想像對方，如果對方與自己想像的不同，就會生氣。

我有一個性格有點怪異的學長。下午一兩點，此人一般都會喝杯酒，醉醺醺的。別人都說：「這人酒精中毒了吧。白天就開始喝。」但是，他習慣晚上七點就睡覺，凌晨兩點多起來工作。需要吃晚飯的約會，此人不會出席。對他來說，下午六點多開始的活動，相當於我們的凌晨零點──深夜的活動可受不了，還是算了。

一般來說，凌晨零點睡覺、傍晚六點左右晚酌的人很多。也就是說，就寢前六小時喝酒，誰也不會有意見。大家也都覺得很自然。

前面講的我的學長，算算一看，就寢前的六小時，就是下午一點。也就是說，他的晚酌時間，跟大家都一樣，卻被懷疑為酒精中毒。

只是晚上七點睡覺的習慣跟我們一般的生活規律「有點」不同。但是如果不知道這點，後面的推測就會全部混亂。很小的差異，越到末端越被擴大，例如此人不參加晚飯的聚會，就會招致懷疑——「大偏食家，不吃普通的東西」、「肯定不喜歡見人」。

這不是很可笑嗎？

日本人和中國人這裡不同，那裡不同，大家七嘴八舌眾說紛紜。這也是想弄清楚，一點小差異會產生多大的誤解。

地理位置無法改變，中日兩國天生注定將成為永遠的鄰居。不用說，兩國之間，能相互理解是最理想的。退而求其次，就是認識到自己並不瞭解對方。這比以為自己瞭解對方而實際上卻誤解對方，要好上多少倍。

要舉出不瞭解對方的例子，那就舉不勝舉。對此感到驚愕，就不會再根據自己的主觀印象，來隨意描繪對方的面孔了吧。

友好的秘訣，一句話，不正是在於謙虛嗎？

宦官

中國是古老的發達國家，日本自古以來都在吸收中國的文明。但是，數一數日本沒有採用的東西，就大致能瞭解日本式精神的輪廓。

宦官就是一例。

將男子去勢並用於後宮當雜役的風俗，在中國一直延續到清朝滅亡。日本作為弟子，從中國學了不少東西，唯獨此項看都沒看一眼。

去勢這種手術，只有平常習慣了動物屠宰和解體的游牧民族才會使用。

在中國人中，除了農耕的要素，通過與北方和西方游牧民族的接觸，也混入了游牧性的要素。中國人像棱鏡一樣難以捉摸，也是源於這種多樣性。

但是，純粹的游牧民族，也沒有宦官制度。

理由很簡單。管理全是女人的後宮，最安全的人，就是喪失了生殖機能、無法對女人出手的宦官。

但是，要管理，後宮的規模就必須相當大。五六個小妾，本人就可以包管。

游牧民族沒有擁有數百、數千美女的後宮，因此，也就沒有必要有宦官。

日本很早就產生了強大的政治權力，製造了巨大的古墳等，後宮肯定也相當充實。但是，直到江戶城的大奧，日本的後宮都是由能幹的女人來管理，最終都沒輪到宦官上陣。

理由有很多，不過，游牧民族這一要素在日本人身上體現得很淡，這是最大的理由吧。

另一方面，可以說日本人對游牧民族性要素的諸現象，不太理解。例如，一提到宦官，就皺起眉頭：「真是殘忍的制度」。

但日本人還是吃牛排。

又有時，聽到外國動物保護協會的婆婆批評日本人虐待動物的新聞，日本人就搖頭憤慨：「他們比日本人殺的動物多幾倍。還喜歡打獵，用槍射擊無辜的動物取樂。算什麼愛護動物！」

歐洲人受畜牧狩獵的影響很多。看守財產——羊群——的是狗；陪伴打獵，銜來獵物的，也是狗。對他們來說，狗是家裡人。他們對狗的深厚感情，對於只讓狗看家的日本人而言，是無法理解的。

說到底，知道自己不知道，是最重要的。

算盤

日本人是跑步走的民族。

交易會召開期間，在廣州街上，朝停著的公車奔跑的，一定是日本人。中國人會想：「那輛公車已經開出去了，還是等下一輛吧。」便不會再跑。在中國，廣州等地的南方人，以性急聞名，但還是比不上日本人。

到了北方，看一看走路方式，就能知道哪些是日本人。中國人走路，先用腳跟「卡嚓」一聲敲在地上，然後再慢慢讓腳板著地，就像往湯圓上均勻地灑上黃豆粉，很是從容。這樣走，身體一定會輕輕彈動。而這是多餘的震動。

日本人走路的時候，似乎腳尖比腳跟用力的時候更多。因此抵抗力不大，可避免不必要的損耗。

日本自古以來都從先進國家引進文化。曾經仿效唐朝，急於建立律令國家；明治以後，又加快腳步追隨西洋，建設現代國家。

從來都是急急忙忙，從不繞彎道。選擇最短距離，盡量節約能量前進。

但是，當我看到四珠算盤時，覺得找到了日本精神。

——就是它！

我們學生時代用的算盤是五珠的，最下面的一顆珠從來沒有使用過，也就是說是多餘的，所以去掉了。日本人不允許多餘的東西的存在。

算盤據說是足利末期貿易商人從中國傳來的。原型是下面五顆珠，上面兩顆珠；上面兩顆也是只用一顆就行了。而且，中國的算盤比較大，珠也比較大。

日本最初用的也是「上二下五」的算盤，之後漸漸把不必要的都去掉，縮小尺寸使之更為實用。不是說這樣不行。不僅如此，多餘的省去最好。總是有先進國家在前面，急著追趕，越是輕裝上陣越好。這種心情能夠理解，可以說是日本人的長處。

正因為如此，現在的中國不再採用原來的算盤，而是採用了日本的改良算盤。

不過，看算盤高手目不暇接地撥動算盤珠，讓人感到像是在趕路。

忍不住想打招呼：「休息一下吧。」

一直疾奔，會喘不過來氣。要是不休息一下，最後說不定會累倒。

這已經不光是說算盤了。多餘的東西累贅多，固然不值得讚揚，然而若是完全沒有多餘的東西，是否也太理想化了？

比起「啪、啪、啪、啪」，還是「啪、啪、啪、啪——啪」的節奏，進行起來更為順暢吧。

元祖之爭

關於算盤，C・G・諾特主張說是從歐洲傳到中國的。在大英博物館，藏有羅馬使用的「溝算盤」標本，據說酷似中國和日本的算盤。

羅馬和漢朝，在西元一世紀前後有過一些接觸也不足為奇。如果有過接觸，產生文化的交流也是理所當然，沒有否定它的意思。

但是，歐洲學者憑什麼斷定文明是從西向東流動的呢？

算盤從西方傳到東方的說法，也沒有多大根據。似乎就是根據羅馬也曾有過算盤這個簡單的理由。

另外，還有人認為「子丑寅卯十二支」是從巴比倫傳來的「十二進法」。

本來「十二進法」是從月滿缺十二次，季節循環一周這種簡單的自然現象觀察得來的，沒有受到西方巴比倫文化的影響。

中國早在遙遠的神話時代，舜這位明君將全國分為十二州，組成了十二個軍團。舜之前的黃帝時期，建了十二個閣樓，《史記．封禪書》上如此記載。

中醫也有「十二經脈」之說，將身體的要害分為十二條脈絡，自古以來就是如此。

佛教也有十二神將，藥師如來為普度眾生立了十二大願。日本後宮的女性穿的衣服也是十二重單衣。

把世界稱作「天下」，在中國是在戰國時代以後，以前叫做「四方」。「四方」再二分，就是「八面玲瓏」的「八面」。再分細點，分為三份，出現「十二」這個數字也是很自然。

文明都在西方，遠離西方的東亞之東隅，不可能有自己的文明——這種想法在歐洲帝國主義盛行之時，特別濃厚。「除了我們，沒人能造出這樣的東西。」——這種文明上的精英意識，簡直讓人受不了。

反過來，也有人牽強附會地要證明，外國傳來的東西我們國家以前就有了。

與其說是證明，不如說是捏造，十分惡劣。各國的國粹主義這種傾向都很強。日本也有假造酷似朝鮮諺文的奇形怪狀的「神代文字」，傳為後世笑柄。

民族自豪感，適可而止就好，太過膨脹，就很危險。還是慎重為好。一切文明都是全人類共有的，不能作為爭奪元祖的對象。

肥大的褲子

看尼克森訪問中國的電視節目，鄰居家的女兒嘀咕道：「褲子好肥。」好像是在說中方出來接待的人。

肥大的褲子不行嗎？

中國北方要穿棉衣，不光是褲子，上衣看上去也很肥大。寬衣——自古以來就是漢民族的特徵。

為什麼喜歡肥大的衣服，是因為穿著這樣的衣服，就不能隨心所欲地打架，自然就變得舉止彬彬有禮了。

當然，也有在殿中拖著長長的褲子，像淺野內匠頭[7]一樣亮兵刃的粗人。不過，吉良上野介正是因為對方衣服不方便而保住了小命。

鴉片戰爭的主角林則徐，被認為是個激烈的攘夷論者，實際上他對西洋的情況也頗有研究，高度評價了外國的藝術和技術，是個公正的人。他視察葡萄牙人的居留地澳門時，在日記中寫道：「夷人好治宅，重樓疊屋，多至三層。」稱讚了葡萄牙人的建築。但是，關於服裝，他則輕蔑地說：「全身緊裹，短褂長襟，彷彿唱戲狐扮兔。」並斷言說：「真是夷俗。」

肥大的衣服才是文明的象徵，縫得緊緊的，穿著像狐狸、兔子一樣，蹦蹦跳跳方便打架的衣服，都是野蠻人才穿的。當時中國人的這種想法，可以從林則徐日記的記述中看出來。

前面也說過，日本的和服是中國系的東西，是棉睡衣中的冠軍。

萬延元年（一八六〇年）日本遣美使節團在歸途中停靠爪哇，華僑代表訪問了他們。使節隨從中一人記載道：「因日本人的服裝沿襲前朝風俗，懷念本土人，遂流下淚水。」大宅莊一在《流火》中寫道：「日本人穿著和前朝相同的衣服，懷念印度尼西亞人，流下淚水。」我認為這裡的「本土人」並非指印度尼西亞人，而是指中國本土的人。而且懷念當地人也很奇怪，遠方故國的人才可懷念，當時（清朝）的故國在滿族統治之下，被強迫改「夷俗」。因此，還是酷似明朝服裝的武士打扮更為可親，才會淚水盈眶。

所以，日本的和服本是寬衣，肥大而影響行動自由。那麼，武士們行動的時候怎麼辦？繫上束衣袖的帶子。

讓寬衣變得行動方便，這是邪道，但這才是日本式的做法。可以這麼說，束衣帶正是日本精神的象徵。

束衣帶在中國並不存在，所以沒有對應的詞。「襷」[8]這個字在中國也沒有，是百分百的日本製「和

【7】「淺野內匠頭」和下文的「吉良上野介」是日本古時候一起政治命案中的兩個當事人。元祿十四年（一七〇一）春，赤穗藩藩主淺野內匠頭去江戶拜謁將軍。因受到將軍手下吉良上野介陷害，在將軍殿上醜態百出，淺野惱羞成怒，拔刀砍傷了吉良。歷史上稱此事為「松之廊事件」。

【8】束衣帶。

字」

寄託在對方身上的夢

因為和自己的風俗不同，就嘲笑別人，這可不行，輕蔑則更是要不得。過去引起爭論的年輕人的長髮，現在也被認為是他們的風氣，沒有人再議論了。

曾經有人說皇太子的褲子太大，那真是多管閒事。

對自國的事如此，對他國的風俗，就更應該寬容。中國要人的肥褲子，只要他本人覺得正好，穿著很舒服，那也無可厚非。

操這樣的心，又忙著擔心自己國家的風俗會不會同樣被別國人嘲笑的人不少。

出外遊訪的政治家、實業家，在賓館的走廊上穿著浴衣或者睡衣晃蕩，有人對此十分憤慨，覺得是國恥。如此小心眼，讓人覺得很不可思議。日本人自己擔心，外國人卻不一定認為那是有失禮儀。特別是肥大的棉睡衣很氣派，看起來像是韃靼地區的王族的正裝，也許大家都用敬畏的眼光來看待呢。

相反，黑髮拉丁商人，一板一眼穿著晚禮服去東京的一流夜店，在門口被攔住：「樂隊請繞到樂屋入口進去。」

在日本，好不容易做了晚禮服，卻沒有穿的機會，沒辦法，有團體自己組織了「穿晚禮服聚會」。啊，男人真不容易。

我們在日本的賓館有時會看到印度女性的莎麗打扮，或是越南女性的打扮，但卻很少看到男性的民族服裝打扮。蘇格蘭男性的裙子，也只是用於軍隊。最適合工作的西服，現在成為全世界男性的制服，這應該坦誠承認。

不論如何，民族服裝的衰退，是異國情調的重要部分的喪失，讓人感到有點寂寞。

和他國人接觸時，異國情調（可以稱作「夢」）太過剩不行，完全沒有也不行。別人和自己在不同的環境中成長、生活，有這種認識才能感到異國情調，才能對對方寬容並努力理解對方。

異國情調，不一定什麼時候都是指富士山、藝伎，也不一定都是指萬里長城、西湖。有人有這種不滿吧。但這種異國情調的影響，還在繼續。

中日兩國國民，對對方抱著一種夢想——浪漫之夢，想互相接近。正因如此，才產生了豐富的想像力，這將影響雙方的深層理解。在這個夢想越來越少的世界，我更如此祈願。

第十章　異同

旗與城

節日升國旗，這一規矩在戰前等同於強制執行。每家都豎著國旗，如果哪一家沒有國旗，就特別刺眼。就連神戶的外國人住宅，紅日旗和自國的國旗也在門口一左一右或是交叉地插著。

小時候——昭和初年，在家附近的華僑商館的倉庫，見到一個打雜的老頭和年輕的店員發生口角。兩人都是中國人，口角的原因，是節日掛出的中國國旗。

那時正值北伐成功後不久，國旗也變成了青天白日旗。但是，打雜的老頭小心收藏著軍閥時代的五色旗。年輕店員是革命黨的粉絲，一看就生氣了，說北洋軍閥已經滅亡了，五色旗可以扔了。老頭也生氣了，說：「現在的小年輕真不知天高地厚，什麼時候也許又能用了。」

這並不好笑。中日戰爭初期，日本在華北建立的傀儡政權，曾經一度用過古色蒼然的五色旗。

戰後，日本節日掛國旗的人家少了，除了因為紅日旗跟不愉快的戰爭記憶聯繫在一起，還因為在日本人的氣質中，對掛旗持有消極態度吧。

日本人不喜歡旗。源平合戰的白旗、紅旗，是為了區別敵我雙方而不得不使用，僅僅在竿子上掛了塊連圖案都沒有的布而已，一點也不討人喜歡。

Hata[1]這個詞也是。織纖維的工具叫做 Hata，織出的布也叫做 Hata。掛在竿子上的旗，好像是嫌麻煩，也取了同樣的名字。取名字的時候，對自己喜歡的東西就仔細斟酌，對自己不喜歡的就馬馬虎虎。

游牧民族為了通知先頭在哪裡、往哪邊走，不得不常用旗子。所以，在被城牆圍住的城市，也就是城郭城市裡，也大量使用旗子。城牆上翩然飄揚的旗子，對伺機想前來掠奪的蠻族有威嚇作用——這裡有準備，大將軍守著呢。

一九三一年七月，五位中國左翼作家聯盟被當時的政府槍殺，魯迅的心愛弟子柔石也是其中一個。魯迅哀悼他的死，作了七言律詩，其中有「城頭變幻大王旗」一句。

殺害親愛的柔石的傢伙，在城上掛著可惡的惡魔大王之旗。

日本從中國吸收了各種各樣的文化，最終未採用的，有科舉、宦官等。此外，用城牆圍起來的城郭城市的形式，也是其中之一。

日本的城，是領主和他手下的武士踞守的地方。但是，漢語中的「街」就是城。北京、上海這些主要城市的城牆都沒有了，但漢語中，從郊外去街上，就意味著「進城」。

中國的城，如果是首都，就包含政府的皇城、皇帝居住的宮殿。這時，廣義的城應稱為「羅城」。「羅生門」就是羅城的門的意思。相對與羅城，皇城地區就是「子城」，皇帝、太守所在的城——相當於日本的本丸，叫做「牙城」。

——逼近巨人軍的牙城。

有這種說法。牙城的語源，來自於城牆上插象牙裝飾的旗子的風俗。

在營造奈良的平安京時，中央修了南北向的大路，城市修造得像左右對稱的棋盤，這完全模仿了當時

【1】這個詞在日語中有織布機、幡、旗的意思。

唐朝的首都長安。這也許是遣唐使的策劃。

奈良的規模只有長安的五分之一，連中央大道朱雀路，也是原樣學長安。奈良和京都沒有模仿的，就是用城牆把城市圍起來。在羅生門附近，造了些土牆一樣的東西，但還稱不上城牆。長安的城牆高五米多，東西逶迤十公里，南北九公里半，圍著大城市。

中國為了這個大工程，設了「城旦春」的刑罰。四年間，從早上起，男人築牆，女人杵米。因為被海包圍，日本不用像中國一樣擔心異民族的侵略。因此，也沒有建造城郭城市的必要。如果要把平城京和平安京用五米多高的城牆圍起來，那就成為一個大工程了。日本人民一定會累得筋疲力盡。

如果要是有了城牆，上面整整齊齊插著帶穗的鮮豔旗子，日本人也許會比現在更喜歡旗子吧。

血統與文明

Boom 這個詞，有時覺得就像是專門為日本人造的。

不管三七二十一，照葫蘆畫瓢，有人做了惹眼的事，就覺得自己也要這樣做。鄰居買了鋼琴，自己就要買鋼琴；自己的兒子去上補習班，鄰居家的兒子也會去。

最後，在這個全國上下齊刷刷的社會，集體和個人的區別不再清楚了。

根據與豐臣秀吉的軍隊在朝鮮作戰的明朝方面的記錄，日軍部隊只要一個揮舞軍扇的指示，就能服從指揮，自由自在地活動，這讓明軍十分佩服。蝴蝶陣、長蛇陣，這些陣形，使一個集體成為有機體，隨指揮者的心意行動。

一絲不亂的集體活動，需要個人作為團體成員，並與團體緊密相連。日語中也能找到這樣的蹤跡。

「子供」——儘管說是同文同種，看到這兩個字，中國人想必也不會想到這個詞相當於「孩子」。「供」是「供奉」的意思，應該解釋為孩子供奉什麼吧。日語中的「供」表示複數。「者供」[2]、「家來供」[3]等，表示集團。但是，一個小孩也叫「子供」。

「兵隊」[4]這個詞也是這樣，這個詞明顯表示團體。和中國人筆談時，這個詞也作為複數——集合名詞通用。兵隊——不知道是大隊、中隊，還是分隊，但兵隊一定是一群士兵。

但是，說道「一個兵隊」，中國人一定會大吃一驚。兩個人以上才成對，一個人的兵隊不是自相矛盾嗎？

「若眾」[5]這個詞也是如此。「眾」是群眾的「眾」，應該是表示複數，但也指單數，例如「一個若眾」。還有「惡黨」[6]這個詞。「黨」本是表示集團，如自民黨、社會黨、公明黨等。每次選舉中也有一人一

[2] 人們。
[3] 家臣們。
[4] 士兵、軍人。
[5] 小夥子，年輕人。
[6] 壞人，壞蛋。

黨的泡沫候選者，原則上黨都是集團。但是，日本也有「一個惡黨」的說法。

在語言上，如果集體和個人的區別不明顯，則暗示雙方的關係十分深厚，切也切不斷。有這樣一種說法，像驅使自己的手腳一樣驅使構成集體的成員。日本人自古以來似乎就習慣這種集體行動，理想是希望任何事都採取統一行動，戰爭特別要求如此。如果構成部隊的將士一盤散沙，是打不贏的。

這樣想來，在日本人的性格中，不得不說確實有適合戰爭的要素。

現在，日本的軍國主義復活成為熱門話題。不光是在中國，連東南亞諸國、美國也有警戒的呼聲。《和平憲法》規定，日本不能向海外派兵。日本人牢記以前戰爭的悲慘，成為愛好和平的國家。——日本人會這樣辯解，因此覺得外國的軍國主義論很是意外。

有誤解就必須解開誤解。在努力時，像剛才所說的，要在腦中謹記，日本人的性格中有適合戰爭的要素，這成為大家警戒的原因之一。

中國特別警惕日本的軍國主義，除了曾經受侵略的事實，很大的理由也是因為中國人自身性格中缺少日本人擁有的集體統一性。

明治維新時的鳥羽伏見一戰反敗為勝，太平洋戰爭的終戰也是如此。一九四五年八月十五日的《玉音放送》[7]，出現了一百八十度的大逆轉——從「鬼畜英美」一下子變成謳歌自由主義和民主主義的世界。這種轉向的乾脆，大概世界上也找不出第二個了。

旁邊有人喊口號，自己就忍不住也要喊。不理解日本的這種性格，就無法理解終戰時的現象。事實上，終戰很久以後，美軍還在懷疑日本人態度的轉換是偽裝的。

中國人無法像日本人一樣乾脆地轉向。如果有這種本事，「文化大革命」也不會花十年時間了。不可能毛澤東的號令一下，明天就換顏色。中國不適用玉音放送式的方法。不花時間，別說是一百八十度，九十度的轉變都不可能。

也有地理條件的影響。日本小而單一，中國國土遼闊，民族組成也很複雜。據說光新疆就有十四個民族，其中主要是信奉伊斯蘭教的維吾爾族。西藏有藏族，雲南、貴州有苗族，北方有蒙古族、滿族等，不勝枚舉。

占壓倒性多數的漢族，南北也有很大差異。例如，北方的漢族大多骨架大、相貌磊落。但南方人除去例外，基本上都骨架較小，目光銳利。揚子江以南的人，據說跟日本人較像，不光是容貌，性格也多少相似。過去潛入中國的日本軍事偵探，大多自稱福建人或廣東人。

不光是南北，住在海邊的人和住在山裡的人之間也有很大的差別。要把這些人凝聚在一起，可不是一件容易的事。

日本本來是個小型國家，德川二百六十五年的政治形態更加打磨了其統一性。將狹小的國土再細分，由藩主統治。德川御三家、加賀百萬石等當時的超大藩，也只有現在的一個縣大，這樣就更好統一了。

而且，藩是半獨立國家，沒有中央派來的官員。換屬國屬於例外，原則上，藩主家自家康公以來，代代統治同一片土地，藩主也是世襲。地緣和血統如此緊密相連，不可能沒有凝聚力。主人一頷首，就知道他想要什麼。

【7】二戰中日本天皇的《終戰詔書》。

地緣和血統極端緊密結合的社會，最可怕的是什麼？沒有比「村八分」[8]更可怕的了。因此，命令「前進」時，就會毫不猶豫地前進。鄰居買鋼琴，自己家就買鋼琴。說去夏威夷旅行，就興奮地一擁而上。出外休閒的日本人的表情很認真，只顧擔心不要被大家排斥，不要剩下自己一個人。

中國的政治形態是地緣和血統的隔絕。自秦始皇以來，這個國家有兩千多年的管理制國家歷史。除了官府打雜和下級書記之外，高級官僚絕對不准在自己的出生地當官，這是規則。他們由中央政府派遣，數年以後，榮升或是左遷，再去別處，不可能在一個地方生根。

唐代有節度使，做為地方軍司令官，有很大權力，眼看就要變成領主了，但也沒能長久。清初曾將有建國之功的吳三桂等人封為藩王，但馬上發生了三藩之亂，之後被廢除。秦朝以後漫長的中國歷史，並沒有培育出領主。

中國各地都有當地豪族，一家出現優秀的人才，也不能當當地的縣知事和市長，只能在其他地方當官。日本同樣有同族的高級官僚不能在同一個衙門當官的規則，例如，通產部課長的叔父當了同部的局長，課長就必須辭職。

中國的獨裁皇帝害怕地緣和血統緊密結合會產生巨大能量，威脅自己的地位，因此有意識地切斷了這根線。

這樣，一般人和行政官之間，沒有同一地緣的意識。相互都是陌生人。在這種關係下，很難劈頭命令「前進」，只有採取說服的方法。

現在政府的方針是這樣的，你們會有這樣的好處，所以希望你們這樣做——要擺出理由來說服。

因為形同陌路，做得不好就會引起反感。一旦做不好，官員就會下馬。這樣可不行，所以一定要說服。

日本人聽「命令」行動，中國人在「勸說」下行動。命令是即時的，而說服需要時間。

國土遼闊、居民雜多，除此之外，中國人缺乏統一性的另一個原因是，受以家族為中心的思考方式影響太大。中國人的「集體感」，在「家」的面前就行不通。「家」的「牆」很高，無法踰越過「家」，擴展到村、鎮、縣，更無法到達國家了。

中國的道德中，「忠」並非絕對的，因為儒教承認革命。失德的天子不再是天子，只是一介凡人，打倒他也無妨。

但「孝」是絕對的。不論父母多麼壞，都必須盡孝道。家族中心觀念強烈的中國人，認為這種絕對的、沉重的關係，光是在家裡就很複雜。出了社會，在處理與他人關係時，盡量避開這種父母、兒女的縱向型關係，而是選擇兄弟式的橫向型關係。

但在日本，血統與地緣的強力結合，擁有絕對力量的縱向型關係控制了每個人。在黑幫的世界，也是親分[9]、子分[10]的關係。政界也是如此。快七十的老代議員，會認六十多的實權人物當乾爹。而在中國的遊俠世界裡，乾兄弟更多。

太平天國時，首領洪秀全自稱是「基督耶穌之弟」。而不是耶穌之子。在中國，即使是名字，父子也不能取同一個字。兄弟同字的則很多。

【8】江戶時代村民對違反村規的人家實行的斷絕來往的制裁。

【9】幫派頭目。

【10】部下、嘍囉。

如果說各自生活的社會是由線構成的，那麼日本的社會是無數的豎線，中國社會則是由無數橫線織成的。

豎線是父子、頭目和部下、老爺和家臣的關係，對執行命令最有效。問答無用的色彩很濃厚。而且，不論有何問題，解決起來很迅速。

橫線是兄弟、朋友的關係，在這裡命令不起作用。弟弟必須尊重兄長，但不像父子關係這樣嚴格。如此一來，凡事還是需要商量，問題的解決也就被延遲了。

當中國人的心理構造成為問題時，一定會舉出名聲在外的「中華思想」。但是，基本上所有的中國人都有「中華思想」，只是程度的問題。

經常聽說法國人的「中華思想」。宇宙以法國而且是以巴黎為中心旋轉，法語是最美的語言，法國料理是最美味的。德國人戰前國歌的歌詞裡也有「超越一切的我們的德意志」，這也是一種「中華思想」。美國人不用說也是愛爭世界第一的國民，從樓房的高度到汽車的數量，凡事都以世界第一為傲。這也是「中華思想」的表現。

日本也有「中華思想」，這絕不是近代的產物。

文久二年（一八六二年）去上海的尾州藩的日比野㘅治，將在上海與清朝人筆談的記錄起了個名字叫《沒鼻筆語》，其中對清朝人「貴邦敬何神」的問題，回答說：「我國萬世一統，所以冠萬國。生民皆倚天照皇大神恩德，故敬之尤厚。」

對外國人說日本冠萬國，這不就是「中華思想」嗎？而且，此人誇耀的是萬世一統，也就是血統。日本人一絲不亂的軍事集團式統治，仍然不是兄弟關係，而是親子這種縱向關係才能產生的，需要有

「命令是神聖的」這一觀念。神聖的命令，是由何而來的呢？

最能證明神聖性的，是血統。只有血統才是毋庸置疑的。父母愛子女，子女愛父母，都不需要理由。背負血統的命令，不需要理由就能被接受。相比之下，中國的「中華思想」血統的要素很稀薄，他們驕傲的根源不是血統，而是文明。

我在前文特別強調了這一點。寫《日本人和猶太人》的伊達亞・卞達森，經常使用「日本教」這個詞。他認為日本人全都是日本教信徒。一九二九年，距今四十五年前，孫文的秘書、中國人戴季陶寫了《日本論》，其中說日本人都是「日本狂」，都是在說日本的「中華思想」。

中國人的「中華思想」是以文明為自豪。與野獸無異的野蠻人，一旦變成文明人，就很爽快地被當成夥伴。黃河中流的所謂中原地區，是中華文明的發祥地，這一區域並不廣闊。

當時，揚子江區域的吳、越、楚，都被稱為荊蠻之地，人們紋身斷髮，被視為與野獸無異。不用提更南方的福建、廣東，更是妖怪住的地方。但是，這些地方也逐漸文明開化。於是，這裡也變成中華之地，這裡的人民也被承認是中華之民。

但是，日本的「中華思想」以血統自豪，就不好收場了。外國人不論多努力要變成日本人，沒有日本人的血統、大和民族的血統，就不被認為是同伴。如果是文明，稍微努力一下，就可以達到。但是，血統則沒有辦法。不脫胎轉世，就無法改變血統。

如果是戰爭集團，一旦混進奇怪的異端分子，全體就會陷入危險。因此，日本人對排除異端分子特別熱心。如何判斷異端分子，問「是否是同一血統」最方便了。

日本之所以成為今日之日本，功勞者是誰？如果用擬人的方法來說，我認為有兩個恩人。

一個是排他性的，但效率極高的戰爭集團。明治維新，或是終戰復興期的能量，都來自於此。

另一個是史前的大混血。在繩文、彌生、古墳時代，棱角突出、扁平臉的通古斯系，圓臉大眼的波利西亞系，長毛、臉孔輪廓分明的阿伊努系，很多民族在這裡混血。直到這個時代的末期，作為技術者的歸化人還很受歡迎。

但是，進入歷史時代後，日本人開始以血統為自豪、排他性的集團出現了。我有一個大膽的推論，這是對史前「大混血」的反彈。

戰爭集團可以毫無顧忌地勇往直前。但是，純血主義能永遠持續下去嗎？純血也就意味著近親結婚。而近親結婚的後果，已經經科學證明。大混血削弱了其後的純血主義近親結婚的弊端，直到近代。明治維新廢除了身分制度，形成了一種疑似混血且延長了民族的生命。但是，這能延長多久呢？

中國一直存在到今天，也是因為在文明擴張的同時，把野蠻人也歸為自己的同伴，不斷更新了血液。另外，不重視血統的「中華思想」，更容易混血。如果中國也有像日本這樣講究血統的「中華思想」，早就衰敗消亡了。

只要是在美國出生的嬰兒，不論他是哪國人，都會成為美國籍，這是國際法的屬地主義。但無法想像日本也採取這種規定，因為日本太重視血統。

以血統為標準的排外主義，現在還在日本綿綿不絕，存在於感情上、實際生活中，以及社交界和企業裡等各個角落。在這個國家居住的外國人能深切體會到。

在公認沒有國界的學問和體育領域，實際上也豎著高高的牆。最近，在《朝日新聞》的隨筆欄裡，國立教育研究所所長平塚益德氏寫道：「日本國立大學及研究所，不歡迎海外同一學科的人做正式職員，在學問研究上受到了極大的損失。」

在體育領域，由民間報社主辦的大會，外國學生能上場，但官營的「國家體育會」，就不允許。曾經聽說過早稻田實業的王選手，參加了甲子園，但沒能參加國家體育會，把手套仍在運動場上懊悔不已。

似乎跑題了。不過，日本人不擅長社交、不擅長學習語言，性急、勇敢以及其他的一切特性，都來自於血統上的「中華思想」吧。日本人與中國人最大的區別，就在於對血統的態度。從這一視點來看，基本上就能明白差異的原因所在。

日本人的可惡之處

日本人的性格很情緒化。情緒無視程序，能驅使人忽然作出某項行動。「物哀」，也不遵循從三到六，再到九的規律路徑，是忽然冒出來的深刻感觸，前後毫無脈絡。

說到可怕，再沒有比完全無法預測「接下去是什麼？」更可怕的事了。怪談的可怕之處，也在於不知道接下去會出現軲轆頭[11]還是獨目小僧。

火災時能看到火苗，也能知道風向。然而地震什麼時候發生，是何種程度，都很難知道。外國人看日本人，覺得有日本名產「地震」的可惡之處。

【11】日本妖怪的一種。頭伸得很長，或是頭可以自由飛行。

明治維新時，日本人一直叫著「攘夷、攘夷」，發生了如「浪人襲擊外國人」、「與美國締結修好通商條約的大老被殺害」等事件。儘管如此，日本還是突然宣布開國，舉國文明開化，開始狂奔學習西洋。「鬼畜英美」的怒罵一夜間變成親美民主的歌聲。這種變身之快，連麥克阿瑟都感到有點不舒服了。

不管是個人還是民族，為了生存都本能地需要特長。旁邊有個喜歡議論、喜歡記錄的中國，把一切都記錄下來，寫成書傳入日本。有了學習的教材，遇到問題，馬上就能找到解答。反覆思考、階段性地建立理論，都被當作中國式思維方式而盡量回避，心思花在打磨情緒上。當然，另外還有風土適合培養情緒等情況。

從大正民主運動到昭和初期左翼運動的興盛，中國留學生都看在眼裡，感到：

日本人的國論是分裂的，不足為據，於是回國了。不就爆發了「九一八」事變（滿洲事變），轉眼之間，日本搖身一變，走上了侵略中國的道路。所以，這次也不可信。雖然有《和平憲法》，但有保守革新分裂努力存在，搞不好就會舉國走向軍國主義。不，是已經開始了吧。

因年紀大了回到香港的那個原留學生，從自己的經驗出發這樣說。

在藝術的世界，日本人的感性激發了美妙的靈感。但是，在本來要講章法的領域，這種性格就不受歡迎了。本來好好地直行，不知什麼時候就掉頭了。

料理本身就是謎。即使用同樣的材料、同樣的做法，做出來的味道也會不一樣。向專業的廚師請教，說最重要的是火的大小。

火的大小，在中華料理中叫做「火候」。從「氣候」、「天候」這些詞來類推，不能不說這是個很巧妙的說法。強火叫做「武火」，小火叫做「文火」，很有中國特色。

有一種說法是，中華料理如此發達，為世界之冠，是因為宋代用煤做燃料。長時間保持同一「火候」，是煤的特徵，這很適合做菜。這樣說來，有人說宋代生產名瓷，也是因為窯用煤做燃料。——可以說中華料理是和青瓷一起誕生的。

閒話休提。——外國人一開始不喜歡刺身。有些人吃了覺得好吃，漸漸習慣，並成了心頭大愛，有些人怎麼也不能吃。

現代的中國人，除了一些乾貨，肉類一定會煮熟，不習慣吃生的。和香港來的中國人一起吃飯時，我點了牛肉刺身，他聳聳肩說：「還真能吃這種東西啊。」我說：「就像日本人覺得香港人吃蛇很噁心一樣。」「那可是煮好的，一點也不噁心。」這位朋友回答道。

我把牛肉刺身放進嘴裡，很享受似的咂咂嘴，解釋說：「中國人以前也吃這種東西。」

《禮記・內則》中記載說，把生牛肉切薄，浸好酒，第二天吃。浸酒只是一個晚上，跟刺身差不多。上面說：「橫斷則生肉易嚼。」橫著切肉，就容易嚼，切法也跟刺身一樣。

「膾」這個字在《說文》中解釋為「細切肉為膾」。這跟刺身不是一樣嗎？

有個成語叫「懲羹吹膾」——被熱湯燙過舌頭，所以即使是冷肉也要吹一口，等冷了再吃。形容失敗了一次就過分謹慎，對每件事都變得膽小消極。

該成語典出《屈原》，原文不是「膾」，而是「齏」，是將生薑、韭菜等拌成醬狀的冷菜。不過字形有點複雜（漢語中沒有這個字），表示冷菜就好，所以被更易懂的「膾」字代替。

膾炙人口（常入人們口中，舉世聞名的意思）——「炙」是烤肉。冷肉和烤肉——這是相對的，冷肉不是由熱而冷卻的，而是一開始就是冷的，這毫無疑問就是生肉。

常入人口——這個比喻說明中國人曾經吃生肉，也就是刺身。

前面提到的《禮記》，類似周代的生活規範。周代從西元前一〇四六年延續到秦建國前，正值中國文明的發展期，並非未開化的野蠻時代。

周朝的中國人常吃狗肉。據《史記》記載，跟隨漢高祖的樊噲曾從事「屠狗」這一職業，是專門為了賣肉而殺狗的，而不是為了保健抓野狗的，就像現在「賣豬肉」一樣，是很普通的職業。周王室有官職叫做「犬人」，專門飼養食用的狗。但是，到了六朝時代（三世紀至六世紀），屠狗這個職業消失了，唐代人大多不吃狗肉了。

在中國，吃刺身的習慣比吃狗肉的習慣存在時間更長。有證據表明，至少持續到了十二世紀左右。

儘管如此，後來，這一習慣忽然消失了，刺身重蹈了和狗肉同樣的命運。中國人連煮的蛇都吃，但生東西連金槍魚都害怕了。為什麼會變成這樣？我到處調查，還是不明其因。

隨意想像的話，可能是因為明初瘟疫猖獗，歸罪於吃了刺身，所以大家都不敢吃了。

如果是這樣，當時的瘟疫一定很可怕。如果不嚴重，鋒頭一過，就會有人重新開吃，畢竟刺身如此美味。

明知有毒，但自古以來吃河豚的人還是絡繹不絕，美味的誘惑力很強大。能夠讓人們斷然抵制這種誘惑，一定不是一般的原因。

而且，當時的資訊傳遞很慢。像這樣，刺身從廣闊的大陸忽然失去蹤影，確實讓人感到疑團重重。

宋朝的梅堯臣，字聖俞，與蘇東坡、黃山谷並列，詩名遠揚，是百年才出一個的大詩人。他有首詩名為《設膾示坐客》。

這很明顯是關於刺身的詩。作詩的時間很清楚，是在皇佑三年（一〇五一年）。也就是說，直到九百年前，中國人還經常吃刺身。

這首詩描寫的製作料理的場景栩栩如生，如浮現在眼前——

我家少婦磨寶刀，破鱗奮鬐如欲飛。
蕭蕭雲葉落盤面，粟粟霜蔔為縷衣。
……

花百錢買一隻肥鯉魚，妻子在家做料理。鯉魚很精神，嘩嘩地快要跳起來。但是，不久就變成了盤子裡的「雲葉」，蕭蕭落下。鯉魚肉是白色的，所以是「雲」。用「葉」，說明當時的刺身切得很細。

「粟粟」切成「霜蔔」。「霜」還是表示白色，「蔔」是蘿蔔。俗話說一縷希望，縷是細線，「縷衣」則是指絲線衣，這應當是刺身的配菜吧。

當時中國所存在的刺身，和日本現在的吃法似乎是一樣的。我背下這首詩，一碰到看見刺身皺眉頭的中國人，就馬上把這首詩寫在紙條上拿出來，說是梅堯臣的詩，大多數人就認輸了，效果好比《聖經》和毛澤東語錄。

「哦，原來如此，這是蘿蔔的『縷衣』。」對方會夾起配菜感歎說。

也有人會感歎說：「我們國家已經消失的東西，在日本還保留著呢。」

說刺身是中國傳來的，日本人也許會不服，但可能性很大。

據說，中國人保守傾向很強，在生活方面也墨守舊有的傳統，不願改變。但實際上也不能一概而言。不願改變舊習是真的，但一旦改變，就會徹底改變，是從根子上的改變。在中國歷史上，這樣的例子舉不勝舉。

日本很輕易地吸取外來的東西，看起來對舊東西也毫不留戀地拋棄。明治維新和終戰時的情形確實如此。

但意外的是，這種改變大多就好似掬取表面上的泡沫，隨便換件衣服一樣，很少會把手伸進去攪動。正因為如此，奈良的古寺還留著很多古舊的東西。

中國像法隆寺、正倉院御物這樣的很少。這是因為變革常常都是從根開始。動亂格外大規模，瘟疫的規模也格外大。

吃刺身的生活方式，也從根子上被顛覆，斷絕了。刺身滅亡是個謎團，很是有趣。但是，更有趣的是，在現代中國人眼裡，刺身和「正倉院御物」可以相提並論。

國花

前幾年，神戶市決定將八仙花當作市花。

六甲山八仙花的顏色十分美麗，但褪色後的八仙花就大打折扣。

我更贊成選薔薇。薔薇也被推舉為市花候補。但是，薔薇太普通了。它已經是英國國花了，而且神戶和薔薇也沒有什麼特別的關係。選中了六甲山名產八仙花，我並沒有什麼異議。兵庫的縣花就是野菊。

美國沒有國花，州花倒是有，但只有幾個州有。真是一個馬虎的大國。

希臘的橄欖很有名，法國鳶尾花很可愛。埃及的睡蓮很有古國之風，墨西哥的仙人掌惹人喜歡。印度的罌粟被當作鴉片的原料，就感到有點危險。

日本的國花是櫻花，這並沒有法律規定，但誰都沒有異議。菊花作為皇室的紋章花，級別更不同。

中國的國花，國民政府曾經法令規定為「梅花」。

那是有原因的。以前中國所認可的國花是牡丹。陶淵明愛菊，周茂叔愛蓮，但最受人喜愛的還是牡丹。

但是，牡丹太華麗了，跟當時中國革命狀況不相符，所以改成梅花。中國制定國花的法令是在「九一八」（也就是滿洲事變）事變前，即一九二九年（昭和四年）。但是，法律規定國花，倒有點不倫不類。

寒冬也仍青翠的是松和竹，披雪綻放的是梅。松竹梅是「歲寒三友」，在中國自古以來就受到尊重，但說到喜愛，還是不及牡丹。

但是，牡丹和當時艱難的國難時期不相符，取而代之被選作國花的是梅花。梅花不畏嚴寒，凜然綻放的堅強精神，使它成為宣告春的來臨的瑞兆之花，很吉祥。

「梅與鶯」被用來形容搭配得好，這是日本獨特的說法。中國沒有這樣的俗語，詩歌中也很少有這樣搭配的例子，沒有把它們當成一對。

倒是「梅與雪」成為了一對。

升格為國花的梅花的優點，在於淩寒綻放。只有象徵嚴寒的雪，才能當花的伴侶。有句話是這麼說的：「有梅無雪不精神。」推翻列強的侵略和壓迫，邁向現代國家建設的國家的國花，只有和雪相伴的梅花才適合。

那麼，失去國花地位的牡丹呢？

在日本，說到賞花一定是賞櫻花。過去中國說到賞花，只要沒有特別說明，對象一般都是牡丹。

花開花落二十日，一城人皆如狂。

……

我願暫求造化力，減卻牡丹妖豔色。

少回卿士愛花心，同似吾君憂稼穡。

白居易曾如此吟詠唐朝長安的賞花。大意是：借助造化之神的力量，減去牡丹的妖豔之美，讓大臣們的愛美之心轉向別處，如同君主一樣關心農業。

對賞花的狂熱令人歎息，從這首詩可以想像。

不過，如果是牡丹的珍奇品種，據說一株的價錢高達數萬。寺院等都投入大片土地和人手來栽培牡丹，然後賣出，據說很賺錢。

還有叫做「鬥花」的活動。人們頭上插上引以為自豪的花，去京城大路上遊行。長安西明寺、慈恩寺等牡丹的名勝地，一到賞花時節，擁擠異常。很多人湧往開花較遲的太真院惜春。

牡丹有一種惑亂人心的魅力。據說長安牡丹盛開是舊曆三月十五日的前後二十天盛開，那時正是春暖花開。

正如白居易感歎的，唐代的牡丹狂，只能說是頹廢了。正處於革命的中國，不用牡丹做國花，也可以理解。

新國花梅花，暗自開放，默默吐露芬芳。比起牡丹的華麗，顯得更有內涵。

另外，梅花的果實可以食用，從實用面來說，肯定讓生活貧乏的國民更有親近感。《三國志》中「梅林止渴」的故事，國民都耳熟能詳，全軍將士口渴疲憊之時，曹操說「梅林近了」，士兵口中起了唾沫，解了一時之渴。

但是，中國人的性格中，除了梅花的特質，似乎也有牡丹的特徵。

在緊張的生活中，梅花的特徵表露在外。但到節日之際，人們高興起來，身上所隱藏的牡丹的特徵就表現出來了。

新舊國花象徵著中國人性格的複雜。這不是說中國人有雙重性格，而是說他們有深度。從某一點上來說，以櫻花為國花的日本人的性格，跟櫻花一樣，說好聽點是勇敢果斷，說不好聽點就是容易放棄，容易忘卻，缺乏耐力。

儘管如此，兩國人相通的是愛花之心和愛花的方式，這可以作為相互理解的共同基礎。

身邊筆墨

我曾經也以為自己的字寫得好，那是在小學一年級到二年級。當時受到老師表揚，把我寫的字貼在教室後面。於是受到了暗示，覺得自己寫得好，如果以此為契機，真的寫好了倒也好。但是，事實上並未如此稱心如意。

二年級時，又受到了暗示，以為自己的字寫得很差。這次是心隨意動，從此字越寫越差。神戶的諏訪山小學，班上只有我一個中國學生。大概教字的老師也有先入為主的觀念，認為中國人字寫得好。矮子裡面挑將軍，把我寫的選出來，作為模範作品給大家看。

關於字，我還有其他自信的理由。那是懂事時起，祖父教我誦讀，很早就接觸了文字。一般本來應該教《三字經》、《小學》、《論語》，但我進小學後，不知祖父怎麼想的，忽然開始教起了《詩經》。一定是當時他自己想學《詩經》，讓孫子陪著自己學吧。

對五六歲的孩子來說，《詩經》和《三字經》都像小和尚念經，有口無心。回想起來，我不是個機靈的孩子，一定也沒有其他熱衷的遊戲。所以照葫蘆畫瓢地記下文章，在眾人面前流利地背誦，家裡人也會興奮地猜測：「這孩子會不會是神童？」

祖父經常寫字。據說我當時就隔著桌子在祖父對面，一個人坐著，拿起鉛筆模仿。這是後來聽家裡人說的，我自己完全不記得，似乎我經常這樣，寫下幼稚的字。一模一樣地模仿對面坐著的祖父的字，想來字一定是顛倒過來的。

雖說是倒過來的，但因為從小親近文字，上小學後，當時我小小腦袋裡認為，不光是練字，其他學科也都好對付。但除祖父的誦讀之外，不記得還在家學過什麼了。學校的成績當然也不盡如人意，讓期待我是神童的家人大失所望。

認為自己的字寫得很差，也是從祖父的一句話開始。

在學校練字，我經常把墨沾到手上衣服上，有時臉都弄髒了。回到家，祖父仔細端詳我的臉，歎口氣說：「墨弄髒了手和衣服，是因為注意力散漫，這樣的孩子不可能寫好字。」

自滿一下子變成了喪失自信。像這樣容易被暗示，從另一方面來說，真是個單純的孩子。

祖父在我小學三年級的時候去世了。祖父做過很多事，但在我的記憶裡，祖父只有三種姿態——對桌而坐，躺著，或是喝著酒。對桌而坐又有三種，讀書、寫字和篆刻。

長大看見祖父的遺物才知道，祖父寫字，只是臨摹岳飛的法帖。這麼說來，我記起那張手製的小桌的內框嵌上了玻璃，裡面裝著電燈。玻璃裡面貼著岳飛的法帖，似乎是這樣從外臨摹的。

臨摹得一模一樣，連岳飛的署名都複寫下來。而且，篆刻時，也刻了岳飛的印章來蓋，十分執著。

讓人懷疑，這不是製作贗品嗎？不過幸運的是，沒聽說過祖父賣給別人岳飛的真跡。法帖上都是著名的作品，臨摹得一模一樣，很明顯是贗品。而且，祖父死後，留下了很多「岳飛」，可以想像沒有流落到外人手裡。只是作為一種愛好，自己一個人孜孜不倦地做著。

不知是幸運還是不幸，我家的「岳飛」，在空襲時全被燒掉了。祖父的朋友、一個光畫水墨螃蟹的人，借居在我家，大概是作為謝禮，畫了無數姿態各異的螃蟹，放在我家。祖父的「岳飛」和這些螃蟹，做伴成了B29的餌食。

只有一個有朱熹署名的「壽」字金泥卷軸和牌位，好不容易倖免毀於空襲。雖然署著朱熹的名字，但是我祖父隨手寫的。這是裝飾性的大字，大概也不是臨摹朱熹的字。

自從被祖父定性為「字寫不好」，我一直抱著一種「惡筆感」直到今天。不光是「感」，字也確實寫得不好。雖然不好，我也一直跟由此產生的自卑感戰鬥至今。聽說某些偉大人物字也寫得不好，我就像抓到救命稻草一樣，欣喜若狂。

寫小說《鴉片戰爭》時，對於公羊學派的兩巨頭龔自珍和魏源考上進士為何如此之晚，我曾經懷有疑問。林則徐等人二十多歲就考上了，龔自珍是三十八歲，魏源則是五十二歲才考上進士。仔細一查，當時的科舉考試「專尚楷法，不復問策論之優劣」，「遂至一畫之長短，一點之肥瘦，無不尋瑕索詬，評第妍媸」。

比起答案的內容，更看重形式，也就是書法。科舉考試成了背誦四書五經、認真寫字的比賽。龔、魏即使有當代第一的學識才幹，也只能很晚當上進士，而且成績也沒有優秀到進翰林院（培養未來的大幹部的機關），似乎就是因為字寫得不好。龔自珍的書法，從現在留下的照片版來看，一味向右偏，生氣勃勃，與其說寫得不好，不如說寫得很怪異。魏源的字也不是標準意義上的好。

他們這樣博學，但字又寫得不好，我感到十分愉快，得知此事的當天，一整天都笑眯眯的。

不管字寫得多麼差，也沒有辦法隱藏。就像臉長得難看，也不能總是用手捂著臉，或是戴著面具。不需要故作姿態，露出自己的真實面孔，自己也覺得輕鬆。

出版社或報社要求時，我也會很老實地為自己的小說題字。也許有人覺得字寫得難看還獻醜，但我認為這是一種誠實。

這也是因為，雖然字寫得不好，我還是喜歡寫字。應要求在色紙上揮毫，確實是件難受的事。但是，在自己家裡，誰都沒要求，自己寫字，可以說是人生的醍醐味之一。

被要求寫字，或是燒陶的妻子纏著我在陶板上添加文字時，我選的句子不是自己苦吟的，而大多是蘇東坡的句子。

「桃花流水在人世」就是我喜歡的句子。還有「良農惜地力，幸此十年荒」也經常寫。

「惟有宿昔心」語帶玄虛，頗有深意。

東坡之後，還有黃山谷、王安石。獲得直木獎時，妻子做了一個大盤作紀念，要在上面寫東西時，我從王安石的詩中取了「無心與時競，何苦綠蔥蔥」十字寫上並燒制。

想一想自己喜愛的大多是宋人的句子。祖父鍾情的岳飛、朱熹，也是宋人。

宋朝是一個令人懷念的時代。漢代以前距今相隔太遠，三國時代有耳熟能詳的英雄豪傑登場，但殺伐氣太重。唐代燦爛奪目，但混進了外來的東西，沉醉於異國情調而缺少回味。

說來說去還是宋朝。現代中國有的東西，如中華料理這些淺近的物質文明，以及衣食住等，甚至連精神方面的中國特色，也都染上了這個時代的色彩。例如近代的儒學，就是宋學。

要繳納數萬匹歲幣的宋，和背負辱國的不平等條約，一打仗就要賠幾億兩銀元的近代中國十分相似。

也是就是這點令人懷念吧。

我從小就熟知蘇東坡的名字。周圍的大人說到詩人就舉蘇東坡為例，至少對我來說，比杜甫和李白更熟悉。大概是因為蘇東坡被流放嶺南，遠至海南島一帶，讓我們華南的人感到很親近。在流放的苦旅中，將南方的風物詠入詩中，也令我們感到感激。

同是左遷的詩人，黃山谷卻不為南人所熟知。大概是因為他父親死在廣東，而他最遠被流放到廣西。

文學作品中，常有對一小節或是一句愛不釋手，並再三填寫、背誦、吟哦。書法上，也會忽然遇到電擊一般吸引自己的字。我就曾在蘇東坡的字中體會過這種感受。那是黃州《寒食詩》的第一句中「自我來黃州」的「我」字。這本為清室所藏，曾被帶到日本，有影印版。剛開始寫時酣暢淋漓的生氣，與呼吸一起納入筆端並傳達出來。稍有些糾結的線條，讓人感到一種不可思議的風情。

已經被吸引，就沒有原因可言了。

去年，孩子們半開玩笑地送給四十過半的我放大鏡做生日禮物。我便拿紮著漂亮綢帶的放大鏡鏡去看蘇東坡的「我」字。生日早已不是件可喜的事了，但這時我分明找回了少年時代生日時，對人生充滿期待、生氣勃勃的飽滿情緒。

第十一章　漢字病歷

中國鬼不是紅色

在距今一百二十年前的鴉片戰爭中，中國人把英國人叫做「洋鬼」，或是，「番鬼」。「洋鬼」指「外洋來的鬼」，「番鬼」是「野蠻的鬼」的意思。「番」通「蕃」。

中日戰爭時，中國人把日本兵叫「東洋鬼」。

使用同樣的文字，所以被說成是「同文同種」，但中日兩國的用法，有時有微妙的語感之差。首先，在日本「東洋」跟「亞洲」的意思差不多。「東洋史」、「東洋文明」、「東洋精神」等，都常在耳邊聽到。

但是，在中國，南海那邊是南洋，東海那邊是東洋。在中國看來，位於海東邊的只有日本。所以，「東洋」就是日本，「東洋史」就是日本史，「東洋文明」就是日本文明。被稱作「東洋鬼」，可不能覺得地盤大了，就暗自高興。

接著是「鬼」。

以前我也寫過，在中國，鬼就是「幽靈」。翻開上華僑學校的女兒用的、很有人氣的漢語《學生字典》，上面解釋說：

鬼　(1)稱人死後叫做「鬼」
　　(2)指有不良嗜好的人

人死了以後叫做「鬼」，正是幽靈。由此派生出叫有不良嗜好的人為鬼，例如「酒鬼」、「鴉片鬼」。

說到「像鬼一樣的傢伙」，日本人一定會聯想到紅臉、露出獠牙、肌肉隆起、眼睛放光、力大無窮的巨漢。因此，有「給鬼金棒」（如虎添翼）這種伊呂波紙牌[1]上的諺語。還有「鬼軍曹」、「鬼將軍」這樣的詞語。被叫做「東洋鬼」，有些士兵暗自覺得，中國人也承認我們的英武，心中暗暗高興。

但是，「東洋」並非指亞洲，而是日本，「鬼」不是舞動金棒、頭上生角的猙獰怪物，而是死者，並不是那麼威風凜凜。

中國的鬼，也就是幽靈，相比之下，似乎還是日本的鬼比較有氣勢。

花是櫻花，人是武士。——日本人詠完「辭世」，就很乾脆地切腹自殺，以花謝得乾脆為貴。中國人會努力到最後一刻，也許會讓人覺得很執拗。

戰國時期吳國的名臣伍子胥為吳王見疑賜死，發賭咒說：「必取吾眼置吳東門，以觀越兵入也。植梓於吾墓，以為王棺。」

與孫子並稱的吳起，在支持者楚悼王死後，為群臣圍攻。吳起跑去伏在悼王屍體上，追來的人放亂箭射死了他。當然箭也射中了悼王的屍體。太子即位後，向吳起射箭的人全都被誅殺。因為他們向國王的父親射了箭。吳起直到臨死前最後一刻，還用兵法向殺自己的人報仇，不算死得乾脆。

漢武帝的大臣張湯被賜死時，大聲叫喚陷害自己的人的名字：「謀陷湯罪者，三長史也。」

【1】以四十八張寫有用伊呂波歌的四十七個字加「京」字為頭一個字的四十八句諺語，以及繪有這些諺語內容的四十八幅畫組成的一副紙牌。

三長史最終因共同謀害張湯而被處刑。確實執拗。

到死都這麼執拗，但中國人死後變成「鬼」，相比之下就變得淡泊了。至少不像日本的幽靈這麼可怕。讀中國的怪談，也不是很可怕。

出現在《列異傳》裡的幽靈，有些很滑稽，讓人禁不住笑出來。

這個故事是這樣的。

一個人在路上遇到了幽靈。幽靈問他是誰，那人撒謊說自己也是幽靈。兩人一起走，幽靈提議說，走路很累，不如兩人輪流背著對方。中國的幽靈有腳，但幽靈幾乎沒有重量，人卻很重。幽靈覺得很奇怪：

你是幽靈嗎？這麼重。

我剛死，還有重量。

是嗎？

幽靈很容易就被騙過了。接著那人問：

我是新鬼，不懂規矩，我們鬼最怕的是什麼？

幽靈做出老師的派頭，告訴人說：

是人的唾沫，被抹上唾沫，我們幽靈就沒辦法了。

到了一個鎮上，幽靈變成了一頭羊。假扮幽靈的人馬上往羊身上抹唾沫。羊再也不能變回幽靈了。於是，那人把羊牽到市場上賣了一千五百文。此人也真是唯利是圖，幽靈也太老好人了。

五世紀寫成的《幽明錄》裡出現了身高一丈多的巨大幽靈，漆黑的臉，兩眼放光。讀到這兒，覺得它很厲害，往前讀，一家主人在廁所遇見了這個怪物，主人說：

喲，聽說幽靈很醜，果然如此啊。

幽靈臉刷地變紅了，害羞地偷偷逃出去了。

黑漆臉變紅了，那應該是葡萄色了。儘管如此，被人笑自己長得醜，就羞愧難當逃走，還真是純情。

《論語》裡說：「敬鬼神而遠之」，即尊重幽靈和神靈，但要遠離他們。——「敬遠」這個詞就出自於此，也就是不關心的意思。

同樣，《論語》中還有孔子的話：「未知生，豈知死。」死後的人——也就是鬼，在中國常被蔑視，面影單薄。剛才的怪物的例子是個例外，鬼大多都瘦骨伶仃、蒼白著臉，像馬上要消失似的。跟日本的鬼很不一樣。

鍾馗·勝負

鍾馗這個人物，我很久以前就滿懷興趣。這個人物是否存在，很是可疑。大概如字面的意思，不過是夢幻。

關於這個人物，日本和中國的感受方式的差異，可以說很好地表現了兩國的性格。

日本人聽到鍾馗這個名字，大多會想到五月人偶，應該是歷史上的人物，而且一定是武將。

實際上，鍾馗並不是武將，而是唐代一介書生，而且落第了。科舉（高級文官考試）考了很多次都不及格，覺得人生虛幻，所以自殺了。

另一種說法是第一次及格了，首席合格者叫「狀元」，可以拜見皇帝。但是，鍾馗雖然拜見了，但因他長得很醜，皇帝不由自主地轉開了臉。據說鍾馗十分羞愧，就自殺了。

也有些比較好的說法——

看了鍾馗的臉覺得不快的，不是皇帝，是旁邊的宰相，宰相揚言說：「狀元當然要學問過硬，容貌也必須端正。這個人不合格。」

鍾馗很生氣，當場斬殺了宰相。有點像淺野內匠頭。當然，他知道在殿上動刀刃罪無可恕，於是回過一刀刺穿了自己的喉嚨。

還有一種說法是，鍾馗打了宰相，遭皇帝責罵，於是自刎了。但是，史上並無這樣被殺的宰相，應該是生編硬造的。宮廷內不准佩刀，因此有人說鍾馗的自殺是奪了允許武裝的近衛兵的腰刀。

據說，當時的皇帝是和楊貴妃有羅曼史的有名的玄宗皇帝（七一二—七五五年在位），也有人說是唐德宗皇帝（七八〇—八〇五年在位），年代稍有差距。宰相據說是盧杞，正好符合這個反面角色。都是些沒有根據的傳說。在還不知道考試是否考中時就死了，正史裡當然沒有名字。

最可靠的傳說是，在玄宗皇帝得了熱病（也有人說是瘧疾）被魔住時，夢中出現一個醜陋的鬍鬚男，喝退了小鬼，玄宗睜開眼睛，病就好了。

該男人在夢中自稱鍾馗，說自己是自殺的書生，靠大家張羅了葬禮，為了答謝，專為世人趕走惡魔。玄宗把夢見的男子的容貌告訴畫家吳道子，讓他畫出來——用這幅畫來驅魔。每年歲末，皇帝把畫下賜給群臣，後來就成為五月節日的一個項目了。

說法各種各樣，鍾馗是考生，這一點是相同的。

要驅魔，就要盡量畫得神態凶惡，所以他就變成武將模樣了。特別是在日本，比起文官，武將更受歡迎。鍾馗最終和金太郎[2]並列，成為武者人偶中的橫綱級別[3]。

因為在死後活躍（？），就是前面所講的「鬼」，中國的鬼原則上並不可怕。

害怕鬼的，是殺了此人讓他成為鬼的人。為了躲開鬼的報復，要想很多辦法。

我認為中國的鍾馗，在某種意義上相當於日本的天神。菅原道真被虐待流落太宰府而死。虐待他的人

【2】傳說中的怪童，力大無比。

【3】相撲力士的最高級別。

害怕報復，祭道真為天神。

鍾馗可以說是科舉考試的犧牲者，這可以說是體制殺人。皇帝和高官害怕被報復，把他畫在畫上並貼滿牆上。

不過，鍾馗是五月人偶中的明星，五月的節日被稱為「男人的節日」，只有日本有。

端午——「端」就是邊緣、開端。「午」不用說就是午時。第一次的午時，大概和伏見稻荷的初午[4]有些關係。

總之，這天是辟邪驅魔的神奇的一天。舊曆五月五日，已經熱起來，容易傷胃、生病。要摘尋藥草，做好預防苦夏的儲備。

中國的端午，會用艾蒿做成人偶，扔上屋簷；用菖蒲浸酒喝，吃粽子。好像都和藥草有關係。這一風俗也傳到日本——把菖蒲浸進澡盆用來淨身。

但是，五月節日中也有日本獨特的，像是「鯉魚節」、「武者人偶」，這是由五月節日是「男人的節日」這一日本獨有的風俗派生而來的。

中國人有重文輕武的傾向，日本人則相反。武家政治持續時間如此之長，產生「花是櫻花，人是武士」的風潮也是理所當然的。

沒有男女性別差異的中國五月的節日，到日本來變成男性的節日，原因聽起來有些傻，跟語言有關。

前面說過，用菖蒲辟邪，這是中日共通的風俗。這種植物的漢語發音是Chang-pu，在日語中則是Shyo-bu。

據說，因為和「尚武」同音，因此才成就了英氣勃勃的「男人的節日」。

這並不是文字遊戲，而是關於五月節日的定說。

在日本朋友中，有一位開了名為「東西商事」的公司。事前如果他和我商量，我一定會讓他改名。中國可以說「南北」、「東南」、「西北」，但不能叫「東西」，這是俗語中男性的象徵。

「藝」與「芸」的區別

有人鼓動我給自己的小說題名，雖然字寫得不好，沒有自信，但還是一口答應了。我的私見是，字這種東西，可以看出寫的人的個性。這很有意思，所以不用在意是好還是壞。想把字藏起來，不是怕寫得不好，而是怕暴露自己的個性。這樣的人看起來心有城府。

書法的練習，要從模仿名家的古人筆跡開始。這叫做「臨」。把樣本放在旁邊，也就是臨帖複寫。這是不可缺少的練習，這一階段習字十分無聊。因為嚴格地說，不能算是本人的字。

今年五月東京松阪屋舉辦了古書逸品大展銷會。看看目錄，林則徐的書法標價二十萬日元；川端康成、三島由紀夫的色紙都標價傻高，達二、三十萬日元，比較起來更有價值。雖然我對古董沒有興趣，但因為寫過《鴉片戰爭》，覺得就算借錢也要買。但仔細看影印版，最後一行寫著：

【4】 二月的第一個午日，稻荷神社舉行初午祭。

臨米芾　林則徐

「臨」宋代名書法家米芾的字，所以不能表現林則徐的性格。於是我就沒買。其實也有錢袋見窘的問題。

話繞遠了，我膽敢答應題字，是認為即使沒有正式學過書法，字寫得很差，也還是自己的東西。去年，我為《週刊朝日》的《殘線曲》和《螢雪時代》的《青雲之軸》自己寫了題詞。後者的續篇今年也連載了，編輯托我和去年一樣題字，我拂去硯上灰塵，以筆蘸墨，寫下：「續・青雲之軸」正在等紙乾，考大學沒考上在家閒著的兒子看見了，說：「老爸，有『續』這個字嗎？」

「續」這個字，在學校教作「続」。「讀」是読，「賣」是「売」。

簡體字很省功夫，原則上我贊成，但有時也會起反作用。

在中國，「売」不是「賣」，而是「殼」的簡體字。

「藝」字簡化為「芸」，也有點不對勁。因為另外存在一個「芸」字。

在漢語中，「芸」讀作 Yun，是植物名，用來形容事物多而昌盛。不是一個頻繁使用的字，但常用於人名。

寄送原稿時寫地址，我盡量使用「文藝春秋」的原字。近來有時也寫作「芸」，沒有以前那麼抗拒了。這是因為發現「芸」這個字也不是那麼不好使。

「芸」這種植物，是有香味的草，很適合用於女性的名字。清代有位女詩人叫薛幼芸。

她是某位府知事的妾，是位似乎渾身散發香氣的美女。說話滴水不漏，對窮人和富人態度一樣，不卑不亢。朋友到她這兒來，都不願意回去，十分討人喜歡。而且她素面朝天，從不化妝。「視蘭麝如塵垢」，這是知事懷念妻子的文章，有點過譽。但據說這位夫人四十五歲時死去，看上去還像是二十歲剛出頭。

我親戚裡也有叫「幼」的女性。這個字除了「幼小」的意思之外，也作為「粗」的反義詞，還有細膩、纖細的意思。用作人名時不做「幼稚」解。無需贅言，是取後一種意思。

回到「芸」字上。終戰後作為《大公報》記者來到日本的王芸生，是位男性。這大概是取「多，昌盛」之意。

很多時後，書被稱為「芸帙」或是「芸編」。書齋叫做「芸閣」或是「芸窗」。賴山陽的朋友、住在長崎的有清朝文人江芸閣。不論如何，「芸」這個字和書籍淵源頗深。這大概也是因為「芸」這種草能驅蟲，經常被夾在書裡面，才有了這些慣用語。

「芸」不是「藝」的簡體字，自身與書籍有關。這樣一來，寫作「文藝春秋」也說得通。

日本用「芸」作為「藝」的簡體字的人，大概沒想到這麼多。

現在的中國很果斷地將漢字簡化。日本也很流行簡化字，但像「売」和「芸」一樣，很多簡化字和中國都不一樣。

好不容易用了漢字，在簡化時，也採取同樣的漢字不好嗎？有人會這麼想。

另外，在中國，「藝」的簡化字是「艺」，讀作 Yi，借了乙的音。「億」的發音也是 Yi，簡體字是「亿」。這樣根據發音簡化的例子很多，移植到發音完全不同的日本，就不成體系，變得無法理解。

依我的意見，日中兩國的文字，還是照現在各自單獨的體系去簡化為好。

現在，普通的日本人看到中國報紙雜誌上印刷的字，已經不知道相當於日本出版物上出現的哪個字了。差別再拉大，會產生把對方看做完全兩樣的個體的認識習慣。現在這種老是誤以為理解對方的一知半解，還是早早消失為好。

橫向命名

孩子出生後，中國人要先打開牌位的後蓋。那裡珍藏著一張紅紙或是絹，上面寫著七代以來直系祖先的名字。給孩子起名字時，不能用和祖先一樣的字。所以要參考牌位名單上的字再給孩子選名字。最近這種麻煩的事也少了，但還是要根據自己的記憶，避開祖先的名字。把父親的名字中的字給孩子是不可能的。

日本沒有這種禁忌，反倒是很多孩子繼承了父親名字中的一個字。

而中國兄弟之間共用一個字的很多。著名的宋家，男孩名「子」，女孩用「齡」。如藹齡、慶齡（孫文夫人）、美齡（蔣介石夫人）三姐妹，宋子文、宋子良兄弟。

佛門也是如此。日本凝胤的弟子叫好胤，不少都是繼承了師名的一字。日蓮宗開山始祖日蓮的「日」字代代相傳。大德寺派的宗、紹、義、妙四字，也被本法系的人代代相傳。

中國的佛門則沒有這種事。例如中國淨土教的法燈，自始祖慧能，至善導、法照、少康、延壽、省常，都沒有繼承名字。師傅會賜予眾多弟子統一的前一字，但這個字必定是師傅名字以外的字。和俗世的命名法完全一樣，不縱向傳名，而是橫向共用同一個字。

話說香港有個有奇形怪狀的地獄極樂全景立體畫的胡文虎公園，有位自稱為著名的「胡文虎財閥」

繼承人，最近出沒日本。妻子是日本人，很喜歡宣傳，此人名字中也有個「虎」字。根據中國正統的命名法，這個人就不可能是胡文虎的直系子孫。

前面講了日中兩國取名的差別，我認為可以從中看出兩國人性格的差別。

在儒家體制下，父母和子女的關係是無法逃避，沒有理由，而且很拘束。父傳子名，大概是無法想像的。中國人步出家門，人際關係也會「仿製」親戚關係，避免父母與子女的縱向關係。情況就是如此沉重。

日本的黑幫會馬上喝入門酒，定父子之份。政界也有六十多歲的實力人物，有個七十多歲的乾兒子。相比之下，中國的遊俠之徒，主要的關係是兄弟。《水滸傳》的英雄豪傑都是兄弟。劉備、關羽、張飛三人，實際上是主從關係，但小說《三國演義》，也從他們桃園結義，義結金蘭開始。

日本社會是以親子關係連接的，服從命令不需要理由，能採取一絲不亂的行動。

中國的社會以兄弟的模式聯結，劈頭蓋腦的命令沒有效果。不論如何，都需要「商量」這種迂迴的手段。

不能說是全部，但中國的近代化比日本遲，不得不認為，一部分理由也在於此。

說到私事，現在我正在報紙上連載國姓爺鄭成功的父親鄭芝龍登場的小說。他們一夥人中名字裡有「芝」的有十八人之多。其中，芝虎和芝豹明顯是兄弟，其他也許是表兄弟，也許完全沒有關係，可能是發了血誓的義兄弟用同樣的字起了別名。像他們這樣當海賊的反體制集團，平常就避免用本名，這是不想給自己本分的其他家族成員惹麻煩。

對這名字裡有「芝」的十八兄弟，我很是頭疼。因為有一個叫芝彪，有一個叫芝豹，兩人都念作

shihyo。很容易混淆。以前「豹」字是常見字，現在因為中國要人林彪，「彪」字也變成了日本人熟悉的字。

「彪」的本意是虎皮的斑紋。「豹」不用說是猛獸 Leopard。

關於豹，有「豹變」這個詞，出自《易經》：「大人虎變，君子豹變，小人革面。」說的是人格的差別，改惡向善的程度也不同。

虎皮的斑紋，夏天脫毛，秋冬又煥然一新地生長出來。大人——也就是有最高人格的人——像這樣明顯地、全面地改惡向善。

接下來一個層次的君子，不能像虎斑一樣明顯地改惡，但也像豹換斑一樣，較全面、較好地改惡向善。豹皮的斑點和虎皮不同，據說不那麼高調。

最後，小人只是換張面孔。即使做了惡事，也不會改心，只是表面上變老實了。

朱子學認為，儘管只是表面，只要表露出了改惡的意思，就說明人性本善。

這樣，小人的「革面」也不能認為是壞事。更何況豹變和虎變，都是十分值得稱讚的事。

但是，只有「豹變」偏離了原意，變成形容沒有節操、反覆無常，忽然改變態度。

「彪」和「豹」讓我為難的是，兩者的日語都念作 hyo，但在漢語中，前者讀作 biao，後者讀作 bao，完全不一樣。

本來字典上寫著，日語中「彪」讀作 hyo，是慣用用法，本來應該讀作 hyu。但無論是電視上還是收音機裡，都沒有聽到把林彪念作 linhyu，基本上都是 linpyo。

用習慣了，大家都聽熟了，就成為主流，擁有支配權，這是語言的規律。「豹變」如果用作讚美的語言，讀者大概會不習慣吧。

從名字的取法漸漸扯遠了，兄弟們，原諒我吧。

喜歡排位

如果某件事物同義詞或是近義詞很多，應該能說明使用這種語言的民族，對此事物極為關心。阿拉伯語中表示駱駝的詞很多，站著的駱駝、坐著的駱駝、走動的駱駝，每個詞都不同。對沙漠裡的人來說，駱駝有多麼重要，誰都能想到。

中國人是農耕民族，但意外地有騎馬民族的性格。古代戰爭大多都是馬拉著戰車進行。「南船北馬」，特別是北方和馬關係十分密切。因此，關於馬的詞很多。

馰——額頭白色的馬。
騂——狂野的馬。
毦——長毛馬。
駑——跑得慢的馬。
駒——兩歲的馬。
駁——赤鬃金黃眼的馬。

上面選了筆劃較少的字，全部舉例就舉不勝舉。

南方則與船關係緊密，關於船的字也很多。

舶──商船。

舸──大船。

艀──短小的船。

艇──細長的小船。

艕──跑得快的船。

艒──承重三百石的船。

艀──裝鹽的船。

印刷起來也很麻煩，就先舉這些。這也是多得數不過來。

但是，與漢語相比，日語中同義詞特別多的，首推「人稱」。接著就是「敬語」。

想到的第一人稱有：

私（わたし、わたくし）、俺、僕、うち、わし、我輩、拙者、身共、それがし、わらわ、まろ……

第二人稱也不少。

貴方（あなた、あんた）、きみ、おまえ、おまえさん、ご前さま、お宅、貴様、その方、そち、貴殿……

此外，現在不太用，但日常常用的第一人稱、第二人稱還有五六種。中國第一人稱只有「我」（wo），第二人稱只有你（ni）。古代還有「余」、「僕」、「儂」，婦女也用「妾」，但在日常對話中已經很久不用了。

另外，雖然秦始皇把「朕」定為自己專用的第一人稱，在此以前普通人也自稱為「朕」。

在日語中，人稱的多樣性和敬語的豐富，是因為要根據說話對象來分開使用。這樣說來，日本人關心的是區別對象。換句話說，不就是排位嗎？山下清馬上問：「是軍隊的級別嗎？」這大概是日本人原初的精神構造。軍隊的階位是到明治後才有的，以前是以什麼為標準的呢？是相撲的排名。

「相當於相撲排名的哪個？什麼？小結[5]……那是東還是西？」是這樣來定等級的。

依照慣例，在「文壇酒徒排名」上，我大概是張出大關[6]級別，這很容易理解。誰在誰之上幾位，誰在誰之下幾位，一目了然。

最近，在一家酒館裡，看見貼著「方言排行榜」。對稀奇古怪的方言劃等級。認識的人裡有喜歡風蘭的，他給我看了「風蘭排行榜」。給蘭花也取了很多名字，從一盆幾百萬日元的橫綱，一溜兒排到一萬日元一盆的幕下[7]。查查明治三十年（一八九七年）的報紙，有個「金魚大排名」，讓人大吃一驚。裡面說道，

【5】力士的級別之一。有東小結、西小結之分。
【6】力士的級別。
【7】橫綱、幕下都是大力士的級別。

伊達伯爵家的愛魚、橫綱候補「千歲鶴」在排名大會的晚上猝死，所以沒有橫綱。東大關是「伊達姬」，西大關是「金剛山」。

在過去的報紙上，經常出現長者排名。最近每年會發表所得稅的長者排名。

「番付」（排名）這個詞，是和制的慣用語，漢語中找不到對應的詞。翻開中國編纂的《日漢辭典》（商務印書館，一九九五年版）的「番付」一項，上面的解釋為：「表示技術、能力的順序表。」只是解釋，沒有列舉同義詞。這說明在漢語中沒有相應的詞語。

從中國傳來的東西，如圍棋，到了日本，馬上就有了「段」的等級。中國的圍棋高手叫做「國手」，沒有其他的段位。國手就是國中第一位有能力的人，除了圍棋之外，也是授予醫生的「稱號」。

柔道和劍道的「段」到明治後才有，但從以前開始就借用圍棋的段位制。

再用剛才的《日漢辭典》查一查「段」這一項，有「階段」、「段落」的意思。作為排名的單位，其意思是說：「武術、圍棋、象棋等的級別」，列舉了「柔道初段」，解釋為「柔道一級」。

意外地在這裡發現了以陳濤先生為首的中華人民共和國的日語大家們編纂的辭典的小錯誤。

「段」不能翻譯成「級」。明治十六年（一八八三年）嘉納治五郎創立段位制，「段」從初段到十段，「段」以下從五級到一級設立了排名。沒到「段」之前是「級」，把「段」翻譯成「級」可不行。

但是，翻譯中的「級」是漢語，大概也有人覺得這也可以。

不過，「段」是越多級別越高，「級」卻是越少級別越高。一級品比三級品優質，這是常識。這種用法日中兩國是相同的。那麼，在中國最具權威的日語辭典的用例中，把「初級」譯成「一級」就有問題了。這樣譯的話，五段就是五級，十段就變成了十級（在政治談判中，有這樣意思相反的翻譯可就糟了）。造成這種情況，也是因為漢語中的「段」，並不作為排名的單位使用。

日本人喜歡排名，因此，明治維新後的近代化以超速進行，戰後復興、經濟成長也十分迅速，是為了盡快提高排名。不服輸、競爭心強，這一點日本人勝過其他任何一個國家的人。日本「緊張民族」的綽號，就來自於不論何時都要爭排名，不能有一點放鬆。

「榻榻米」和「席」

正月裡，不管有什麼事，不在榻榻米上過就找不到感覺，即使是平時過著西式生活。這樣想的人也不少。

圍著被爐，喝一杯，這才是正月。被爐實際上是日本式的暖房設施。

我所尊敬的某位前輩作家，曾在哪裡提出疑問，以前的日本房屋為何沒有暖房，實在不知其理由。關於這一點，我有自己的推理。

確實，在千年王城的京都等地，會感到寒氣入骨，但也不能說是酷寒。體驗過歐洲酷寒的人，肯定不會誤解皮毛是裝飾。

除了沒有酷寒，日本人拿手的應急措施——說得不好聽，就是用局部彌補策略來禦寒，這大概也是沒有暖房的一個原因。

腳冷就備地爐，肚子冷就備懷爐，手冷就備熏火缽——就是這種精神。加熱房間這種長時間的工作，更像是中國的發明。

明治維新之後的近代化中，也是重點進口必要的東西。下水道之類的，都放在了最後。剛才說的都不中聽，日本有些地方也是值得表揚的。日本人創造了「榻榻米」這種厚實的地板，也是忽視暖房的原因之一。

過去中學的劍道時間裡，要求正坐是很辛苦的。道場鋪的是木板，真的很疼。日本人習慣正坐，但對過著中國式生活的我來說，格外痛苦。比別的同學更容易腳麻，一旦練習時要求站立，腳已經失去了感覺，要注意掩飾自己的腳步不穩。

本來把屁股壓在腳上坐，只是日本才有的生活方式。因此，日本文化如果沒有榻榻米，簡直無法想像。

榻榻米是日本人的大發明，是個劃時代的創作，證明了暖房的發達。如果中國也有榻榻米，中國人和日本人坐法一樣，我也不用在劍道時體驗痛苦了。

中國過去在地上鋪「席」，正坐於席上。「跪」在後世成為極為鄭重的禮法，在古代，實際上在正坐前，兩腿著地不過是簡單的問候。之後才會啪地落下屁股。落下屁股就穩定了。「跪」是穩定前的「危險姿勢」，因此字形是足邊加「危」字。

古代中國的「席」似乎很薄。最近看電視，相聲家們在玩遊戲，回答得富於機智，就拿一張蒲團摞起來坐。看了這個節目，我不由想起了後漢光武帝（二十五—五十七年在位）的故事。

光武帝在元旦這天召集百官，討論學問，向解答巧妙的人賜席就座。剛才的節目模仿了這個故事，也許是策劃者的創意，偶然與一千九百多年前的皇帝不約而同。

《後漢書》列傳記載，戴憑這個人，最終坐了五十張席子。這就是流傳後世的「戴憑重席」的佳話。

看電視上，蒲團摞七八個，就快跌倒了。摞上五十張席子，可見一世紀時中國的「席」有多薄。肯定和藺席、草席差不多厚。

不盤腿，是因為兜襠和內褲還沒發展起來。如果盤腿坐，腿間馬上就被看得一清二楚。當時中國服裝和日本的和服一樣，都是前面疊合繫帶。

坐椅子的習慣普及開來，據說是在宋代中期，從十一世紀到十二世紀。漢末已經出現了胡床這種簡易折疊椅。所謂「胡」就是未開化人，從西方的伊朗一帶來的。

「坐」在椅子上，最早叫做「據」，「坐」僅指「正坐」。

《史記》的高潮《鴻門宴》中，司馬遷記載，登場人物都是「坐」，應該是地上鋪席鄭重正坐。作為英雄豪傑的際會，似乎太過規矩，缺少趣味。

「坐」這個詞，不光指正坐，據說是從十一世紀起，也開始有「彎腰」的意思。現代中國的生活方式，「坐」生活普及，應該是和「坐」這個字的變質是同時期的。

曾經相同的日中兩國的「坐」生活，開始有了差異，那是在九百多年前。

日本固執於正坐生活，中國轉向了彎腰生活。隨著兜襠的普及，男人可以盤腿，變得輕鬆多了，也是一個原因。但是，日本人沒有把屁股從腿上拿開，我認為榻榻米的發明是最大的原因。

中國人在薄「席」改良為厚「榻榻米」之前，已經無法忍耐，變成了椅子黨。

到底哪個好，眾說紛紜。

榻榻米生活，產生了很多風雅文化。

坐坐站站，日本人鍛煉了腰部的彈性，更擅長舉重、賽跑、跳躍等運動。

但不得不承認，屁股老是壓在腿上，這損害了日本人的腿部曲線美。

中國直到現代，不知榻榻米為何物，當然也沒有相匹配的翻譯。「榻榻米上練游泳」這個俗語，怎麼翻譯成漢語？翻開字典，原來是——紙上談兵。

原來如此，原來如此。

山坡上的茶店

長年被傳生死不明的政信氏，在各方面都算是個名人，中國人也很熟悉。

此人被叫做「作戰之神」，但打仗也敗過不少次。日本人記住辻參謀，是因為他在中國打過仗，打仗時有過在浙江省祭祀蔣介石亡母的經歷；同時，也因為他的名字讓中國人印象深刻。

為什麼呢？因為中國沒有「辻」這個字。

這種日本製文字叫做「國字」或是「和字」，日本辭典裡有，中國辭典裡沒有。

「十」加上「走之底」寫作「辻」，這種造字法十分簡單易懂，中國沒有這個字，讓人覺得不可思議。

譯成漢語，只能譯成「十字街」。

這只不過是我這個外行人的推理，「走之底」加上「寸」字就是過的簡體字。「過」作為助詞頻繁使用，因此，可能是為了避免造出易混淆的字吧。漢語沒有「辻」字，對於日本人的姓「辻」，中國人沒辦法，只好讀作和「十」相同的音。

滑寫作「辷」，也是和字，很有形象感。

「峠」這個和字也是苦心之作。

日本造字，也不一定都是中國沒有的字。「辻」確實是中國的十字街。但是，「峠」這個詞，在漢語中較難解釋。

「山字旁」旁邊是「上」、「下」。

山路走到最高處，接下去就要下山了，「峠」指的就是這種狀況。

這和字形很相符和，中國人聽到這樣的解釋，會歪起頭，反問道：「那不就是山頂嗎？」

這樣說來，從上山轉為下山的地方正是「頂」。

有「頂」和「巔」等表示山頂的詞，為什麼還要另外再造一個稀奇古怪的字？中國人覺得很多餘。

山頂和「峠」，語感很不一樣。

「峠」不是很高的山，而是大山的一段坡的最高點，並且不是那種登上去了激動地要舉旗的山頂。我曾經進行過這樣艱難的解釋。

「日本人對山也區別對待啊。」聽了我的解釋，中國人聳聳肩說。

前面講過日本人喜歡排位，也許從「峠」這個和字也能看出這種性格。

在原則上，「山頂」在日本和中國都是指山的頂端，但在福建南部和臺灣，適用範圍很寬泛。「山頂」是「山」的同義詞。

神戸有武夷登山會，是以華僑為主體的登山同好組織。武夷是福建的名山，是著名的產茶地。華僑懷念故鄉，以此為會名。我父親擔任會長直到去年去世。這個登山隊每天早上爬神戸的再度山，也不去很高的地方。從山腳走大概十五分鐘到二十分鐘左右的地方有茶店，在那裡做體操然後回來，是距山頂大概三分之一左右遠的地方。儘管如此，會員們還是把這個茶店叫做「山頂的茶店」，把去那裡叫做「去山頂」。

也許這是神戶華僑獨特的用語。

登同一座山的日本人，絕不會把那家茶店叫做「山頂的茶店」或是「峠的茶店」。「峠的茶店」還是應該在登到頂點、往下走的地方。夏目漱石便是在這裡陷入他的哲學思考。

另外，顯示出日本人區別對待的嚴重性的和字，還有「働」字，讀作「hataraku」，漢語中指「勞動」的意思。在日本，也許是要特別和動物區別開來，勞動的是人類，所以加了「人字旁」。

日語中說到「田圃」，是專指種稻的土地，種稻以外的作物的土地叫「畑」。這不也是「稻至上」的差別待遇嗎？在中國，不管是稻，還是麥、蔬菜，種植培育作物的土地都叫做「田」。相對水田，也有「旱田」，但都是田。

所以，日本要自己造中國沒有的「畑」這個字。「畑」和「畠」，都是和字。

「榊」和「彿」，都是有點牽強附會的醒目和字。優雅的和字，有「凩」、「凪」等。

形容教養好，寫作「躾」，讀作 shitsuke 的和字，也很有趣。

至於面影的和字「俤」，為什麼是「人字旁」加上「弟」，我也不清楚。難道是女性造出來的字？說不定是愛男色的女性造出來的。

從個人的喜好來說，我認為和字的最高傑作是「毟」這個字。字形為「上少下毛」，念作 mushiru，沒有相當的幽默感可想不出這個字。「少」字不是在「毛」字旁邊或是下面，而是在上面，這點很妙。使

「揪」這個動作栩栩如生。

另外，漢語中「mushiru」寫作「揪」。

在暴力吧[8]等地方，對客人的行動「boru」，實際上是一個新詞，來自於大正時代的美國騷亂時的「暴利取締令」。是「暴利」[9]的動詞化，當然，沒有對應的字。這時，可以在「少」下面加「金」字，但似乎還是稍遜一等。已經有了「毟」，相形之下，不得不大為遜色。

在這種情況下，不新奇就不能贏得喝彩。相聲中也是如此，將「段子」寫作「噺」這個和字，日本人的祖先深知喝二道茶的無聊。必定是很嚴格的審美者。

滔滔不絕地說了這麼多，說的人覺得很有趣，聽的人也許會有點興致闌珊：「好像在哪兒聽到過。」那麼，再造一個「口字旁」加「舊」字的字吧。什麼，您說我寫的隨筆跟這個字很配？您可真壞啊。

六甲山房取名記

室名這玩意，就是給自己的房子取的別名。永井荷風的室名是「偏奇館」，偏好奇怪的意思，也是因為位於麻布的這幢宅子是油漆刷的，取諧音。

【8】黑店，客人被花言巧語騙去，強迫消費。

【9】「暴」在日語中讀音是「bo」。

夏目漱石隨手拈來，以自己的雅號為名，叫做「漱石山房」。

有一天，我心血來潮，想給自己的家取個室名。

倒不是附庸風雅。在香港買的壽山印材，兩個是一對。一個上面刻上了本名，另一個上面刻什麼好？這時，應該刻室名或是雅號。

室名除了用館、山房之外，還有庵、軒、亭、居、舍、齋等。

室名和雅號，常常是共通的。

山本周五郎的「曲軒」是雅號，在本雜誌的座談會上聽說，生前，山本先生家的軒是傾斜的，因此將「曲軒」作為室名也不奇怪。

「那麼，有什麼合適的室名呢？」於是，為了一枚印章，我開始絞盡腦汁。

在思考調查室名時，我瞭解到廣州富豪潘家的室名——「山海仙館」的命名，有一段有趣的前因後果，是金澤大學的曾井老師告訴我的，於是產生了一個副產物，我把它寫成小說，發表在《別冊文藝春秋》上。但是，關鍵的正主兒室名還是沒有想出來。

現在的文人，既不用雅號也不用室名。不過，也許也有像我一樣，刻成雙的印章時，無可奈何要取一個室名。

我想起了司馬遼太郎先生，他在一對印章的其中一枚上，刻上了「冬青居」。

「冬青」是冬青科，「居」這個字用得好。

「亭」聽起來像是說相聲的，「軒」有點像浪花曲作家或是使鎖鏈刀的，而且太老氣。「庵」香火味太濃。遠藤周作先生的「孤狸庵」，諧音korean，「庵」字活靈活現。

而「居」用到的頻率不多，反而有閃光點。

我家的院子裡，也有棵石松，我很喜歡它，忽然想起來，樂得一拍大腿：「嗯，想到一個好名字。」

關於冬青，中國歷史上有一段逸話。

蒙古滅宋，建立元朝時，喇嘛妖僧楊璉真伽對蒙古皇帝進妖言：

扒了南宋諸帝的陵，打散他們的骨頭，宋朝就無法復興。

皇帝聽信了讒言。因此，理宗皇帝的頭蓋骨等，甚至被扔進湖裡。

過去的中國人，對正常的死，相比之下並不怎麼害怕。但是，對斷首而死是很忌諱的。

戰爭中成為敵軍的俘虜，被送還故國，多會追究戰敗責任，被處以死刑。即使如此，將士們也希望被遣返。

因為落入敵軍之手，光是頭顱就會被扔進首塚之類的地方。身首異處，這才是可怕的。

回到故國，即使被處以死刑，被砍了頭，也有身邊人拾了首級，和身體一起埋葬吧。那就可以放心了。

他們相信，死後，首級跟身體連在一起，就能夠復生。

例如《史記・匈奴列傳》中寫道：「各各保首領終天命……」

如果不知道中國人的這種信仰，很難理解這一句。

「首領」這個詞，在現代日本和中國都指領袖。但，在前面這句中是指頭顱。《管子》中有「三軍之眾，皆保首領」，也是同樣的用法。

首、領、頸、項、頭，都是身體與頭部相連的頭部。前面已經說過，如果一個事物同義詞多，說明這個民族對此事物很重視。

易水寒的名刺客荊軻認為，為暗殺接近秦王，獻上逃亡將軍樊於期的首級最有用。樊於期知道後，自願刎頸自殺，獻給荊軻。這個故事很悲壯。如果明白當時中國人對沒有頭顱就無法下葬的畏懼，這個故事的悲壯就更打動人心了。

話說遠了，於是，南宋諸帝的遺體沒有頭顱，無法復生，宋朝的復興也就不可能了。

這時有位叫林景熙的愛國詩人，他扮成採藥草的，尋找諸帝的遺骨，雇漁夫潛入湖底拾起頭蓋骨，拼湊起來，悄悄地埋葬。

曾經散落的骨架，重新安上首級，期待皇帝復生。

但是，當時還是元朝的天下，不能明目張膽地豎墓碑。於是，種了冬青樹作為標記。

寫歷史小說，可以說就像是把歷史上人物散落的碎骨收集起來，讓他們復生。冬青樹是其業績的標誌。

這樣看來，「冬青居」和司馬遼太郎真是絕配，難怪我要拍腿讚妙了。打電話一問，他說：「我不知道這段故事。只是因為院子裡有冬青樹，我很喜歡。」

還不是羨慕別人室名的時候，我家的還沒想出來呢。

「你喜歡什麼植物？」妻子問。看我冥思苦想，她大概想幫幫我。

「竹子。喜歡竹子筆直修長，所以門旁種了好幾棵。」

「那就叫『竹林亭』怎麼樣？」

我想了一會兒，叫道：「那可不行！」

要是取了這個名，冠上我的姓，不就成了「我個子矮」[10]。最後，還是借用地名，在印章上刻上了「六甲書房」。這件事總算有了著落。

「之」字

前面說到了室名，下面講一講人名。

中國越是古代，單名越多。統一天下的秦始皇，也是姓嬴名政。鼓動造反秦王朝天下的兩個頭目，叫陳勝、吳廣。其後爭霸天下的，是劉邦和項羽。漢代創業的名臣，張良、韓信、蕭何、曹參、樊噲等人，大多是姓一字，名一字。篡奪漢朝天下，創立短命王朝「新」的王莽，頒佈了「二名禁令」，從法律上禁止取兩個字的名字。所以一字名的全盛期得以持續。

《三國志》的時代也是如此。三國之主魏國的曹操、吳國的孫權，以及其他的登場人物，如關羽、張飛、董卓、袁紹、呂布、周瑜……偶爾出現諸葛亮這種三字的名字，實際上是複姓——中國少有的二字姓，姓諸葛，名亮。司馬遷也是複姓，名還是單字。

【10】在日語發音中，「竹林亭」與「個子矮」的發音相似。

日本人的姓到底有幾萬種？

本來就很多，明治維新時，又造了很多姓，數目龐大可想而知。

中國人名是單字，同名同姓的很多，也是當然。即使文字很多，用來作名字的卻有限。例如，病、死、苦、醜這些字就不會用。

要用的話，例如漢代將軍霍去病的名字「去病」，要用兩個字。

因此，隨著時代向後推移，大概是三國時代結束，魏晉六朝的時候，兩個字的名字越來越多。

中國人除了本名，還取字和號，也是因為同名同姓比日本多。而且，自己姓名添上出身地的也很多，這與其說是思鄉心的表現，不如說是為了區別同姓同名的結果。

現在成問題的是，即使是林彪，同時代也有同名同姓的名人——和孫文同鄉、留學德國的律師，成為戰時高等法院院長的林彪。此外，在中國不知還有多少個林彪呢。

不過，稱呼長輩可以叫對方的本名，對同輩或是後輩的人，最好以字稱呼。這是一種習慣，現在都叫同志，多直呼本名。社會結構發生了改變，當然，麻煩的字號也正在被廢棄。

儘管如此，現在我們所知道的重要人物，大多在本名之外，至少還有一個字。

孫文名文，字逸仙，號中山。「中山」這個號，來自於逃亡日本途中，取了中山樵這個日本式的假名掩飾身分。他出生於廣東省臺山縣，現在已經改名為中山縣。

毛澤東字潤之，周恩來字少山，朱德字玉階。

其中還有像郭沫若、蔣介石這樣，字比本名更廣為人知的。郭沫若從六高畢業於九大醫學部[11]。據說同窗會的人不管怎麼查名簿都找不到他的名字，感到很奇怪，名簿上有的應該是本名郭開貞。蔣介石的本名是蔣中正。

字有時和本名有聯繫，有時一點關係都沒有。

蔣中正（介石）的取名方法屬於前者。「介」和「界」同義，「介石」也就是標記界限的石頭。必須放在正中間。

本名和字也有相同的。《史記》記載，晉恭帝名德文，字也是德文；梁的汪德藻字也是德藻。這些應該不是錯字。碑誌之類不可能誤刻，上面也有名和字相同的例子。

原則上，名是別人起的，字是自己選的。那麼，為什麼特意選了和名一樣的字呢？很難理解。六朝時代很多這樣的例子，大概是當時流行。唐代詩人杜牧字牧之，在本名上加了一個字。今人中，胡適字適之，也是相同的例子。

關於中國的命名法，前面說到，孩子不能取跟祖先相同的名字。朝鮮也是一樣，李恢成君在《再次踏上往日之路》的後記中說，因為給登場人物父子起了相同的名字，被本國人批評，發行單行本的時候做了訂正。在中國，現在還嚴格遵守父子不用相同名字的風俗。更不用說日本這樣原原本本照抄的「襲名」，更是無法想像。

不過，在魏晉六朝時期，有一個字是例外，那就是「之」字。

我們敬愛的梶山季之、五木寬之等，也用「之」這個字做名字。中國的毛澤東字潤之，杜牧字牧之，

【11】第六高等學校，九州大學。

胡適字適之，短短一句已經出現了三例。

被稱為「書神」的晉朝王羲之之子，同樣是名書法家的王獻之，獻之之子是靜之。這種取名法本來應該是禁止的。

有一種說法是，「之」字是當時流行的道教的一派五斗米教信徒的標誌。在這個時代的人名中，之字多得很，例如為《三國志》作註的裴松之、劉牢之等。這也是一種流行吧。那麼，為什麼只有這個字突破了禁忌呢？

在六朝時期，二字的名字好不容易變多了，但單字名的觀念還是很強，二字名後面的「之」字，雖然是名字的一部分，但大概是被看做可有可無的點綴。本來是「羲」或「獻」的單字名，感覺好像是為了保持平衡，添上一個「之」字。

日本叫「阿松」的女人，到底是戶籍上就是如此，還是就叫「松」，或是「松子」？不得而知。就像是「阿」或是女孩名字中的「子」，被視為名字附屬物的「之」，因此沒有被歸入禁忌——比起道教信徒的說法，我認為這種解釋更可信。

那麼，除了字之外，雅號筆名之類，藝術家都很隨心所欲，想到了就取一個。畫家石濤本名朱若極，還自稱苦瓜和尚、瞎尊者、大滌子、超濟、清湘道人等，同時用很多落款，讓後世的鑑定家十分頭疼。

香港的作家任畢明用了很多筆名，其中一個是「南中一」，是不是自誇為南方第一人？據說是為了紀念打麻將時「南風」、「紅中」、「白板」加上「一餅」，贏了大滿貫。

一九三〇年代，寫晦澀抒情性作品的馮文炳（北京大學講師）用了筆名「廢名」，大概是因為為名所煩吧。這算是走到了底。

第十二章　兩個《杜子春》

文藝春秋社創立五十週年，這次的文人劇，決定上演與創立有淵源的菊池寬、芥川龍之介的作品。最後選中的是菊池的《藤十郎之戀》和芥川的《杜子春》兩部作品。

關於此事，前幾天文春的樋口先生打來電話。就是剛才開會致辭的樋口。他不光操辦演講會，也操辦文人劇。

電話說的是，《杜子春》按照原作很難搬上舞臺，既然必須要調整角色，芥川的《杜子春》反正是對中國傳說進行巧妙的脫胎換骨的改寫，因此調查一下原作是什麼樣的，以作為調整的參考。

我讀過芥川的《杜子春》，其底本大概是唐代的傳奇。但還沒有讀過唐代傳奇，所以趕緊查書。

唐代「說話」種類繁多，一本一本翻很麻煩，但有一本較全，是網羅傳奇、野史的《太平廣記》。查這本書的目錄，大概可以查出端倪。幸好原作題目也是《杜子春》，沒花兩分鐘就找到了。

中國人喜歡網羅故事，就像孩子收集塑膠模型的零件和玻璃球。

我曾經在一篇文章中形容中國人是「目錄製作的天才」。只要是看到的東西，都收集起來。大概是覺得總會對誰有用，一路收集下來，數目龐大，很是棘手。於是有必要好好分類，方便使用，所以製作了目錄。

中國只要是有點名氣的藏書家，一定會製作自家的書目。有錢了以後，就不僅是收集書，還刻版印刷發行。稀觀本這種很少見的書，可能會佚失，所以就印刷發行，讓它普及起來。

古書中，有很多已經佚失，只留下書名。這種書有時會在日本找到實物。

日本因被海包圍，至少有史以來，沒有受到異民族的大規模入侵。即使是在戰國時代，也只是內戰。沒有異民族的侵略所帶來的那種徹底的破壞，所以東西很好地保存下來，正倉院御物等可以說是最好的例子，梁朝皇侃的《論語義疏》，在《梁書》中赫赫有名，但實物在中國已經沒有了，德川中期，在日本足利學校被發現，據說剛開始有人懷疑是假的，書已經流失，但因為很有名，其部分內容會被引用，對照一下就知道，毫無疑問是真品。刻印以後反過來又傳到中國，當時的中國皇帝——清朝的乾隆皇帝將其編入《四庫全書》。

《四庫全書》可不得了，把世上所有的好書收集起來謄清，真是中國式的事業，全部有三十一萬二千多冊，讓人聽起來有點頭暈，而且因為害怕散佚，複印了七份，保存在七個地方，全部有二百二十多萬冊。不僅如此，算不上「好書」的「二等好書」雖然沒有刊行，但也製作了有書名和簡單說明的目錄，收錄的有九萬三千六百卷。

正如正倉院所顯示的，日本人是「保存的天才」，中國可以說是「目錄製作的天才」。

順便說一句，分七個地方保存的《四庫全書》，其中保存在北京圓明園文源閣裡的一部，一八六〇年被英法聯軍燒毀。保存在揚州和鎮江的兩部，在太平天國的戰亂中被燒毀。

所以留在中國的只有四部，其中收藏在北京紫禁城文淵閣的那部，現在在臺灣。國民政府內戰失敗後逃到臺灣，沒有忘記帶故宮的寶物和《四庫全書》。現在收藏於北京圖書館的那一部，是從熱河的文津閣移來的。

日中戰爭中發生了很多不幸，但日軍沒有像英法聯軍那樣燒毀《四庫全書》，算是不幸中的萬幸。大概是像剛才說的，日本人是「保存的天才」，文物保存的本能發生了作用。

中國人為何什麼都收集呢？

有很多理由，但我想是因為中國人沒有宗教心——至少是基督教式的宗教心。因為非宗教性，所以不會把一切交托給神。認為人只能依靠人的力量，自然就尊重人的力量，想把業績保存下來。想保存的東西太多了，就至少留下目錄。

而且中國人沒有「神全知」的想法，認為「記錄下來才為人所知」，所以拼命要把所有東西都原原本本記下來，因此變成了「目錄製作的天才」。

司馬遷寫的《史記》，也是一種羅列。本紀、世家、表、書、列傳等，同一歷史事實，從各個角度理解記錄，生怕有一點遺漏。

如果有遺漏，就認為是工作做得不到位。人類至上主義很難原諒這一點。

關於《杜子春》的出處，托中國人的「網羅癖」和伴隨而來的「目錄愛好癖」的福，很快就找到了。《太平廣記》——故事的百科事典，是宋代皇帝勅命作為國家事業而編纂的。

據《太平廣記》記載，《杜子春》的故事出自九世紀中期李復言寫的《續玄怪錄》。另外還有本《玄怪錄》，是史上有名的宰相牛僧孺的著作。在別人作品的題目上，加上「續」或者「新」等，讓人覺得只是二流作品。《續玄怪錄》的作者李復言，沒有被留下詳細的傳記，大概只能算是二流作者吧。

芥川龍之介的《杜子春》，在教科書和閱讀材料中也常收錄，有很多人讀過，這裡簡單介紹一下故事情節。

一個年輕人叫杜子春，本是富家子弟，錢財耗盡，在唐都洛陽的西門下，茫然仰頭望天，故事從這裡開始。

這時來了一個獨眼老人，告訴他一個埋著滿車黃金的地方。於是杜子春成了洛陽第一首富。但他又再次揮金如土，三年後又不名一文。杜子春再次來到洛陽西門下，獨眼老人再次告訴他黃金埋藏的地方。即使如此，杜子春還是照舊揮霍，過了三年又一貧如洗。

杜子春又來到洛陽的西門下。獨眼老人第三次出現了。據說佛祖也顯了三次靈。這時，杜子春也不好意思再要求獨眼老人告訴自己黃金埋藏的地方了。而且他已經變得有點厭世，不想要錢了，對人間厭倦，提出想成仙。

老人本是住在峨眉山的仙人鐵冠子，於是答應收杜子春為徒，跨上一根竹杖飛到了峨眉山。坐著掃帚飛的是西方的女巫，看來世界各地都有同樣的幻想。

老人說，自己要去天上見西王母，在等他回來的期間，不管是誰出現，不管發生什麼事，都別出聲。否則，只要說一句話，就成不了仙，就算天崩地裂也不能開口。說完，老人就走了。

老人走後出現了猛虎毒蛇、雷電火柱等怪現象，最後還出現了身高三丈的神將，詰問杜子春是誰，杜子春都一言不發。因為老人命令不管發生什麼事，都不能開口。

最後杜子春被帶到地獄閻羅王面前，受盡了筆墨無法形容的地獄之苦。像石川五右衛門一樣被扔進鍋裡煮，被毒蛇吸去腦髓，被熊鷹剜食眼睛，但他還是遵守和老人的約定，絕不開口。閻羅王大怒，命令小鬼說：「此人雙親已經淪為畜生，趕快把他們帶來。」

杜子春的雙親變成了瘦馬。身體是馬，而臉正是夢中也忘不了的雙親。小鬼鞭打這兩匹馬，但杜子春還是不開口。

這時，他耳邊聽見了雙親的聲音——「不管我們怎麼樣，只要你幸福，不想說就別開口。」眼前，看見馬被鞭打得筋疲力盡倒下。杜子春終於忍不住了，叫道：「母親！」

一聲叫喚，還過神來，他還在洛陽西門下。他放棄了成為仙人，決心正正經經地好好過人間的生活。

以上是芥川龍之介的《杜子春》的故事梗概。

那麼，李復言這個唐代文人的原創《杜子春》是怎樣的故事呢？地點不是洛陽，是長安。老人不是獨眼，只是拄著拐杖。杜子春也是遇見老人發了大財，原作不是告訴埋藏黃金的地方這麼麻煩，而是告訴他第二天中午到西市的波斯邸，給他三萬緡錢。緡就是串起來的錢。杜子春拿了錢，幾年後就身無分文，第二次拿了一千萬，第三次拿了三千萬，每次遞增。

這樣，和芥川的《杜子春》相似的情節開展，老人也命令他不能說話。只是芥川的小說裡，杜子春是厭世想成仙，原作的《杜子春》是為報老人的恩，自己獻身作老人「仙藥」製造人體試驗。老人為了製作夢想的秘藥，需要「完全失去人類感情的人」作材料。沒有感情的人，就不能說話。

原作《杜子春》中，杜子春用三千萬緡的錢處理了身邊事之後，去了華山的雲台峰。

似乎沒有什麼，我卻感到這裡有很大差別。芥川的《杜子春》，最後不想要錢，想當仙人，原作的《杜子春》第三次也收了錢，以此了卻塵緣，報答受過恩的人，向對自己不好的人報復，然後才上山。

從日本人看來，這樣做之後成仙，是多麼塵緣未了啊。但中國人看來，拋卻一切就出家的人，不負責任，不合人倫，簡直畜生都不如。

人必須報恩怨。宗教心強的人會把一切託付給神，中國人是非宗教性的，報恩復仇的，也不是神，而是人的本分。忘掉恩怨，就「不是人」。中國最狠的辱罵「忘八蛋」，是忘記八條道德的傢伙的意思。忘卻是一種惡德，但在日本，「一切付諸流水」是一種美德。所以，聽說天皇陛下的車在荷蘭被扔石頭，天皇陛下在英國手植的樹被砍，日本人會大吃一驚，覺得「戰爭都過去二十六年了，真是執念深重啊。」對方卻為日本人的健忘震驚。德國還在追究納粹分子，日本在戰爭結束後第十二年，戰犯成為總理大臣，這都是「一切付諸流水」的「祼的精神」。

芥川的《杜子春》中也有「祼的精神」。為了成為仙人，上山前的報恩復仇——這些原作《杜子春》中的人類行為，都被過濾得乾乾淨淨。

《Oral 讀物》的讀者可能會想起連載的海音寺潮五郎所著《中國英傑傳》中的一個場面。晉文公年輕時名重耳，被驅逐出國長期流浪諸國，最後歸國即位。晉文公即位後第一件事，就是向流浪中對自己有恩的人報恩，並一雪怨恨。例如，不允許自己通行的國家、半開玩笑給自己土塊為禮的國家、入浴中偷看自己的國家，馬上受到了討伐。

順便說一句，中國男人也很討厭被人看見祼體。日本人在錢湯和溫泉，一直都對他人赤祼相裎。中國人很少這樣做，所以「肝膽相照」這個詞感情很強烈。

那麼，我們繼續回到《杜子春》的原作。

上了華山雲台峰的杜子春，和芥川故事裡的一樣，遭遇了雷鳴、火車、猛虎、毒龍、毒蟲等的威脅。面目猙獰的將軍出來逼他「說出姓名就饒了你」，他還是一言不發。

接著將軍抓來杜子春的妻子，鞭打她，用箭射她，用刀砍她，煮她燒她，杜子春依然不發一言。杜子春的妻子一邊號哭，一邊責備：「說出你的名字就行了，真是無情的人！」他還是不開口。將軍一寸一寸地砍他妻子的腳，他也不為所動。將軍也愕然：「不能讓這傢伙活著！」斬殺了杜子春。死去的杜子春還要受地獄之苦，還是遵守不能說話的約定，十分頑固。閻羅王拿他沒辦法，命令「讓此人投胎成女人」。

這部分跟芥川的《杜子春》差別很大，結尾的差異是根本性的。

原作《杜子春》中，他轉生為山東省單父縣縣丞王勤家的女兒，但還是不開口。長得非常漂亮，成了絕世美女，卻是個生下來一句話也不會說的啞娘。

雖然啞，卻是個美人，家世又好，也有人來提親。最後一個叫盧珪的進士喜歡上她，跟她結了婚。進士可是精英中的精英，可以說顯赫一時。

夫婦感情也很好，但變成盧夫人的杜子春，還是不開口。不久生了孩子，十分可愛，聰明伶俐，杜子春還是緊閉著嘴。

丈夫盧珪也漸漸不對勁了。不管家庭多麼美滿，和美麗的妻子一句話都說不上，也會變得神經不正常。

有一天，終於發作，大罵起妻子，孩子更是沒有才好。他抓起兩歲兒子的雙腳，用孩子的頭去撞石頭。

——血濺數步。

幼小兒子的頭撞破了，血濺滿地。這時，杜子春不由驚叫：「噫！」

一出聲，舞臺就為之一變，回到原來的地方。

李復言的《杜子春》，改編後的芥川的《杜子春》，都是人類的情愛最終戰勝惡魔性的東西，打破了不說話的誓言。這在兩個故事中都是中心主題。

原作中，老人說：「你的心把喜、怒、哀、懼、惡、欲全都忘掉了，沒忘掉的只有愛。」

「完全忘卻人類感情的人」這種長生不老的仙藥材料，最終還是沒有得到。

這兩部《杜子春》可以說是歌頌愛的故事。

不過，原作中是「對孩子的愛」，芥川把它變成了「對父母的愛」。

我們寫小說時，在方法論上經常踏入矛盾之路。

小說是虛構，是製造一個世界，但也必須同時具有現實性。我們不能輕視現實主義的力量。

比起「有個男人A」這樣的開頭，「有個叫佐藤一郎的四五十歲、瘦高個男人」，這樣的開頭更為有力。比起「從前有個地方」，「元祿十年春的江戶湯島」，給讀者的印象更為鮮明。

「像現實」——這是小說應該走的路。

然而，小說中也必須有羅曼史的要素。羅曼史寫作漢字是「傳奇」吧。應該流傳的奇異事件。

可以說，那是從理所當然的現實世界波瀾突起的，或是偏離現實的事件。這樣的話，小說家就必須突破平凡的現實，以「偏離現實」為目標。

「像現實」和「偏離現實」，不用說這是進退維谷的困境。陷入這種境地，彷徨躊躇也毫無辦法，只能聽從頭腦中掠過的靈感。

芥川龍之介寫《杜子春》時，為什麼變更了原創？

把長安改為洛陽，沒有其他意義吧。大概是覺得背景也設定得和原作一樣，沒意思。也許，洛陽比長安感覺起來更優雅。

長安是西漢的首都，洛陽是東漢的首都。西漢出現了被稱為太陽王的漢武帝等，十分絢爛。相比之下，東漢凡事較低調。所以，感覺上，長安是華麗炫目的世俗大都市，洛陽是個沉靜低調的城市。確實，東漢的歷史學家班固曾作《二都賦》，比較兩都，覺得洛陽更勝一籌。日本的京都也效仿洛陽稱為京洛。比起長安，洛陽似乎更有文藝氣息，符合芥川的愛好。

還有，老人給杜子春財寶的方式，芥川寫的是告訴黃金的埋藏地。原作的財寶不是黃金，而是有孔的錢串，是一串錢，有三百萬、一千萬、三千萬。本來想當場交給他的，太重了，所以才叫他明天去波斯人的宅邸去取。

錢和食物，日本人似乎不喜歡很直露地提到。《土佐日記》中，把在舟中吃早飯叫做「例行公事」。本來可以寫清楚是吃了早飯，覺得不文雅，於是模糊帶過。

比起親手交付，告訴藏寶地點可以說更為日本式。而且芥川纖細的神經，把赤裸裸的銅錢串的小山變成了地下的黃金，把直接的授予變成間接的，讓人心有戚戚然。

比起這種差異，更重要的，是主題「愛」，為什麼把親子立場轉了個彎兒？

芥川是把它作為中國的故事來寫的。舞臺雖然不是原作中的長安，也沒有變成日本的奈良或是什麼，而是洛陽，很明顯是中國的土地。

根據我的推測，芥川一定是考慮到了「像現實」。也就是說，既然是中國的故事，就要寫得有中國味兒。

芥川腦中的中國，是什麼樣的呢？他通曉漢籍。唐詩中，據說喜歡較小眾的李賀。這一事實說明——用個我不大喜歡的詞，他是中國文化「通」。

他知道中國道德的根本在於「孝」。

《論語》中說「孝弟仁之本」。對父母盡孝道，弟弟待兄長的弟（悌）道，也就是對長輩的尊敬和愛是「仁」的根本，這種「仁」正是人倫。

所以，為了像中國，必須有「孝」。將原作的《杜子春》中對兒子的愛，變為對雙親的愛，芥川的意圖還是在於「像現實」。

聽到母親溫柔的叫聲，這個情節保留了原型。不說話的杜子春為什麼開了口？在芥川這裡，是因為不忍父母受苦，也就是「孝」。

那麼，原作的作者李復言，為什麼寫投生為女人的杜子春為了孩子出聲了呢？

我想這是小說「偏離現實」的另一條道路。

中國的任何一個時代都是如此，孝行被廣為稱道。特別是這個作者生活的唐代，這種傾向很強烈，和楊貴妃有過一段羅曼史的玄宗皇帝，把宣揚孝敬父母的聖經《孝經》全文刻在石上，豎在都城長安裡。

大概當時的人一天到晚都在聽孝敬父母的說教。《二十四孝》這本書的寫作是在稍晚一些時候，同類的孝子故事，在唐代已經氾濫。走到哪裡都能聽到講孝子故事，這大概是當時的現實。

《續玄怪錄》的著者李復言，大概只是個二流文人。但是，作為小說家，特別是傳奇作家，一直把「偏離現實」放在心上。所以孝子故事也遠離現實，選取大家都很少講的「父母對孩子的愛」，完成了自己的創作。

子女對父母的愛是「孝」，父母對子女的愛是「慈」，都被認為是美德。但在中國，「孝」佔有壓倒性的比重，「慈」倒不是那麼起眼。

李復言看到了這一點，以「慈」為主題，可以說讓自己的作品脫離了現實性，讓這個故事顯示出新意。

日本不論表面如何，實際上是「慈」占統治地位的世界吧。

我讀過終戰後不久作為《大公報》記者來日的王芸生的報告筆記。據說，他在日本最感動的，是孩子們血色很好，臉頰豐滿紅潤這一事實。終戰後糧食匱乏，大人們都瘦得臉色蒼白。但是，孩子們都血色很好。這說明日本的父母，即使減少自己吃的分量，也盡量讓孩子吃，自己受點苦也沒關係，把希望寄託給下一代。上面寫道，對這種日本人的深謀遠慮，王記者很受衝擊。

如果是中國人，多數時候是孩子為了讓父母多吃點，減少自己的食量。這些都在《二十四孝》之類的孝子故事中講到過。

現代的日本，越來越變成父母過分照顧孩子的世界。「教育媽媽」這種不容忽視的存在，已經蔓延全日本。母親們都一心撲在孩子身上，她們這群人聚在一起，不厭其煩談的都是孩子。讓人忍不住想叫一聲住嘴。丈夫們也都被丟在一邊，很是可憐。

這樣觀察下來，日本「孝」的呼聲雖然很大，實際上「慈」占支配地位。

「慈」是好事，但太過就變成溺愛孩子。日本人長大以後，也集體有撒嬌傾向。雖說是人情世故，但具體琢磨每件事，多數情況下只是撒嬌。日本人討厭追究到底，「不用到那個程度吧」——這種妥協是撒嬌的產物吧。「慈」支配的地方，這是當然的現象。

不論如何，在日本「慈」已經滲透到各個角落，成為一件理所當然的事。芥川龍之介也看到了這一點。這一點，在日本「偏離現實」，他把它放到舞臺背景中國，卻「像現實」了。

矛盾讓人頭疼。但正因如此，事物才變得有深度。小說可以說正是因為有這種困境，才能避免淺薄。

那麼，這個故事作為文人劇應該怎麼改編？我感到興趣盎然。劇團團長級的柴田錬三郎先生據說有埋怨，但演員也有演員的苦處，腳本大概也花了精力。這次的慶典想來十分熱鬧，熱鬧之餘，也盡量不要讓地下的芥川先生、李復言先生丟臉吧。

第十三章　隱者

有人向我約新年號的稿，讓我寫些關於中國隱者的輕鬆文章。如果要寫皆大歡喜的故事，不得不說，隱者這個主題本身不太合適。於是我把「輕鬆」解釋成「非學術性」，不然我可寫不了。

從世間隱去，換句話說，就是遁世。不過，同樣是遁世，關於仙人，有很多快樂的故事。「仙人」這個詞本身就很幽默，一方面意味著脫俗，一方面追求長生不老，赤裸裸地世俗著，很是有趣。

根據《仙書》記載，仙人有天仙和地仙，地仙一般和人類在容貌上沒什麼區別，變成天仙後眼睛四方，背上有翅，成為「異形」。從級別上來說，當然是天仙更高一級，但須經過艱苦的修煉才能成為天仙。天仙的世界也有很多前輩天仙如明星般閃耀，新來的肯定要被任意使喚，十分辛苦，與其拼命成為天仙，不如繼續當地仙更聰明。——《仙書》上這樣建議。

讓人不由苦笑，原來仙界也有老兵欺負新兵的事啊。

但是，隱者的世界，連這種讓人苦笑的場面都沒有。隱者的故事不適合正月裡來談，原因就在這裡。

追尋隱者的系譜，他們的始祖，要算是伯夷、叔齊。

這兩人在周武王討殷王紂時，牽住馬轡，進諫道：

> 父死不葬，爰及干戈，可謂孝乎？以臣弒君，可謂仁乎？

諫言未被採納，武王伐紂，贏得周的天下，伯夷和叔齊認為食周粟不潔，隱於首陽山，采薇而食，最終餓死。他們餓死前唱道：

登彼西山兮，采其薇矣。以暴易暴兮，不知其非矣。神農虞夏，忽焉沒兮。吾安適歸矣。

這是古代中國代表性的悲劇一幕。

以這種悲劇的主人公為始祖的隱者，帶有一種厭世的氣質。和仙人多少樂觀的氣質相比，正好形成對比。遁世的樂觀出路，是成仙，而悲觀的方法則是成為隱者。仙人適合浪漫主義的希望遁世的人，隱者卻無法從現實裡抽身，也許是適合現實主義的希望遁世的人。

本來是從世間藏起來，而隱者之名卻為世人所知，留名青史本身就很可笑。伯夷、叔齊只是因為在武王伐紂這個歷史性的場面裡登場，因此成為隱者，名流後世。

《史記》的伯夷列傳第一中說：

巖穴之士，趨舍有時若此，類名埋滅而不稱，悲夫！

「巖穴之士」，就是藏在山上岩洞裡的士，也就是隱者。

隱者出處進退，合乎時宜，但其名並不為後世所傳頌。《史記》作者評價說：「悲哉」。

這是因為司馬遷不是隱者，而是希望出人頭地的人。隱者所希望的是自己的名字從人間消失，因此並不「可悲」。

伯夷和叔齊對周滅君主殷並取而代之這一擺在面前的現實失望，躲進了首陽山。

隱者都是對現實失望的人，而且，心中因此抱著極大的憤懣。

這一點從伯夷、叔齊臨終的歌也可以看出來。歌中說，堯、舜這樣的名君，已經消失再也不會出現，自己沒有什麼可以依靠，只有一死。——這是悲痛到極點的獨白。

伯夷、叔齊藏在山裡，到死還對現實發洩憤懣，他們的心，絕對不平靜。不是靜寂的終極，如佛教的涅槃、Stoa 派的 Apatheia 的境地。否定情念、一波不起的平靜心境，只不過是應該追求的目標。肉身的隱者，為激情所驅使才遁世。他們能待在深山裡，是出於巨大的憤怒和燃燒的憎惡、無法忍受的苦惱。這些就是激情。

山就這樣吞沒了他們的激情。在那裡，不論他們發出多麼絕望的叫聲，發出多麼憤怒的詛咒，都被寬大的山所吸收。

《史記・伯夷列傳》中說到的「巖穴」，不是隱者藏身的洞穴，應該解釋為吸收了隱者的吶喊的地方。

中國人特別喜歡奇岩怪石，也許就是這個原因。山凹凸不平，海是平的，不是埋葬激情的洞穴。隱者藏於山，很少住在海邊。

白居易詩中有句說，勝地（美景之地）本來就沒有特定的主人，屬於愛山的所有人。說到美妙的景觀，就反射性地像回音一樣想到「山」。

仁者樂山。——有句說，仁者欣賞山。

單人旁加山字的「仙」，是遁世的一種形式，隱者還是和山緊密相連。

對中國人來說，海似乎是非現實性的、幻想性的東西。也許是因為中國文明的發祥地，都離海很遠。不論如何，隱者藏身山中，對空想及空想的愉悅帶來的救贖，持否定態度。

「仙」比隱者更親近海。東海中的「蓬萊島」、「扶桑島」等幻想性的主題，是「仙」的世界。

海很遠，另外對中國人來說，海意味著死的世界。魚住在海裡，但從表面上看不見，一望無際都是沒有生命的、蔓延的海面。對只相信眼前所見的中國人來說，海不是可親近的空間。

從這一點上來說，山上植物繁茂，還棲息著鳥獸、昆蟲甚至是蛇之類，是個充滿生命的世界。

而且，中國的地形是西北有山，土地像東南傾斜入海。在中國人的觀念中，海是傾斜的盡頭，是土地的邊界，讓人聯想到「沒落」。

隱者決不是想要沒落。

在伯夷和叔齊之後，出現了隱者屈原。

說屈原是隱者，大概有些問題。伯夷、叔齊是自己主動躲進首陽山，屈原則是被流放而流浪各地的。

但是，在怨恨深重這一點上，屈原不輸伯夷、叔齊。

在往後，三世紀出現了「竹林七賢」這些隱士。

七賢的代表阮籍，鄰居才色雙全的女兒未嫁身亡，他平素並無來往，認都不認識，卻跑去哭。哀盡而去。——哀悼素不相識的年輕姑娘，很是異常。

阮籍母親去世時，他「與人打棋如故。既飲酒三升，舉聲一號，吐血數升。」

即使遭遇母親的死，也和平常一樣與人下棋，是壓抑了感情的衝動吧。感情強烈到必須拼命壓抑。喝了酒，才借酒精解放了自己的感情，號泣吐血三升。

從這個故事，可以看出他有多麼強烈的感情。

阮籍寫過《首陽山賦》，是歌詠伯夷、叔齊餓死的首陽山的賦。他把自己比作伯夷、叔齊，大概沒有錯。

在路盡處，慟哭而歸，這個有名的故事也是象徵性的、難以理解的逸話，還是能看到激情的一端。

像「竹林七賢」這樣，稱隱者為「賢」，是因為人們認為在人生中，遁世是一種賢明的生活方式。反過來說，在俗世中爭取出人頭地，汲汲於俗世的活法，被認為是「愚」。

為什麼留在俗世中是愚呢？當時的政治實權交替頻繁，今天的宰相，明天被懸首獄門，今天的皇帝，明天置身石牢，不能保全性命。在這種世上，得到名利，也不知何時會失去。失去的，不只是名利，還包括「生命」。

賢愚之差，在於「是否能保全生命」這個切實的問題。

如果沒有名利之心，沒有留戀世間的理由，就當隱者好了。跟世間沒有關係，就不怕被奪去性命。根據這種論調，稱隱者為「賢」。

這裡要注意的是，一開始就遠離名利的人，也不是隱者。遁世，或是隱世，是一種「行為」。與塵世無緣的人，從一開始就是隱藏的「狀態」，沒必要作出隱藏的「行為」。

所以，隱者可以定義為曾經的名利的奴隸。拉住周武王轡繩的伯夷、叔齊，曾經也是以站在天下政治中心為目標的人物。屈原也是侍奉楚王，有志於治國平天下的大夫。

隱者的悲劇性的理由就在於此。周武王的伐紂，楚王君側的奸臣，或是亂世中的其他諸事，讓他們不情願地離開俗世，成為隱者。

回到竹林七賢身上，他們之中生年確切的，最年長的是山濤，也就是山巨源。他生於漢獻帝建安十年（二〇五年）。劉備以三顧之禮迎出諸葛亮，定天下三分之計，兩年後就是建安十二年。七賢的最後一人王戎死的永興二年是三〇五年，從山濤的出生來數，正好是百年。七賢生活的時代，是「三國時代」以後的不知明日的亂世。

隱者算是「賢」，從能保全生命這一點上來說，「狂」也算是「賢」。竹林七賢有很多常識上無法想像的奇言異行，這應該說是「狂」。狂人往往不成為處罰的對象。

但是，當時連這一點都不允許。七賢中的嵇康，被司馬文王所殺。最終未能保全生命，也許本來不該稱他為「賢」。不論如何，關於嵇康被處刑的原因，眾說紛紜，據《世說新語・雅量》記載：

> 康上不臣天子，下不事諸侯，輕時傲世，不為物用，無益於今，有敗於俗……

作出瘋狂的舉動，也不一定會因為是狂人就被原諒。所以嵇康以「亂君主，惑眾」的理由被殺。作為隱者，生活十分艱難。完全隱藏在山中倒好，要生活下去，很是不便，得和人們一起併肩農耕。不是藏於山中，而是藏於田園。

在竹林七賢的時代半個世紀後，中國歷史上最有名的隱者登場了。

那就是「五柳先生」——陶淵明。

他不是隱於山中，而是典型的田園隱者——與民同耕型的隱者。本來，山的吸引力很強，他自己在《歸園田居》中詠道：「性本愛邱山，誤落塵網中。」

「歷史上最有名的隱者」這個形容也許有問題，不如說是「歌詠隱者生活的最有名詩人」更為合適。

被稱為「詩聖」的杜甫，實際上是個乾枯瘦小、愁眉苦臉、不走運的男人。波斯詩人，寫《四行詩》的奧馬・海亞姆，根據同時代人的記錄，是個壞心眼、難對付的天文學家，據說是個不好打交道的人。

關於陶淵明是否是理想的隱者，也存在很大的疑問。陶淵明換過數次主君，也有人說他沒有節操。這種責怪也太嚴重了。不光是他，仕於宮廷的人，如果嚴守節操的話，不知什麼時候就會被殺。若即若離最好，一不小心太接近，就必須和主君同命運。離得太遠，離功名利祿也就遠了。換主君，在當時的道德上講，大概也不算是很壞的事，也許是很理所當然的事。總之，一定不是違反「仕道」。

陶淵明歸去田園成為隱者後，還有與權力者接近的跡象，因為他必須撫養眾多的孩子。生活——不，生命至上，這不能受到譴責。隱者的生活要成為可能，需要經濟後援。

在他的雜詩中，有這樣的句子：

日月擲人去，有志不獲騁。
念此懷悲淒，終曉不能靜。

歲月抛人而去，空有志向，卻無法充分施展——想到這裡，悲傷不已，心中無法平靜，直到黎明。就算是隱者，內心也在騷動。

整個晚上讓他心潮起伏的，不是激情還是什麼？

胸中懷有激情、想撲滅激情的人，才是隱者。

關於陶淵明，很多人都很瞭解，也有很多優秀的研究成果，這裡無需詳述。

只是，我想指出的是，在構成陶淵明的部分激情的要素中，雖然未經確認，但也隱藏著他是溪族這個少數民族出身的事實。

關於溪族，不是很清楚，大概是日本所說的「平家部落」、「落人部落」之類。溪族被統治階層中的抵抗派排擠，因不願被征服而逃走，藏在隱蔽的地方，代代相傳。溪族應該不是異民族，但一定受到了歧視。直到現在的二十世紀，被稱作「蛋民」、「細民」的這種特殊群體，還在中國存在。

陶淵明寫過一首描述烏托邦的《桃花源詩》，其中表現出與周圍隔絕的「落人部落」的情趣。大概也有人試圖以這首詩為線索，找出他和溪族的關係吧。

假如陶淵明是出身於受眾人冷眼相待的「落人部落」，在身分制、階級制嚴格的時代，這必然會給陶淵明的人生投下巨大的陰影吧。對受歧視的人來說，這大概是激發出最大激情的原因吧。關於這個問題，期待今後的研究成果。

關於隱者陶淵明，還要注意的是，他沒有受佛教的影響，是位純粹的隱者。

在他所處的時代，佛教勢力很強。他沒有皈依佛教，原因只能是因為禁酒的戒律。對嗜酒如命的他來說，這是無法忍耐的事吧。也有人說他曾經是佛教文人沙龍「白蓮社」的一員。

陶淵明以後的隱者，多少都受到佛教思想的影響。寒山、拾得等是代表人物。這兩人是否是實際存在的人物，據說也很可疑。也許是不為世人所知的幾位禪師隱者，他們的一些言行和詩作，被集中以拾得之名流傳後世。

即使是寒山系（暫時這樣稱呼）的隱者，胸中應該也藏著非同尋常的激情。

「今朝對孤影，不覺淚雙懸。」——這裡的淚，不光是因為親友大半逝去這一現實，而是從更深處湧出來的眼淚。只是，這種激情被佛教這一偉大的哲學體系所吸收、平復。

從「君心若似我，還得到其中」、「回心即是佛，不向外頭看」等詩句中，可以看出詩人變得內在、唯心。

但是，寒山並未忘記隱者的始祖。他寫有這樣的句子：「餓著首陽山，生廉死亦樂。」餓死的伯夷、叔齊的生活方式很簡單，其死也是快樂。但是這裡有濃厚的佛教生死觀的影子。實際上，伯夷、叔齊死得並不快樂。

我們從感覺上覺得，佛教色彩變濃後的隱者，比較容易理解。陶淵明以前的隱者，精神圖式很單純，反而不好理解。

關鍵在於激情和激情的強度。

而且，當時的人為什麼憤怒，憎恨什麼，對我們現代人來說，也很難理解這種激情的本質。對寒山以後的隱者，才會感覺到，還是熟悉的那一套。

最後，想將中國的隱者和日本的隱者做個比較。

在隱者不得不出現的那個階段之前，日本關於隱者已有瞭解。

這有些不一樣。

瞭解先於事實，是好還是壞呢？要看具體情況而定吧。

日本引進文字時，詩人陶淵明已經存在。所以，預先就有了一個模式。

幕府末期，魏源的《海國圖志》等與鴉片戰爭相關的文書由唐船運到長崎，也就是說在西洋的「侵略」事實發生之前，日本人便對鴉片戰爭有了瞭解。這可以說是很幸運的例子。因為知道了鴉片戰爭的慘痛例子，吉田松陰等人才獲得了思考的時間。

這樣，在政治方面，還是占先機比較有利。但是，在精神方面，先有了模式反而糟糕吧。特別是在尊重原創性的領域，模式，特別是鮮明的模式的存在，只能說是一種阻礙。因為有了「五柳先生」陶淵明，最初日本只有他的仿效者、性情怪癖的隱者。陶淵明這堵牆實在太高了，不容易超越。

初期的日本隱者，應該說只是隱者式的生活或情調的憧憬者。因為藤原氏的專橫被排擠的兼明親王，在《兔裘賦》中詠道：「君昏臣諛。」好像是在模仿屈原。還有「罷了罷了，命已衰矣」這句，很明顯是想到了伯夷、叔齊。可是，親王既沒有投身汨羅江，也沒有餓死首陽山。

有了汨羅和首陽的榜樣，可以作為詩材，遁世卻變得困難。就好像不斷被提醒，在真貨面前，自己只是一個贗品。

在保元、平治、治承、壽永等兵荒馬亂的時代，往往會在戰爭中失敗的一方、在政權交替中失勢的一方中出現隱者。

這時日本的大隱者是西行法師，此人和中國的大隱者陶淵明一樣，受到質疑，說他跟經濟援助人太近乎。關於西行，有人說他是武士出身，因為不能自由與貴族交往，自己的詩才無法被承認，所以出家，以便能出入顯門富室，實現文學上的野心。

《方丈記》的鴨長明和《徒然草》的兼好法師，是文人隱者「雙璧」。

——逝川之水不絕，然非原水。浮於濺之水泡，時消時聚，未曾暫留

《方丈記》的開頭，以京都的大火、地震、饑饉、福原遷都等天變地異為背景，似乎只是在抒發情緒上

的無常感。

激情在哪裡？

是藏在深處嗎？

讓人想大喝一聲：

振作起來！

但是，在大喝之前，多少又被誘入感性世界，這大概是日本文學的特性吧。

《徒然草》跟中國老莊系統的隱者思想更相似。《方丈記》中只有無常感和歎息，《徒然草》甚至以無常和歎息為樂。

抱著「世事恒無常」的態度。

——一心棄世之人中，也有風度瀟灑之人。

這是兼好的理想吧。

樂觀很好，可惜的是，聽不到地下激情澎湃的聲音。很是美中不足。

不過，寒山以後的中國隱者，激情也都忽然消失了，和日本的隱者很像。正因為如此，才容易理解吧。

淨土思想中「厭離穢土，欣求淨土」的聲音，在日本比在中國更大。這是日本隱者的口號，從這裡產生的，是很平靜的東西。

中國自古以來，壓抑激情的遁世，呈現出的是剛切斷塵緣的新鮮傷口。不能說是平靜，甚至能聽見咬緊牙關的聲音。因此，絕不適合在正月裡以隱者為主題來開心逗笑。

後來，中國也信奉上了佛教思想，傷口被繃帶柔軟地包住，咬牙切齒的聲音也消失了，形態上變得跟日本差不多。

重複一句，很多隱者，其言行並未留下紀錄，這才是真正的隱者。因此，討論隱者是最難的事。我是在調查的過程中明白這一點，但為時已晚，這已是在接受邀稿之後。因此，在這裡草草寫下拙文，只是想盡些責任。請大家原諒。

第十四章　田岡嶺雲和嘉納治五郎

一

日清戰爭後，日本人成為中國人的老師，對這一點，日本人毫無牴觸感，大概覺得是理所當然。但對中國人來說，卻是一種屈辱。因為日本人曾經是自己的弟子，中國人記得很清楚。特別是師徒關係嚴格的中國，這種屈辱感超出了日本人的想像。

但是，日本舉重若輕（在中國人看來）地完成了明治維新這一起死回生的大變身，真是可以信任的一大奇蹟。

這樣下去中國沒救了。——十九世紀末中國的有識之士都這麼想。在這種時代，日本的先例成為一大鼓舞。

日本成功了。——這一事實，給了中國人安心感和自信。

現在，對眼前中國的亡國之狀，有人不認目睹。

中國人要從這片泥沼中爬出來，當然有很多方法。A方法、B方法、C方法……。

當時滿懷夢想的中國青年，懷著焦躁和希望，互相爭論各種方法的優劣。這是切身之事。有志的中國青年，幾乎都曾加入此場論戰。最後變成，這也好，那也想要。毛澤東都曾自述，青年時代曾受到半生不熟的啟蒙思想家梁啟超的影響。梁啟超的方法，也是一種中國更生法。

方法確實很多，但其中成功的概率很少。有不可能實行的紙上談兵，也有可以實行但失敗就在眼前的。這其中，最有說服力的，是已經試驗過的方法。

日本的維新方式——這是成功的例子。

不過，日本和中國的國情不同，不能照搬。怎麼調整，以後再想，總之先從成功案例學起，這種呼聲很高，也是當然的。

日本留學熱潮興起，最大的理由，我認為在這裡。

學習歐美真正的「現代」是當時中國青年的理想，但價格很高，於是，相對便宜的日本留學就比較受歡迎，這也是一大理由。而且，同是漢字文化圈，風俗習慣相似，感覺生活起來較方便，這一定也是一個小理由。

不過，不管怎麼說，日本是「成功的例子」，這是最大的理由。

當時的中國，受到西歐列強的重重壓迫。

日本擺脫了西歐列強的壓迫，保全了國家的獨立，而且國力不斷增強。

西歐的侵略勢力是敵人。這樣說的話，深入敵營，研究西歐，學習擺脫壓迫的方法，有些繞遠路，但不得不說是正確的做法。要治病，對病源進行徹底研究，確實很重要。但是，這要花很多時間。病人不知何時就會死。死了一切就完了。所以，如果有治療康復的臨床病例，學著採用同樣的治療法效果會更快。

對還無法留學日本的青少年，當時則延聘了日本老師。他們被稱為「日本教習」。

眾所周知，二葉亭四迷曾當過北京的京師警務學堂的教習。

此外，義和團事件時，連躲在北京城裡的服部宇之吉這樣的大人物，也當過教習。服部是京師大學堂師範總教頭，受到特別待遇。

中國學生對日本教習有何期望呢？

第一，希望老師教授關於切實問題的「臨床實例」。

第二，學習日本所學到的西歐列強的「現代」。

聽了服部講課的無政府主義者景梅九，說服部的心理學和倫理學怎麼看都是西洋的學說。但是，中國學生希望如此，因此對日本教習教授「西歐」，也不會感到不滿。

雖然沒有不滿，但一定還是感到屈辱。而且，有時候還會自我安慰：「日本人是假洋鬼子。」日本從過去的遣唐使開始，就吸收中國文化，一旦知道西歐文化的適用性，就馬上轉向西歐文化。因此，中國人對日本人的印象中，無法抹去——忘恩之徒。

陳其元的《日本近事記》，是在明治七年左右，中國人留學日本的風潮還未開始時發行的。其中說道：「……美加多廢前王（德川）奪國。日本古來服屬於中國，國中改西洋服。」

一直以來蒙受中國眾多恩惠，但日本人突然把中國文明拋在身後。光是這一點，就令中國人覺得不舒服。

但是，這種「背叛」，似乎正是「起死回生」的秘訣。

對中國人來說，很是屈辱。但是因為病重，不得不忍辱請教治療法。

中國人將這現象稱為「文化倒流」。

留學只是一時之恥，日本教習來中國，一定受到了相當的抵制。

在赴任中國的日本教習中，好像也有些人不受歡迎。

平川清風在他的《支那和史》中寫道：

……當時去支那、在支那學堂教課的人當中，有些人十分不可靠。而且一般來說，不一定對支那忠實。

其次，教授支那學生的人當中，很多人對自己的使命很不在乎。他們在為支那著想之前，先圖的是自己的衣食。第三，這些人對支那沒有充分的理解。因此教課簡單機械，沒有想到向支那人灌輸知識。我認為這樣的錯誤直接或間接阻礙了支那學生接受日本學……

日本教習有像服部宇之吉和二葉亭四迷一樣，由清政府以官學教授的身分招聘的，也有中國私立學校招聘的，還有日本人在中國開設學校而在日本招募職員的。途徑很多，據說最盛期達五、六百人。

一八九八年，羅振玉在上海設立的「東文學社」，是一所向中國青少年教授日語的私立學校，藤田豐八（劍峰）田岡佐代治（嶺雲）被招聘。藤田是教授，田岡是助教。

藤田後來成為臺北帝大的教授，成為「東西交流史」的泰斗，這裡暫且不提。

「東文學社」的另一位日本教習田岡嶺雲，是不是平川清風所說的可靠之人呢？

不能說田岡對中國和中國人沒有瞭解。田岡完成了帝國大學、文科大學漢學科的選修科，是《支那文學大綱》的合著者之一。其他的合著者有藤田劍峰、世川臨風、白河鯉洋、大町桂月等赫赫有名的人。田岡在這本書中，負責撰寫莊子、蘇東坡、屈原、高青邱等人。

田岡來到上海，當然有謀衣食的原因，但並不「只是」為此。

那一年，他的著書《雲嶺搖曳》，賣出了二萬本，在當時是暢銷書。而且，他在中國期間，續篇《第二雲嶺搖曳》也出版了。

田岡拖著病體來到中國，一定有他自己的理想。

關於教習時代，田岡自己這樣寫道：

……在上海的這一年並非對我無意義。教支那人日語，本身並無多大興趣，但我思想上產生的變動，對我來說是一件大事。

一直以來，我感染了一種偏狹的國粹主義。我們的思想是在明治二十年左右，反對歐化主義的思想一時風靡的空氣中所培育起來的。

而且，自己的專業學問是古典而又容易陷入頑固的漢學，不知不覺中，只承認自己國家的長處，陷入了一種妄想自己的國家乃世上第一的偏見。

然而，上海是支那第一的開港城市，是個微縮於方圓幾里的小世界。……我不僅從上海看到了支那，也模糊地看到了世界。

我感覺走出了溪谷，方才見到豁然大景。……我體會到，人除了做為一國之民，更要為世界人類竭盡所能盡天下人道。……

如文中所述，田岡自己承認對教課不感興趣。他第一次逗留中國（一九〇五年他做為江蘇師範學堂的教習再次赴任）的收穫，用他自己的話說，是領悟到自己不過是「井中之蛙」，看到了一個更大的世界。田岡少年時代愛讀杉田定一的《經世新論》，對「東洋恢復論」很有共鳴。所謂「東洋恢復論」，也就是日本率「亞細亞全土六億萬民」，「主動與歐美諸國於全地球上爭雌雄」。也就是「大陸浪人式」的理想。現實中是和歐美諸國搶著分割中國，大部分「大陸浪人」成為棋子，構想氣宇宏大，卻狹隘地盲目獻身於國家利益。

像田岡一樣，來到中國，醒悟到不該只做為一國之民，更要做世界人，這樣的覺悟算是極少數的例外吧。他成為例外，無疑是因為研究漢學，自然培養起來的對中國的深層理解。

——亞細亞人民必須在日本的指導下，對抗歐美諸國。

多達五、六百人的日本教習中，在中國學生面前，如此大放厥詞的也有吧。可是，在這種論調後面，隱藏著狹隘、排他的國家利益至上思想，不需要多麼敏銳的觀察力也能看出來。

這種「東洋恢復論」，不可能得到自尊心強的中國青年的共鳴。如果說有影響力，那只能是反感。中國對日本教習的期待，只不過是技術和學習技術的必要手段——日語。也有通過翻譯授課的，赤裸裸的「東洋恢復論」，一定引得學生失笑，這和後來的「東亞聯盟思想」一樣。

田岡自己承認不是好老師，好老師不一定是對教學感興趣的人。若太感興趣，也有可能給被教的人帶來麻煩。

田岡的自傳《數奇傳》裡沒有講到，他在這個「東文學社」，給一個中國學生很大影響。大概田岡自己也沒有意識到。

這個中國人，就是當時二十三歲的王國維。田岡當時三十歲，這對師徒年紀相差不大。

王國維以甲骨文和金文的中國古代史研究聞名於世。雖然身為漢人，但在清朝滅亡後，王國維做為滿洲王朝的遺臣，仍留著辮髮，亡命日本，是個有點奇怪的人。一九二七年投北京昆明湖自殺，其戲劇性的死也成為話題。關於他的死有很多說法，其中最有說服力的一個說法是，與其說他殉身給清朝，還不如說他殉身給王朝體制下的輝煌燦爛的古中國文化。廢帝溥儀憐恤他的死，甚至賜諡號「忠愨」。郭沫若認為，王國維自沉可能是因為和羅振玉在金錢上有所糾紛。不論如何，都是厭世導致的自殺。

王國維的《紅樓夢評論》，像叔本華的文風，近乎滑稽。他這種突然的自殺，也還是隱藏著叔本華的

「否定哲學」吧。

他本來有包容的性格，把叔本華吹進他的靈魂的，正是田岡嶺雲。

在收入《靜庵文學續編》的《自序》裡，王國維寫道：

——是時，社（東文學社）中教師為日本文學士藤田豐八、田岡佐代治二君。二君曾治哲學，余某日於田岡君文集中見引用汗德、叔本華之哲學，心甚喜之……

田岡君的文集，大概就是當時暢銷中的《雲嶺搖曳》。

田岡在《數奇傳》中也說：

——我的思想很早就有厭世性的陰影，為叔本華的哲學深深傾倒……

田岡有些「叔本華癖」了。在「東文學社」教語言學，不可能在教室裡教德國哲學。但是，教師的影響，並不只在教室之內。

聽說每天見面的老師有著作，想讀是人之常情。讀的時候，認識作者這種親近感，更讓自己對文章體味深刻。

田岡嶺雲這個奇才，就這樣，給了鄰國的奇才王國維以貫穿一生的深刻影響。

只是，日本教習給中國青年的影響，這可以說是例外中的例外。

田岡帶著走上歧路的「東洋恢復論」來到中國，被洗刷得乾乾淨淨，證明了它是多麼不堪一擊。王國維這樣易感的中國學生，如果說受到日本教習的影響，那絕不是「大和魂」之類的東西，而是人類精神底層共同的東西、高聲流淌的河流，例如叔本華的哲學。

實際上，在第一次逗留中國期間，田岡的「東洋恢復論」思想並未徹底被洗淨，多少留下了殘渣。直至在日俄戰爭時，田岡和平民社的同志們意見相左，開始鼓吹開戰論。

但是，戰後他很後悔自己的開戰論，寫道：

——以短見為恥。

好像是追隨已去世的明治天皇（一九一二年七月），田岡於當年的九月七日長眠。他聽到明治天皇的死訊時，說道「今朝始知天慟地哭的悲報。」

雖然和幸德秋水這樣的反天皇制思想的人交往密切，但田岡仍如家永三郎所評價的那樣，有「前近代性、封建性思考的時代錯誤的一面」。穿著現代的衣裝，梳著髮髻的身影，似乎時被清朝覆滅數十年後依然留著辮髮的鄰國弟子王國維複製了。

田岡去世那年，王國維正好亡命日本。翻看王國維的年譜，在田岡去世的一九一二年九月，王國維送給曾赴歐的、京大的狩野直喜七言古詩。也許是不知道舊師田岡已死，也許是太過悲痛，未能寫下來。

花了太多篇幅寫這位做為例外的日本教習田岡嶺雲，根據例外品可以類推規格品吧。

二

前面列舉了從日本出去的教授代表田岡嶺雲，下面講講教育從中國來的青少年的嘉納治五郎。做為講道館柔道的創始人，嘉納治五郎太有名。

他似乎是那種「教魔」。關於柔道，據說他深夜想到了新技巧的竅門，就會把弟子叫起來，一起研究、教授。

從做為學習院的年輕教授教理財學、政治學開始，他以每月工資五十日元，經營著嘉納館、弘文館（英語學校，不是後來的弘文學院）、講道館道場這三所學校。

如果不是「教魔」，可做不到這點。大概是嘉納一族有這樣的風氣。最近，以東大入學人數多聞名的灘高，也是同族的嘉納治兵衛創辦的。

這位嘉納治五郎，成為被稱為日本教育界頂峰的東京高等師範的校長，也是理所當然的路線。與日本戰敗後的清國，做為亡國治療政策，想到了向日本派遣留學生。

一八九六年（明治二十九年），十三名留學生通過選拔考試，被送往日本。

當時的駐日公使裕庚，把這些留學生的教育託付給外務大臣西園寺公望。

當時正好西園寺還兼任文部大臣。做為文相的西園寺，把清朝留學生交給「師範」的大本營——高等師範校長嘉納治五郎，是順理成章的做法。

最初利用了高等師範的設施，後來在三崎廳設置了「亦樂書院」。一九〇二年（明治三十五年），轉移到牛込西五軒町的嘉納邸，設立「弘文學院」。

清朝鼎盛時期的皇帝乾隆帝名叫「弘曆」，所以為了避「弘」字的諱，也寫作「宏文書院」。「弘文」本來是唐朝的貴族學校，限招三十人，這個名字比以前的「日本學習院」，聽起來更為精英。

弘文學院是對清朝留學生進行徹底教育的完備學校，同時也有向想進入日本大學、高專的留學生教授日語的預備校的性質。

弘文院建於一九〇二年，嘉納為了視察清朝的教育狀況，來到中國。

在這一年九月十三日的《國民新聞》上，這樣寫道：

……清國留學生目前總數達六百餘人，如別項記載另有四十餘名來朝，今後猶陸續派遣，清國各省總督似已決定。嘉納高等師範校長為調查教育事業正漫遊清國，他與清國大官交談的結果，做為獎勵留學生派遣的一項措施，今後大幅增加留學生的東來，不久將超過千名……

此次嘉納出行中國，不光是視察，似乎還有邀請派遣留學生的目的。

嘉納如此花力氣，弘文學院的留學生日漸增多。第二年牛込的嘉納邸已經無法全部收容，在大塚增設校舍。第三年在麴町、真島、猿樂町、巢鴨四處補增設校舍，否則就趕不上人數增長的速度。

弘文學院是本科三年，同時有一年課程、八個月課程、六個月課程的速成班。

弘文學院於一九〇九年結束留學生的預備教育，閉校。

在這期間，獲准入學的有七千一百九十二人，畢業生達三千八百一十人。

魯迅來日本時也曾進過這所學校，從這裡升入仙台醫專。中國共產黨的創始人之一陳獨秀，也從這裡進入了東京高師。

要介紹官學系教育者嘉納治五郎與中國的關係，好像必須得這樣，擺出教育設施的沿革和具體數字。

弘文學院是一個在校生達一千幾百人的大集體，兼任高師校長、講道館長的嘉納，不可能和每一個留學生都有私下的接觸——沒有進行深切的交談，但他卻是位偉大的人。

在中國留學生的眼裡，嘉納的為人大概如此。

在黃尊三的《留學日記》裡，記載了一九〇五年六月二日，發生了日本的警官來到弘文學院的宿舍，調查留學生財物的事件。

因為這種屈辱性的搜查，中國留學生一眾極為憤慨，甚至有人提出要遊行示威。這時留學生范靜生（後來的教育總長）說服同伴說：

——搜查不是院長的意思，是日本政府行政權的動作，我們應該忍耐繼續上課。

從這個故事可以看出來，院長嘉納治五郎受到學生的信賴，認為他不會做壞事。

但是，似乎沒有留學生被嘉納撼動靈魂。而且像魯迅和藤野先生這樣的故事，在嘉納身上也沒有發生。嘉納到底還是有權威和責任的教育者。

我感興趣的是，對留學生教育熱心的嘉納，為什麼會同樣傾注心血於講道館柔道，並且不讓中國人加入——也許是中國學生沒有一個對柔道之類感興趣。

據說，柔術是少林寺拳法家陳元斌（五官）在江戶初期傳到日本的。以前日本也有格鬥術的雜技，大概是由這位亡命的中國人整理的。這樣說的話，嘉納就是把陳五官現代化的武術在三百年後，再次現代化。

熱心於柔道普的嘉納，不想把它再普及到其原籍地中國（身邊雖然有很多中國年輕人），這點讓人介懷。「精力善用，自他共榮」——嘉納的這一柔道精神，如果由他這個「教魔」傳授給中國人，會怎樣教呢？

不論如何，中國留學生最早被託付給嘉納。其後，他又成為弘文學院的設立者和推進者。對日本方面來說，如果說收留中國留學生是一種失敗，嘉納當然難辭其咎。

只是，留學日本的中國學生，不僅沒有成為親日派，反倒是抗日派輩出。這種失敗和日本的對中國的政策有關，嘉納沒有責任。

第十五章　日中交往與朝鮮之役

一

站在岔路口上，每個民族都會回顧自己的歷史。現在，比較文明論很流行，日本人和猶太人、日本人和某國人之類，從各個角度進行比較，但最終研究的還是日本人自身。

這種態度是正確的。

一家出版社向我約稿，寫寫日本人和中國人，我想著也許有益，所以答應了。執筆中感到，關於日中關係，說是「同文同種」、歷史性關聯很深，一開始就這樣定義，但實際上放在歷史上看，並非如此。

日中兩國國民，什麼時候有過密切的關係？

日本吸收了中國的文化，但這是單方面的，很難說是雙方的接觸。即使是遣唐使，也只是極少數精英的留學生。

倭寇擾亂中國沿海，只是小規模的搶掠。而且，史書上說「真倭十中一二」，有很多中國海賊裝成日本人，真正的日本海賊很少。這也不能算是大規模的接觸。

「元寇」的時候又如何呢？托神風的福，只是擦肩而過，也不能算是接觸。

德川鎖國時代就不用說了。直到明治，可以說兩國基本上沒有大規模的接觸。

隔開兩國的海，直到蒸汽船的出現，一直是保障「互不干涉」的屏障。從某個角度上來看，這對兩國國民來說，是一種幸福。

日中兩國之間，幾乎沒有像樣的接觸。雖說幾乎沒有，但也留下了極少數的例外。

豐臣秀吉出兵朝鮮，可以說是唯一的例外吧。

從這種意義上來說，朝鮮之役可以說是不可估量的大事件。而且，這一事件即使在戰爭經過上，也有很多不清楚的地方。關於原因，也很模糊。因此，這是一個需要深入研究的課題，怎麼重視也不為過。

知己知彼百戰不殆（瞭解對手，瞭解自己，百戰都不會失敗。）

這是《孫子》裡的話。

《孫子》是中國的戰爭聖經，拳拳服膺。所以，收到報告，聽說日本出兵朝鮮，明國當然就開始努力瞭解「彼」——也就是日本，更具體的是要瞭解豐臣秀吉。

在瞭解敵人上，日本方面更為有利。

日本的文學、文化，都是從中國傳來的，日本一直被中國的東西（各種意義上的）所包圍。而明國，從古代到明治，在這個國家，可以說都沒有怎樣研究過日本。

為什麼呢？因為最近數十年倭寇猖狂，作為對策，才進行了一定程度的日本研究。

元末（一三二〇年左右）編纂的中國地理書《廣輿圖》，在倭寇猖獗的嘉靖四十年（一五六一年），補充了日本和琉球的部分，刊行了改訂版，因為有此必要。

在同時期，胡宗憲的《籌海圖編》出版，提供了很詳細的關於日本的知識。

山城君（天皇）的號令不行；和泉一州八萬戶，皆居積貨殖……等，有很多很詳細的關於西日本的情況介紹。

但是，就算明代盛行日本研究，也只是相對而言，在其他時代，中國對日本都毫不關心。明代研究日本，是因為要探討倭寇對策，在受害最大的長江（揚子江）沿岸到南中國，吸引了有識之士的注意。但北方並非如此。

秀吉出兵朝鮮，明朝政府為了救援朝鮮，下達動員令，主要是動員遼東諸營的軍隊，也就是日本人稱為「滿洲」的地方。那邊的人，只是有識之士偶爾聽到過倭寇之禍的風聲。被動員的士兵，也許連「日本」這個國名都是第一次聽到。

在救援朝鮮的明軍中，有一部分炮兵是從遼東以外動員來的，被叫做「南兵」。

儘管如此，明軍所知道的日本的戰法，只有倭寇出其不意的游擊戰。至於大部隊的野戰，對日軍的戰法、實力等，一點也不清楚。

因此，必須緊急收集情報。

雖說如此，但對方是基本上沒有往來的國家，收集情報的困難可想而知。

情報的首要來源是在日本的明國人，偷偷向本國通報「日本情況」，這對明國政府認識日本，有很大貢獻。

留在日本的明國人，基本上都是被倭寇擄去日本的技術者，或是商人。

例如，成為島津藩醫的許儀後等人，因為工作關係與藩主親近，及早得知了秀吉出兵朝鮮的消息。然後，想盡辦法通報故國，費了很多心思，最後托人成功將密信送給福建當局。

其次，是從曾經在日本、之後回到明朝的人那裡得來的情報。

但是，這兩種方式對戰爭而言，都微不足道，只能提供一般情報。

第三種情報來源，則是戰爭開始以後，由成為俘虜的日本人所供述的。

在這種情況下，其他國家的人會故意提供虛假的情報。但在這一點上，日本人似乎相對誠實地招了供。既然已經被捕，掙扎也沒有用，這是日本人單純的性格所致吧。

那麼，從這樣的情報來源所得到的關於日本人的情報是什麼樣的呢？

二

明國的敵人是日本，其主將是豐臣秀吉這個人。

即使在現代，敵國最高首腦的性格，也對戰爭有巨大的影響。更何況是在十六世紀末、十七世紀初，當時個人的力量是很大的。因此，首先要瞭解首領。

那麼，明國是怎樣理解秀吉的呢？我們來看看。

正史《明史・日本傳》中說：

——平（豐臣）秀吉，為薩摩州人之奴。

出生地弄錯了。說秀吉是薩摩人的奴隸，這一點也很可笑，他的主人信長是尾張人。

我手邊有萬曆丙午年（一六〇六年），諸葛元聲撰的《兩朝平攘錄》的影印本。從中看看明人的「秀吉」觀：

平（織田）信長為關白，常統帥部下，秀吉為其義子……

這個開頭已經錯誤滿篇。信長沒有當過關白，也沒有收秀吉為義子。

秀吉幼時微賤，不知父，母為人婢妊娠。生子欲棄，有異徵而未棄。及長，勇力矯捷（勇敢敏捷），不營生業。先為魚行商，醉臥樹下，信長狩獵相遇，驚起紛爭。

這原本是矢矧橋的蜂須賀小六和日吉丸的相遇，在這裡換成了信長，橋下變成了樹下，這樣是為了和木下藤吉郎這個姓扯上關係，牽強附會編造出來的吧。

出生雖可疑，但幼時卑賤——這確是事實。

「秀吉常上高樹」——這一定是想說他如「猿」一般的敏捷。

信長每帶秀吉出兵，戰無不勝，大為寵愛，賜田土，改名森吉。凡助信長，計奪二十餘州……

前面一段講的是信長從樹下遇到秀吉，讓他照顧馬，取名「木下人」。所以，把「木下人」改成了「森吉」。

信長自恃功大勢盛，遂弒國王，自篡立……

所謂信長弒國王，大概是說他放逐足利將軍義昭，廢室町幕府。這本《兩朝平攘錄》中，提到信長害怕秀吉造反，因此增加領地任命他為「攝津鎮守大將」。

參謀阿奇支者，得罪信長，命秀吉統兵討之。俄信長為其下明智所弒。秀吉方攻滅阿奇支，聞變與部將行長等乘勝舉義兵，誅明智。此為萬曆十四年……

這一段有些混亂。阿奇支大概就是明智吧，但又出現了一個明智。在征伐中國的途中，秀吉聞變撤退，阿奇支大概不是明智，而是荒木。荒木村重正是信長的部下，因受到懷疑謀反而出逃，託付於毛利，這還比較對得上號。

秀吉滅明智是在天正十年（一五八二），明國的年號相當於萬曆十年，與史料記載有四年的差異。

接著提到了信長的兒子，說秀吉把他們都廢了，然後自立，把關白讓給養子孫七郎。原註中說，名為見吉，秀吉早年無子，收為養子，二十一年七月十一日生一子，流放孫七郎守關東，後來二十四年聽信讒言以謀反之名誅殺。不用說，這指的是秀次，這一段交代得很詳細。

此後越發治兵，征服諸州，萬曆十七年兼併六十六州，皆收為臣僕。秀吉法令嚴格，綁釘殺戮等，用盡諸法，兵士只進不退。遇水火不許後顧。如有後顧者，其子婿皆被斬。因此所向無敵……

這段講述了秀吉法度嚴峻、刑罰殘酷。

始征關東，以十二匹馬馱黃金，用心攻殺敵者，賞馬上黃金。另以黃金離「間」，殺戮示威……

看來，秀吉不僅實施恐怖政策，還採用黃金攻勢。其後還有割掉不服者的耳朵，放在二十匹馬上馱回去的例子，說他「誅戮殆不盡」。

所奪諸州，必取其子弟為質，皆迫於威計，並非心服。秀吉多智略，剛果有決斷力，恩威並施，脅迫眾人，又善於用人……

這裡指出了秀吉的狡智，同時稍微稱讚了他善於用人這一點。但是，對他的好色和兇殘，也不遺餘力地加以筆誅。

性淫嗜殺。見京都富民妻美貌者，奪而為妾。又聞豐後王（大友家）之妻甚美，命來京都。但其妻守義未出京，秀吉命王出朝鮮。又秀吉之婢一時參拜寺院晚歸，懷疑有姦情，抓以和尚為首的寺眾五十三人，在市中處滐刑。對秀吉的鷹張網之人，見者十四人，皆被殺。

於護屋島（名護屋）等地築四城池，名為「眾快樂院」，各城周圍三四里，大石高聳三四重，河（濠）寬二十餘丈，其中建宮殿。大樓閣九層，飾以黃金，下隔寢殿百餘間，選民間美麗女子藏於其中。每夜東西遊臥人不知，以防暗殺。……

似乎「眾快樂院」是聽說了聚樂第而記下來的，地點是護屋島那就錯了。但是，這一段很詳細地描述了太閣喜好奢華。

另外，還提到了每天晚上不定睡的地方，以防止暗殺的謹慎用心。

如此這般，雖有傳聞失誤，但很好地抓住了秀吉這個人的本質，描繪出了輪廓。

與正史《明史・日本傳》中的秀吉相比，《兩朝平攘錄》是一個民間人士的著作，它更生動地描繪出了秀吉的肖像。這是因為《明史》是張廷玉編纂的，是朝鮮之役之後百數十年的事。

從這一點來說，《兩朝平攘錄》寫於萬曆丙午年，是日本的慶長十一年（一六〇六年），秀吉死後日本軍隊從朝鮮撤退僅僅八年。

所以關於秀吉的傳聞栩栩如生，人物形象也十分鮮明。

三

令人感興趣的是，《兩朝平攘錄》卷四的結尾，記載了浙江省台州寧海人蘇八成為俘虜被送往飛蘭島（平戶），親眼所見的關白秀吉。

那是萬曆十八年（一五九〇年）的事。因為關白對薩摩的藩主發怒，就授予飛蘭島主千名士兵，命他征討薩摩。蘇八也從軍了，他在相當近的距離看到了關白。

> 關白左頰有黑痣數點，臉似犬形，年六十餘，只有一子近三歲。薩摩不征而服……

在日本把秀吉叫做「猿面冠者」，蘇八卻說似犬形。

但是，萬曆十八年是日本的天正十八年，這一年秀吉出征小田原。所以，對蘇八這個人物的話也要提高警惕。不過，「黑痣數點」的描寫倒是很逼真有趣。

在中國諸書裡登場的秀吉，被寫成狗臉、掃廁所的之類人物，是反面角色。因為他是戰爭對手的頭目，如此描寫可以激起「鬼畜美英」式的敵愾心。

其中的傑作，是說秀吉是中國人。秀吉出身卑微，但卻位極人臣，確實是偉人。這樣的傑出人物，不可能出自那個狹小的東海島國，他大概是中國人吧——這是「中華思想」的表現。日本也曾經想證明成吉思汗就是源義經[1]，同樣的想法，促使「秀吉是中國人說」的出現。

「秀吉為華人流入倭國」，在《懲毖錄》中有這樣的記錄。

或是也有可能是奔走於講和簽約的沈惟敬們，想緩和明國的反日感情，因此有計劃地散佈謠言——「對方的大將，實際上出身於我國」。

《日本犯華考》中說：「關白以華人簒奪山城之君（天皇）。」

實際上，戰爭一結束，敵愾心也就收起來了，可以變得冷靜了。這樣一來，就能聽到一些表揚秀吉的話。

清初王士禎的《香祖筆記》中記載說：「嘗從遼左（所謂南滿洲）得倭帥豐臣書一紙。書間行草，古雅蒼勁，有晉唐風。是朝鮮破後，求其典籍之書也。」

日本出兵朝鮮，得到的附贈品是把朝鮮陶工帶到日本，振興了陶藝。這是文化方面的副產品，不過搜集典籍，似乎也是太閤的命令。

這是對他國文化遺產的失敬，當然是不值得敬佩的事。但是，比起燒毀破壞，要好多了。對這件事，王士禛評價說：「鱗介之族尚能好古如此。」

「鱗介」就是魚鱗和貝殼。海濱漁夫之國的頭目好古，這值得感歎。這是王士禛的口氣。

王士禛所見的豐臣秀吉的信是什麼樣的呢？

從中國人看來，書法被評價為有晉唐之風（王羲之、顏真卿），大概是指寫得相當好吧。但是，太閤大人在日本儘管威風凜凜，也沒聽說過他字寫得好。

署著秀吉的名，也許是五山學僧寫的。

不過，秀吉為什麼出兵朝鮮呢？

陶工和典籍是副產物，當然不會為了這些發動戰爭。或許對中華之物有所憧憬，但也不會成為直接的動機。

關於秀吉出兵的動機和原因，好像還沒有定說。

也有人說，這是出自秀吉幼稚的浪漫幻想。

被稱為誇大妄想也沒有辦法，實際上，也並非完全如此。再晚二十年或是三十年，也許會變得不再是誇大妄想。

半世紀後，大明帝國為滿族的清王朝所滅，當時滿族男女老少共二十萬人，另一種說法是十萬人。

【1】源義經（一一五九—一一八九年），日本平安時代末期武士。

不論如何，人數很少的民族，率領不能算是強壯的滿洲兵（關於滿洲兵的實力，內藤湖南做過考察，評價說沒有蒙古的元軍強），征服了四百餘州。明國的政治腐敗墮落至此。

秀吉出兵朝鮮就有二十萬兵，據推定，還有約三千萬人口的國土做後盾。在國力、戰鬥力方面，滿洲都比不上日本。

總之，明帝國的墮落，在朝鮮之役時，還不是那麼嚴重。此役以後，開始急速腐敗。還不到二十年，宦官魏忠賢這個不學無術的小人就壟斷了政治，使國家疲憊凋敝，四處流賊蜂擁而起，

朝鮮之役發生得太早了——大概不少日本人因此覺得很可惜吧。

但是，明帝國疲弊而敗給滿洲軍團的一大原因，是因為朝鮮之役的戰費支出和其他方面無法承受的事實。

秀吉出兵朝鮮，用春秋筆法來寫，就是讓滿洲軍團功成名就，就是俗話說的「一失足成千古恨」。從日本國內的政局來看，這次戰爭中未出兵的德川家積蓄了力量，在秀吉死後得到了天下。在這個意義上來說，秀吉不論是在國內還是國外，都是「一失足成千古恨」。

在三國（日本、中國、印度）彰顯功名，讓唐、南蠻臣服，因為這種權力者的「羅曼蒂克」，讓敵我雙方幾萬無名的士兵倒在戰場上，真是夠嗆。

也有人說，秀吉是為了保豐臣天下的安泰，削弱諸大名的實力而發動戰爭的。如果這樣的話，沒有向最有實力的德川家下動員令，是很大的疏忽。

也有人說是為了恢復對明國的貿易。

據朝鮮的《宣祖實錄》記載，日本的說法是：

南滿、琉球皆是外夷向大明奉貢稱臣，日本為一棄國，未參其列。前以此意請朝鮮欲傳大明，朝鮮牢不肯許。不得已舉兵出來。

或是：

日本不朝貢天朝已久，嘉靖十二年以來斷絕相通。更欲朝貢，朝鮮阻絕入貢路，以此來攻。

「想向明朝貢，朝鮮阻擾，所以來攻」——這是引用小西行長的話。「朝貢」這個詞很是複雜，大概地講，可以理解成貿易。

四

明國以「海禁」為國是——禁止和海外的交通。不過，也不是說國際貿易全都不行。也有漏洞，那就是「朝貢」。仰慕中華皇帝聖德，臣從的諸外夷都送來貢品。憐恤遠道而來的外夷，明國皇帝接受進貢。但是，反過來要下賜數倍於進貢品的物品。這就是「朝貢」的風俗。

朝貢與回賜——貿易以這種形式進行，而且只能以這種形式通商。朝貢是賺錢的生意。對外夷來說是賺錢，而對接受貢品回贈更多的明王朝來說，就是賠本。

因此，從明王朝看來，不能這麼容易就讓他們來進貢，所以設置了很多限制。東北的滿洲族，也是因為被過於限制進貢，於是抵抗起來，最終滅了明國。

在足利義滿寫給明國的賀表（慶賀永樂帝即位的信）中，寫道：「日本國王，臣源，表……」向外國稱臣，這是國恥，因此評價很差。

但是，不這樣就無法朝貢。而且，朝貢的前提就是，被奉為哪裡哪裡的國王，必須接受「日本國王之印」的印章。

明永樂帝在寫給足利義滿的國書中說

咨，爾日本國王源道義，知天道，達理義，朕登大寶（帝位）即來朝貢。歸鄉之速，足以褒嘉。

意思是說，朕即位後，馬上就來朝貢，對其迅速十分佩服。被封為國王，也不一定就被允許朝貢。朝貢就是如此大的恩典，被封為國王，僅僅是得到了被允許朝貢的資格。

雖然有很多理由，但依我看來，豐臣秀吉很重視貿易的利益，這一點不能否認。所以一開始，他並沒有想征服四百餘州。

和戰爭打過交道的武將，必然是合理主義者。豐臣秀吉也不可能僅僅是浪漫主義者。

就如後來的議和交涉中所主張的，首先從朝鮮入手，讓它割讓四州左右，這大概是基本底線。然後根據戰況，到時再看。當時無疑是這樣開始出兵的。

從這個意義上來說，秀吉軍初戰告捷、破竹般的進攻、平壤戰爭，然後明軍奪回平壤、日軍馬上在碧蹄館獲得勝利——這一連串的戰事，意義重大。

佔領平壤時，在豐臣秀吉的腦中，「進攻明國把天皇移到北京」這一構想有了現實性。

但是，平壤被李如松的明軍奪回，這個夢想就被擊碎了，因為秀吉是個現實主義者。想奪取天下的人，要不斷直視現實，分析研究對策，對現實的認識很敏感。

出兵朝鮮以後，秀吉肯定也是不太在狀態。一直以來，在日本國內戰爭中，對對方的手段基本上都很瞭解。但是面對朝鮮和明軍，目前為止還沒有交過手。

在開戰之初，意外地發現朝鮮軍不堪一擊，但還不知道明軍實力如何。明國那可是產生了讓戰國日本武將尊敬不已的《孫子》和《吳子》的國家的軍隊，說不定強得都不能近身。

戰勝了祖承訓率領的明軍，秀吉大概還沒有安心。祖承訓的級別只不過是副總兵，軍隊也不是明軍中最強的，所以秀吉一定還很謹慎。

率領明國大救援軍的，是經略宗應昌和提督李如松。

據說李如松字子茂，是明軍的總大將。一般認為他是漢人，但實際上他不是純種的漢人。根據《明史列傳》的記載，他父親李成梁是朝鮮人。

所謂「中華思想」，有時令人生厭，但像這樣寬宏大量地採用異民族人，也很胸襟豁達。唐玄宗時期，威風一時的安祿山是伊朗人，同為唐代猛將的、在西藏戰鬥的高仙芝將軍則是朝鮮人。

話扯遠了，據記載，李如松一家世世代代都是鐵嶺衛的軍人，父親李成梁甚至當上了遼東的左都督，據說率兵出征每戰必勝，長壽九十歲。

李如松是長子。兄弟名字中都是「如」字，下接樹名——如柏、如梅、如楨、如樟。他自幼隨父從軍，在戰場上接受實地訓練，是職業軍人中的職業軍人。不沾酒和女人，是他們軍人兄弟的共同特點。

據說，救援朝鮮的明軍有四萬三千人。軍律嚴明，嚴命不得侵犯朝鮮婦女，違反者斬。由這支軍隊來攻被日軍佔領的平壤。

據說，固守平壤的小西行長所率領的士兵有八千人。

攻擊方是以李如松為首的四萬三千人的明軍，另外，還有一萬多名朝鮮軍。

而且，李如松麾下，還有帶著大炮和火箭的南軍。

小西軍奮力作戰，但力不從心，渡過結冰的大同江，敗走京城。處在中間位置——開城的小早川隆景、黑田長政諸軍，一見形勢不妙，也逃入京城。

對李如松來說，這是大勝。但是，平壤的抵抗十分激烈，為了謹慎，不敢深追。

「日本軍到底怎麼樣？」對第一次交手的對手不知如何是好，大家都一樣吧。

秀吉在日本聽說平壤失守的消息，似乎有點心虛——明軍果然很棘手。

秀吉的這種心理，導致了講和。

明軍方面的反應也一樣——日本很強。之所以認識到這一點，認真考慮講和，是因為碧蹄館的戰敗。

李如松在平壤稍作觀望，似乎覺得日本軍很弱。

如果認為敵方弱，那麼這支軍隊就成了「驕兵」。

李如松率驕兵赴京城，在他出發之時，已經失策了。

顯露出軍人可憎的一面——那就是功名心和「偏袒」。

五

日本軍在初戰中大破朝鮮軍，又打敗祖承訓率領的明軍，原因是「鳥銃隊」的勢力強勁。中國把「小銃」叫做「鳥銃」。

從葡萄牙人來到種子島算起，秀吉出兵朝鮮時，正好是第五十年。

葡萄牙人第一次在中國廣東的屯門露面，是在登陸種子島的二十八年前。

當時的貿易由武裝商船進行，葡萄牙人來了，說明他們的武器也隨之傳來了。

葡萄牙人渡來的第五十年，日本建起了精銳的小銃隊。明軍常淋著鐵炮彈丸白走，因為他們沒有小銃。

可是，守在平壤的小西麾下的精銳日本軍，儘管對手人數有七八倍，但其依靠著堅牢的城壁，為何還要逃走？

因為明軍有火炮。

被形容為像老虎蹲著的「虎蹲炮」、「火箭」等火箭炮，在攻城戰中發揮了威力。

當時葡萄牙人也不斷湧向日本。日本人用了他們的小銃，卻對大炮不怎麼感興趣。

可是，中國卻正好相反，對小銃沒有多大興趣，而對採用大炮卻很有興趣。

這好像顯示了日本人和中國人性格的差別。日本人很擅長拿在手上的靈巧的個人武器，中國人則喜歡大的、要幾個人一組操作的武器。

正如日本人普遍使用「弓」，沒有採用「弩」，因為它太龐大，需要好幾個人操作，而且一開始就有瞄準器。「弩」不是沒有傳入日本，應神天皇時就有「弩」的記錄，現在還有「超弩級」這個詞，留下僅有的痕跡。

閒話少說，李如松率領的明軍中，只有南方的兵團擁有火炮。對李如松來說，南軍只是別人交付的部隊，不是直屬部下。

遼東將軍李如松的嫡系部隊，是被稱為「北兵」的輕騎兵。如前所述，在平壤收復戰裡發揮威力並奪取勝利的，是明軍的火炮，因此勝利歸於南軍的功績。李如松內心也覺得沒趣吧。這次本想給機會讓疼愛的部下輕騎兵揚名立萬。

自古以來，軍人都庇護親信。在這次戰爭中，海軍特攻隊打頭砲的是學徒出身的預備將校，但當局卻另作安排，換成了海軍兵學校出身的將校。

李如松就是這樣關照親信，這就是所謂的「偏心塌台」。

因此，在進攻京城的部隊裡，沒有帶有火炮的南軍，只由「北兵」輕騎兵組成，總人數二萬。沒有火炮的明軍，日本軍一點也不害怕。

最終，這支輕騎兵部隊在碧蹄館被小早川隆景、立花宗茂的軍勢壓倒，遭遇崩潰性的戰敗。不用說，這時日軍的小銃隊發揮了威力。據說，明軍死傷一萬餘人。

這成為議和的契機，不知從哪裡起用了沈惟敬這個來路可疑的人物，去跟日軍議和。

關於沈惟敬，筆者曾經寫過小說。似乎是他自己毛遂自薦，但只是當權者操縱的小丑，他自己都不知道這一點，完事後就被拋棄了。

從他的言行中，可以做上述推測。但是，最終只是推測。也許，出乎意料，他是個了不起的人物。講和交涉中，沈惟敬向北京朝廷撒了謊，小西行長也向秀吉撒了謊，議和總算談成了。

但是，那是沒有快速的交通工具，又沒有電信的時代。同時，也沒有報紙記者這種聒噪的存在。只要幹得巧妙，就有可能撒謊糊塗應付過去。

撒的謊隨時都會被戳穿……——看了沈惟敬的言行，現代人會這樣想。

如果他有把和小西行長共同謀議的謊話堅持到最後的自信與實際的周密打算，他可能是個不同尋常的、了不起的人。

小西行長和沈惟敬的商定，推動了兩國的議和。

但是，如果以此斷定小西行長是鴿派的話，那就錯了。

首先要考慮到，小西行長是堺市貿易商人的代言者，他的女婿、對馬的宗義智是貿易大名。

當時，日本從朝鮮進口棉花。棉花在當時是高級衣料，日本並不出產。

為了進口棉花，日本要回過頭來把從東南亞進口的南蠻物產，出口到朝鮮。進行的是三角貿易。買賣南蠻物產的是堺市商人，直接和朝鮮做交易的是對馬的大名宗家。

這是一種帶來暴利的貿易。但是，朝鮮方面以「歲遣船」威名，限制每年從日本來的貿易船數。為了促使撤銷限制，能進行自由貿易，日本才產生攻打朝鮮的念頭。但是，既然是生意夥伴，打得太狠就一無所獲了。

在一定程度上讓對方見見世面，教訓一下對方，小西行長和宗義智的目的可以說就達到了。

所以，小西行長、宗義智是開戰的首謀，也是講和的首倡，這一點並不矛盾。

在《宣祖實錄》中，也記載了加藤清正對朝鮮僧惟正說的話：

當初，首創凶謀（出兵朝鮮），以妻父行長為先鋒，來你國為賊者為平（宗）義智。

這想必是事實。

六

小西行長們只要在貿易關係中處於有利地位就行了，於是見目的已經達到，便開始奔走於終戰工作。為了講和，必須要糊弄秀吉。

平壤被奪回，秀吉已經動了講和之意，但日明兩國的條件有雲泥之別。秀吉的條件有七條：

一、讓俘虜朝鮮二王子歸國。

二、迎娶明國的皇女為日本后妃。

三、恢復勘合貿易，讓船舶往來。

四、日明兩國大臣交換誓詞。

五、返還朝鮮四道及國都。

六、以朝鮮王子和大臣為人質。
七、讓朝鮮權臣立誓累世不犯日本。

明朝的條件是：

一、返還朝鮮全土。
二、二王子的歸國。
三、關白秀吉謝罪。

秀吉是戰勝國的態度，明國拿出問罪譴責的姿態，兩國不可能談得順利。所以，只能糊弄。

例如，與明國的皇女通婚是不可能的。沈惟敬對明國政府說，日本希望「和親」。和親就是成為親戚，有通婚的意思，也有和好的意思。用得很妙。

最後黔驢技窮，甚至偽造了關白秀吉的謝罪文。內容是：

特請賜冊封藩王名號，如此，世世為藩籬之臣永久獻海邦之貢。

「冊封」就是承認輸了，「朝貢」就是交易。如前所述，冊封是朝貢的前提，但不是受冊封後就自動允許朝貢。

明國王室的決定是：

許冊封，不許朝貢。

一經動武，如果許冊封和朝貢，周圍的野蠻人也許都會仿效。所以，只允許一件。

封爾日本國王。

帶著誥命書，沈惟敬於慶長元年（一五九六年）來到大阪城。

正使是李宗城，副使是楊萬亨，沈惟敬只是隨員。

不過，知道內情的正使李宗城，害怕之下從釜山逃亡，並佯裝發瘋。

不得不升副使楊萬亨為正使，沈惟敬幸運地當上了副使之位。

九月一日，使節登上大阪城。

豐臣秀吉對明國國書大怒，當場撕破扔掉——這一場面很有名。

《日本外史》中也說：

立脫冕服，拋之地，取冊書扯裂之。

然而，誥命書現在仍然存在，並沒有撕破的痕跡。因為誥命書是寫在棉布上的，沒那麼容易被扯破。這應該是賴山陽虛構的。

實際上，九月一日，秀吉見明國使節時，受領了誥命書、日本國王之印，以及其他明朝冠服等。而且，第二天，秀吉穿上明朝冠服，設宴招待明使。

秀吉沒有學問，大概對誥命書的意思不太明白。但是，對「封爾日本國王」是明白的，於是收下了日本國王之印。

秀吉怒火中燒，再次命令出兵，是後來聽五山學僧解說，得知講和的七項條件完全被明朝無視。日本有天皇在，卻把天皇拋在一邊，他國封自己為日本國王，這算怎麼回事！——這樣解釋秀吉發怒的史家的名分論，畢竟只是後世的推測。

足利義滿受明國封為日本國王的例子暫且不說，德川家康給朝鮮使節的文書中，也署名為日本國王源家康。

小西行長的終戰工作失敗的最大原因，是沒有收買五山學僧。如果解說國書的學僧也串通一氣，秀吉就完全被蒙在鼓裡，成了「光身子的皇帝」了。

明帝的皇女怎麼還沒來？

人質怎麼樣了？貿易呢？

即使催促如箭，小西們只要藉口推託：路途遙遠，諸事要花費時間。然後等秀吉歸天就行了。

這樣，和談決裂，導致第二次出兵朝鮮。

第二次出兵，對日本方面來說，戰局進行得並不順利，將士在異域陷入困境。然後，秀吉一死，日軍就全面撤退了。

明治以前，日本和中國，持續最長時間的、幾十萬人規模的接觸，只有朝鮮之役這一次。朝鮮之役歷史重要性便在於此。

對明治以前的中國有識之士做問卷調查：舉你知道的一個日本人名。平（豐臣）秀吉一定得分最高。得分第二高的也許都沒有。一般來說，中國人在很長時間內，一說到日本人，就只知道豐臣秀吉。

中國人眼中的秀吉像，如前所述，秀吉等同於日本人，秀吉像就成為日本人像。不，不必用過去式，印在現代中國人腦中的日本人的形象，也許還殘留著秀吉的印象吧。

第十六章　曹操是奸賊還是英雄

一

任何一個時代，庶民的生活都不輕鬆，如果窮困到達一個極端，善於忍耐的他們也會作亂。

後漢末（二世紀後半到三世紀初），政治十分腐敗，外戚和宦官掌權。不知是否後漢王室有夭折的血統，成為未亡人的皇后，擁幼帝攝政的情況很多。她們選擇的政治顧問，自然都是娘家人，或是身邊的宦官。外戚指的是一族之中偶然出現了皇后，因此坐上權力寶座，但不是胸懷治國平天下的經綸、汲汲努力而來的人。至於宦官，是受刑後的廢人，或是其同類，除了極少數例外，大都有性格缺陷。

他們居於廟堂，整日忙於險惡的勢力鬥爭，在莊園裡就任意驅使人民，貪得無厭，唯利是圖。史上記載，刺史（地方長官）如虎豹般貪婪，苛待人民。

後漢時代，穀物最後漲到一斗數百錢。一斗，大約相當於現在日本的一升。之所以漲價，劣質貨幣的製造是一個原因，但根本的原因還是政治腐敗。

不得不亂。響應這種需要的勢力，漸漸在民間產生。最初是救人民於苦痛，採取了祈禱治病的即物性宗教結社的形式。有張陵的五斗米道（或是天師道）、張角的太平道。要尋求根本解決人民痛苦之路，宗教結社就必須帶有政治性。太平道的信徒們，最後以黃巾卷頭為標誌。世上稱這場農民戰爭為黃巾之亂。

為了討伐黃巾，朝廷派遣了諸將。在所謂的「賊徒」被鎮壓後，有著顯赫功績的軍閥被留在各地，各軍閥繼續抗爭。這就是《三國志》反映的時代。

這個時代，也是資訊時代。

世人眼見漢室的式微，紛紛感覺易姓革命近在身邊。但是，下一個掌權者是誰？所有人都很關心這件事。

要跟隨誰呢？——這是切實的問題。認那個人做主人，就必須跟他同命運。所以，如果選擇錯誤，不僅會失去榮達之路，還會危及到自己的性命。

必須慎重選擇。為此，關於主要人物的資訊，要盡可能多地收集，以作為討論的資料。

這個時代，評論家，特別是人物評論家輩出，這是出於生死攸關的迫切需要。

二

一個人物鑑定專家叫做郭泰，字林宗。他根據需要來評論人物，也為人設計適合此人的人生道路。據說他的預言百發百中，以致於有很多關於他荒唐無稽預言中的故事。《後漢書》記載著很多後世之人誇張的無稽之談，同時也列舉了很多真有其事的故事。

只是，郭泰的人物評論並沒有危險性。司馬光在《資治通鑑》中說，別的評論家不是挑到蛇頭，就是踩到虎狼尾，結果被課以重刑，禍及朋友。相比之下，只有郭泰能明哲保身，誇獎他為普通人所不能模仿。

但郭泰的評論不夠深入，四處設置了逃生口，表現很委婉，說話也是八面玲瓏，很穩當。

害怕毒蛇和虎狼的評論，做為評論來說不夠有趣。缺少激怒他人的毒舌，所以能夠保全性命。對當事人來說，很值得慶幸，但多少讓人覺得意猶未盡。

還有一個人物評論家叫許劭。字子將。他和表兄弟許靖每月初一見面，評論天下著名人物。人們稱之為「月之旦」的評論。「月旦」一詞由此而來，現在仍在使用。

一天一個青年來到許劭家。打扮不錯，眼神卻不尋常，氣概像俠客。

「請評價一下我」——青年人言詞恭敬地請求道。

許劭本不想回答，但青年伺機脅迫，許劭不得已說：「你是清平奸賊，亂世英雄。」

青年人臉露喜色離去。

「清平」就是太平的意思。

被稱為「奸賊」而面露喜色，這個青年就是曹操。這個故事很像發生在曹操身上的。而且許劭不像郭泰一樣八面玲瓏，被評價為有話直說的毒舌評論家。

不過，許劭已經是看面相的老手，一見這個有俠客氣質的不良少年的面相，就應該知道說什麼他會高興吧。儘管他的直言和毒舌，但許劭也在亂世中平安無事地活了下來，得以終老。

仔細想想，後漢的政治已經混亂至極。也就是說，清平之世已去，應該看作已經進入亂世。那麼，「清平奸賊」就是無效的話，重點在於「亂世的英雄」。青年曹操因此才會高興。

看透了這一點而巧妙裝扮直言、毒舌，可以說許劭比汲汲避過舌禍的同行郭泰更高明。

還有一個叫橋玄的人物評論家。他更有名的是有兩個美女女兒。世人稱這對姐妹為「二橋」（二喬）[1]。後來，姐姐成為吳國的孫策之妻，妹妹成為吳國的周瑜之妻。曹操在無名時代，見到這位橋玄，他說：

——我見過許多天下名士，還未見過比你更傑出的人物。我已經年老，請照顧我的妻子兒女。

《魏書》記載了此事。

果真如此話所言，橋玄把「二橋」託付給了曹操。可惜他當時還是白面書生，眼睜睜看著「二橋」嫁入吳國。後來曹操與吳蜀聯合軍戰於赤壁，這大概是奪回二橋的戰爭吧。做為在《三國志通俗演義》中登場的老謀深算、冷酷無情的壞人曹操，無法想像這種開戰動機。但是，如果把他當作樂府詩人曹操，為奪取二橋出陣，很有可能。

《世語》中說，是橋玄讓曹操去見許劭。

《異同雜語》中說，許劭評價曹操是「治世能臣，亂世奸雄」。

正史《三國志》中，品行不好的曹操，世人都不承認，只有橋玄對他說：「如今天下已亂，能安定天下的，唯有你。」

《後漢書・許劭傳》和《異同雜語》中評價曹操的話很不相同。

前者是：清平（治世）→奸賊―能臣

後者是：亂世→英雄―奸臣

只要稍露頭角，就成為當時「月旦評」的話題。各地像郭泰、許劭這樣的小評論家多如牛毛，必定積極地進行小月旦。

可以看出當時的人們是多麼如饑似渴地想知道——當今世界有些什麼人物。

曹操成為六百石的議郎，作為騎都尉出征討伐黃巾時，被矚目為是「逐鹿戰的年輕有望選手」。

當然，他也列入了月旦評的名單。

【1】編註：據《後漢書》、《三國志》中記載相關紀年推算，史實上橋玄似不可能為二橋的父親。

三

曹操是個忠實於自己感情的詩人。正因為如此，旁人看來有點瘋狂。他在世時沒有篡奪帝位。我從這裡感受到了他微妙的「躊躇」。這種躊躇，正是詩人的羞怯，是他精神的核心吧。司馬光在《資治通鑑》中說，曹操未廢漢而自立為天子，是因為畏懼名分並自我克制，這說明了教化的重要性，也讚美了這一點。

曹操去世之前的一年，侍中陳群等人說服他即帝位，他回答說：「若天命在吾，吾為周文王矣。」周文王自己沒有即位，兒子武王即位了。曹操的兒子曹丕也開創了魏王朝，情況完全一樣。這不是後來捏造的預言故事，應該看作是曹操的真心話。

——以歌言志。

在曹操的詩中重複出現的，是君臨天下的抱負、激昂的宣言。理想才是他的生命，他的一切。有即帝位的實力，而不去做。並非遙遙仰視，而是悠閒回首巔峰，曹操認為這是作為詩人觀照世界的最理想的位置。英雄和詩人相互呼應，兩者的聲音巧妙交響的地點，十分有限。走錯一步，一方的聲音就會消失，失去回應的另一方的聲音，就會被深淵吞沒吧。

得到絕好位置的曹操，不想離開。總有一天自己的子孫，會再進一步，建立新王朝，他必定總對自己說——我自己就算了吧。

曹操應該不是很拘泥於名分的人。想得開的他，一定覺得漢室怎麼都行。只是詩人的心直覺感到，如果自己當上天子，就不能再做詩人了。要避免這一點，這才是他不即位的真相。

實際上，像他的兒子曹丕那樣，成為天子又是詩人是可能的。但是，曹丕從一出生，就是權勢無匹的人的兒子。和父親曹操不同。做為宦官養子的兒子，從匍匐於地到渴慕青雲躍進，對不太在意名分的曹操來說，帝位也是聖域，如果沒有犧牲，例如折損詩才，便無法踏入聖域。對兒子來說，聖域就在伸手可及的地方，不是那麼令人眩暈。而且，曹丕比父親更能無視大義。從父親死的那天起，就把父親後宮的美女全都納入自己懷中。得知此事，據說他母親目瞪口呆，到這個兒子死時，也沒有流淚。

曹操在建安十五年（二一〇年）建造了著名的銅雀台。

中國的有權者，常常想要用銅建造巨大的建築物。收集大量的銅，其他地方製造武器的原料就會減少。同時，自己可以隨時重鑄，可以製造武器，這些是銅建築的優點。銅雀——這大概是曹操的自我比擬。

據說銅雀台左右各有玉龍台和金鳳台。

自己也許只是一只小小的麻雀。

「燕雀安知鴻鵠之志」，陳涉曾經這樣放言。麻雀任何時候都是小鳥的代表。

但是，作為宦官之孫，被視為小鳥的自己，怎麼樣，現在不是也有龍鳳跟隨嗎？

據說「龍」是夏王朝的標誌，「鳳」是殷王朝的標誌。龍鳳象徵著天下至尊的皇帝。

實際上，現在馬上就可以將龍鳳取而代之，但為了留下觀照的距離，還是當自己的麻雀吧。——顯示了這種自信。

據梅原猛氏說，一塔三金堂——這種飛鳥寺的配置，也許是蘇我馬子自比為塔，三金堂則比做依靠他成為天皇的皇子們。

曹操的銅雀台也與此類似。

後漢是推翻王莽篡奪之王朝後所建立的王室，很重視大義名份、秩序禮儀。曹操即使比皇帝更有實力，也不能在宮廷肆無忌憚地炫耀。即使被皇帝劈頭蓋臉地痛罵，也只能不當一回事，更不用說使用赤裸裸的權力標誌。

除此之外，曹操想到的是，建造以王室的財富也無法建造的、巨大豪華的建築物。這樣的話，誰都能一眼看出他的氣勢。而且，他詩人的腦中的靈感，體現在讓玉龍和金鳳跟隨著銅雀這一巧妙配置上。

建造的動機，是因為銅雀出土象徵一種瑞兆。據說當出現聖天子時，上天就會降下銳爪，這個出土故事意義微妙。

建造把出土的銅雀安放在屋簷上的壯美建築物，稱之為銅雀台，高十餘丈。右有金鳳台，左有玉龍台，高有法隆寺的五重塔那麼高。架上弓形拱橋，據說有千門萬戶，規模巨大，金碧輝煌，一定用了不少銅。

建造銅雀台，是曹操向天下宣言自己沒有覬覦帝位之意吧。但是，同時，也清楚地讓人們認識到，是他帶領著皇帝這一現實。

四

中國人常常動不動就引用《三國志》。據說演戲只要演《三國志》，票房就不會差。就像日本的《忠臣藏》。

正確地說，《三國志》是中國二十四史的正史之一，是陳壽用簡潔之筆寫成的優秀史書，但和其他正史一樣，都有點不好親近。膾炙人口的，是小說化的《三國演義》。

這個《三國演義》，是距離三國時代一千多年後的明代人羅貫中的作品。不過，關於三國的歷史，唐宋時的說書人就在演繹。

例如，曹操的詩有《短歌行》。這可以說是他的代表作，是他在赤壁之戰前，橫槊而詠的，但在正史上沒有記載。所以，也不定就是明代《三國演義》的創作，在宋代蘇東坡的《赤壁賦》中已經有：「釃酒臨江，橫槊賦詩，固一世之雄也，而今安在哉！」

蘇軾吟詠的也是正史上沒有出現的場面。吉川幸次郎氏也曾經指出，這位大詩人，大概也受到了節日裡說書人的影響吧。或者，也有可能是東坡先生的詩性修辭，被羅貫中先生寫進了自己的小說裡。

不論如何，可以確定的是，寫《三國演義》之前，三國時代的英雄故事就在說書時廣泛流傳。在中國漫長的歷史中，再也沒有這樣為人們所耳熟能詳的時代了。

隋唐、宋元、明清的興亡等，中國史上有很多次動亂時代，在這些時代裡登場的英雄們的名字，並不是那麼為人所熟悉。在日本，只有明末的國姓爺鄭成功是日中混血兒，稍微為人們所熟悉。然而，三國時代，日本還在遙遠的邪馬台時代的三世紀初。三國的興亡和登場英雄的名字之所以為日本人所熟知，這完全是因為這個時代的故事很多。而故事很多，則說明這個時代的資訊很多，而且廣泛流傳。

在日本，只有戰國時代可以與之比擬。織田、豐臣、德川家的政權交替，以及圍繞的諸多故事，比起其他時代，更廣泛為日本人所熟悉。這也是因為當時資訊很多，各種有趣的故事傳到人們耳朵裡，被記錄下來。

在眾多的故事中，也有很多不可靠的混雜其中。這些不可靠的故事，卻不一定被淘汰。有趣的故事，即使殊屬可疑，也為人們所歡迎，流傳久遠。

也可能故意讓一些錯誤的資訊流傳。暴露對手的醜聞，或是捏造故事說對方殘酷，污蔑對方，也是一種戰術。

樹敵多的人物，不光彩的故事就多。而且，從記錄這方面來考慮，對短命王朝的中心人物來說，不得不說是十分不利。這一點魯迅也指出來了，王朝存在時間短，記錄歷史的人，就不是自己的子孫，而是下一個王朝的史官。而下一個王朝正是推翻前一個王朝而成立的，要為自己辯解，也必須在一定程度上說前一個王朝的壞話。

只持續了二十年的秦朝國君始皇的事蹟，是到了推翻秦的漢朝才被記錄的。三十年的短命王朝隋的皇帝煬帝，由下一個朝代——唐代的史家之筆所記錄。

曹家的「魏王朝」壽命只有四十五年。而且，記載曹操事蹟的《三國志》的著者陳壽，是曹操的敵人蜀漢的舊臣，曾侍奉取代魏的司馬家的晉朝。因此，對曹操沒有同情之心。只是，即使如此，陳壽作為史家，執筆時注意不失公正的態度，曹操在正史上也沒有成為窮兇極惡的大惡人。

但是，流傳在民間的故事中，曹操成為被貼上標籤的壞人。同情弱者，劉備、關羽、張飛、諸葛孔明等越是被描繪成好人，曹操越是被描繪成壞人，成為惡的化身。這在戲劇裡最為明顯。演曹操的一出場，罵聲四起，演員也似乎回應罵聲，煞費苦心研究怎樣看上去像大惡人。

五

如果用現在流行的回歸「意外的歷史」的手法來分析，曹操也能顛覆一直以來的給人的印象。只選擇合適的史料，去掉其他的，佯裝不知道，也可以論證曹操是個小心翼翼的吝嗇小人物。

如前所述，曹操從後漢的劉家手中奪取帝位，建立了魏王朝，但實施者不是曹操，而是他死後，兒子曹丕捏造的。曹操稱魏武帝，是死後兒子送的禮物，他生前只是漢室封為魏王的丞相。曹操一死，兒子馬上就即了帝位，新王朝的創建十分容易。感覺所有的前期準備都已經做好了。曹操沒有做自己想做就能做到的事，這也可以歸結為他的優柔寡斷。

《魏書》上記載曹操在淯水祭祀戰死的部下之靈，當場嗚嗚大哭。

主張曹操是大惡人的人會說，在將士面前故意為戰死者哭泣，給人以大將軍為部下著想的印象，讓他們覺得為這樣的主人死也值得。這被認為是為鼓舞士氣而演戲，同時也被解釋成，為完成霸業連眼淚都利用的馬基維利主義。[2]

然而，同樣的事實，也可以解釋為曹操是個小混混，是個軟弱的愛哭蟲。平常都硬撐著。不過，有時

---

[2] 馬基維利是中世紀晚期義大利新興資產階級的代表，主張結束義大利在政治上的分裂狀態，建立強大的中央集權國家。他所主張的政治權術思想被稱為馬基維利主義。

候也會忍不住哭出來。他本來就不成熟。

小混混的說法有點勉強，但我不禁感到「曹操大惡人說」有極大缺陷。如果真如傳聞所言，曹操暴戾兇殘，是權謀術數的專家，他怎會任由這樣的惡評流傳而置之不管？要在各方面打下基礎，提高自己的聲譽，這才像鬼謀之士做的事吧。留下了許多惡評，反而說明他不是真正的策謀家。

曹操有經世的抱負。也曾作詩描繪自己想要實現的烏托邦。生活富裕、人民彷彿身處堯舜治世，老人不需負重擔等，描繪得很具體。為了實現這一抱負，最重要的是得民心。他應該比誰都更清楚這一點。天下歸心——這是他的傑作《短歌行》最後一句，嵌入這意味深長的一句，讓這首詩的結尾十分漂亮，可以看出他是多麼希望天下人心歸於自己。

然而，實際上，似乎只有他的惡評流傳於世。而且，很多是不可辯駁的惡評。

董卓進京師，隨意廢立後漢皇帝時，曹操認為和他站在一邊一定會沒有好下場，便偷偷向東逃走。途中，據說發生了很殘忍的故事。大概是可信度不高，陳壽在正史《三國志》正文中沒有寫。文中只是改換姓名，記載著從間道向東逃走。

然而，在《魏書》中記載著：「去朋友呂伯奢家，主人不在，其子和賓客欲奪馬和行李，曹操殺之。」《世語》中則是：「呂伯奢外出，五子殷切招待草草。然而，曹操懷疑他們或會去密告，深夜斬家人八人而去。」

《魏書》中可以說是正當防衛，《世語》中就是忘恩的大惡人。

另外，《雜記》中說：「曹操聞此家食器聲，誤以為欲殺自己，深夜殺家人而去。」

這就不光是殘忍了，而且是杯弓蛇影，愚蠢的急性子。在《三國演義》中，略加潤色，說是聽見做飯磨刀的聲音，就下了手。作者敘述這段故事時，大概帶著惡意，使勁硬是抹上殘忍色彩，於是產生了這樣的變形。去會害怕密告的人家裡投宿，本來就很矛盾。

曹操必定也有詩人式的、血沖上腦、憤怒無法抑制的時候。例如，攻打陶謙，殺了很多當地人民，這是為報父親曹崇被殺之仇的一時瘋狂行為。如果總是這樣嗜好流血，首先，部下就會反叛了。

兵糧不足時，曹操與管軍糧的官商量，將斗做小，渡過眼前難關。不久，軍中傳言有大將剋扣軍糧。於是，曹操叫來此官，說「以你的命，來解決這個難題吧。」斬其首，四處宣揚：「此人以小斗發放糧米，偷盜官米。依律處斬。」以轉移部下的不滿……

這是《曹瞞傳》中的一段故事。

正史《三國志》的作者陳壽是曹操的宿敵蜀漢的遺臣，《曹瞞傳》的作者也同是曹操的對手吳國的人。曹瞞是曹操的乳名，以乳名為傳記題目，不得不說是一種赤裸裸的惡意。

少年時代，曹操品行不善。因此叔父常向其父告狀。曹操常受責罵。一次，他與叔父相遇，故意裝出癲癇發作的模樣。叔父告訴他父親，父親吃驚地叫曹操來問，曹操若無其事地回答：「癲癇啊，叔父不喜歡我，有事沒事都來告狀。」從此以後，父親再也不相信叔父。……

異於少年人、狡猾表露無餘的復仇故事，在《曹瞞傳》裡面也有。

曹操常說：「有人欲加害於我，我必定先心驚肉跳。」此話傳給所有人聽，他對侍從命令說：「偷偷帶著刀靠近我。我心一驚，就會找你。你沈住氣不說話。不用怕，重重有賞。」侍從以為是鬧著玩，依言而行，出其不意被斬殺。左右的人都相信曹操事前會心驚肉跳是真的，想造反的人也忌憚三分。

曹操常說：「我睡覺時若有人接近，無意識中會斬殺來人。大家要當心。」一次，曹操裝睡，寵臣近前來給他蓋被子。曹操跳起來斬殺此人。大家都以為曹操睡眠中的無意識拔刀是真的，從此以後，再也沒人接近他的寢室。

這兩篇是《世說新語》的《假譎篇》裡記載的故事，是曹操預防謀反和暗殺的小伎倆。在兩個故事裡，曹操都殺了身邊的人，更讓人覺得他殘忍。

六

如果曹操真是這麼殘忍的人，他周圍也就不會聚集人才。

三國中，他周圍的人才最多。劉備的蜀漢之所以止步不前，就是因為人才不足。諸葛孔明早死，也正是因為事無巨細都要丞相一個人操心，因此身心消耗。孔明狷介，並非沒有託付他人的胸襟，而是沒有足以託付的人。

像曹操這樣努力招納人才的沒有第二個了吧。他的《短歌行》中有一段是：

青青子衿，悠悠我心。
但為君故，沉吟至今。

「青衿」在《詩經》中是指「書生」。「沉吟」就是陷入沉思，和表達苦悶的思慕之情的「悠悠我心」，都讓人聯想到戀愛。

但是，這肯定不是表達同性愛，而是說為了發現年輕的英才，自己常常花盡心血。

「縱然此人盜嫂，收取賄賂，只要有才能就採用。」曹操常這樣說。

曹操曾有個歌喉美妙的歌妓。雖然歌聲美妙，但性格極壞。曹操想殺她，但又惜才，最後還是無法忍受。於是，選取百名歌妓，讓她們同時練習，不久，終於出現了可以與她匹敵的美聲。於是就殺了那個脾氣壞的歌妓。——這大概是為了宣揚曹操的殘忍而編造出來的故事，但卻正好顯示出曹操是多麼地愛才。

月明星稀，烏鵲南飛。
繞樹三匝，何枝可依？
山不厭高，水不厭深。
周公吐哺，天下歸心。

這是《短歌行》的結尾。

星影稀疏，明月當空，鳥雀南飛，卻繞樹幾周，是否因為找不到做巢的樹枝？

在這裡，表達了曹操渴望英才的心情。有沒有胸懷英才，卻不被任用的人？

高山、深水——表示了寬大的包容力。自己想成為有寬大包容力的人，將英才網羅於自己幕下。據說過去，有人來拜訪周公，他吐出剛塞進嘴的食物，馬上見面，因為拜訪者也許是英才。如此渴求人才，天下人心都歸附了周公——曹操自己也想像周公這樣！

這首詩據說是在赤壁之戰前，曹操橫槊而作的。

而且，據說部下劉馥進言說，鵲找不到棲息的樹枝，不吉利，曹操當場刺殺了他。

這段故事最不可信。

如此熱情、真誠地吟詠招納人才的願望的人，在作詩之後，馬上發瘋似地殺死也許是人才的部下，這是不可能發生的事。最多只是訓斥一聲而已吧。一定是傳言越來越誇張，變成了刺殺。

這是因為，曹操很痛恨迷信。無枝之鳥不吉利，這種迷信，必然會遭到曹操的唾棄。

曹操年輕時成為濟南郡十餘縣的相，也就是他開始成為政治家之後首先著手的，就是禁止其他邪教淫祠。

七

討厭迷信，說明曹操是徹底的合理主義者。詩人和合理主義者，兩者並不牴觸。

現在，禁止迷信和邪教淫祠，是理所當然的事，但在三世紀初，卻是痛下辣手的做法。可以想像正是這種果斷決然，令種種「殘酷評價」安在了他頭上。

曹操是最早給兵書《孫子》作註釋的人。在當時的實際戰爭中，咒術的因素很濃厚，曹操是最早把戰術和咒術清楚分開的武將。

戰爭中的咒術，一直存在到後來。在十九世紀中葉的鴉片戰爭中，英國軍艦的炮擊很準確，清朝認為英軍中有靈通的咒術師。為了破咒，收集了小山似的桶形塗漆的婦人的尿器，裝在船上，口朝向英軍軍艦。這是產業革命以後的事，所以很讓人不好意思。三世紀初的曹操，都不承認咒術有什麼效果。咒術不可信，能相信的就只有人的能力。這是極端的人類主義，跟熱中招納人才緊密相關。

而且，曹操自身有很強的要求否定身分的動機。

他是服侍後漢禁中四代皇帝的宦官曹騰的孫子。曹騰曾成為皇后的侍從「大長秋」，最後被封費亭侯。然而，不論官位多高，宦官還是宦官。一般人都認為他們是有缺陷的殘廢而加以輕蔑。

司馬遷的《報任安書》中也說：「詬莫大於宮刑。刑餘之人，無所比數，非一世也。」

中國經常說「三世清白」。跨越三世，是可以進行確實調查的意思，沒有人被處以宮刑是「清」的具體內容。仕於宮廷的學者稱自己是「清流」。因為同樣仕於宮廷，要和宦官區別開來。

從前，衛靈公與宦官雍渠一起乘車，孔子認為不潔，離開衛去了陳。普通人只要聽到宦官，也會面露厭惡。

曹操就是這樣的宦官的孫子。

作為喪失了生殖功能的男性，宦官有子孫，本身很好笑，他們被允許收養子繼承家業。曹操的父親曹崇，就是宦官曹騰的養子。

曹操是宦官家之子，從幼年時起，大概就不斷看到別人輕蔑的白眼，聽到侮辱的話語吧。他心裡必定累積了對此的抗拒。

據說宦官別無樂趣，唯獨熱衷於儲蓄錢財。成為曹騰這樣的高級宦官，大概會賺不少錢。很容易想像，這成為參加霸權爭奪的曹操的經濟後援。

一邊輕蔑宦官，一邊在其財力面前平身低頭，效犬馬之勞的「清流之徒」，曹操從小時候就見慣不怪吧，因此其抗拒之心更加強烈。

赤壁決戰前，吳國的意見分為要和平還是戰爭兩種。所謂和平，其實是投向曹操。吳國名將周瑜、魯肅是主戰派，張昭等擁護和平論。這時，主戰派魯肅對主君孫權說：

如果投降，請送我回故里臨准，家世不錯，我或許還能乘牛馬帶侍從。但你是因武勳上升的新興貴族，家世並不怎麼樣。即使投降也不能有我那樣的地位。

語帶威脅。

可以看出來，光是靠家世這張牌，就能過得很好。

經過王莽篡奪後的後漢時代，走向了另一端，特別注重家世。

「真愚蠢」。生於宦官家的曹操，內心大概這麼想吧。正因為如此，曹操才信奉才能至上主義。不過，曹操反抗的能量，似乎並沒有放在打破身分制度上，而是放在把自己的家族貴族化上。

這就是一世英豪曹操的有限之處。

八

可以想像，很多對曹操不利的故事，都是有意編造出來的，但到現在並沒有證據。只有在孫盛的《魏氏春秋》中露出了尾巴。該書介紹曹操說：「劉備，人傑也，將生憂寡人。」

這是原樣照搬了《春秋左氏傳》中吳王夫差所說的「勾踐將生憂寡人」。很明顯，這不是曹操的原話。

以一推十。

在戰亂的時代，血腥事件、殘忍冷酷的故事，一定堆積如山。似乎曹操這個人物把這些故事當作自己身上的事，一手接下。

這個故事很像曹操做的事。雖然不是他做的，但作為他的事蹟很有趣。

這樣一想，不管誰是故事真正的主人公，都不知不覺換成了曹操。

曹操多情多恨，感受豐富，神經敏銳，行動力強，這些本身具有的特點，也很容易安上各種故事。

而且，曹操在世時，聽到關於自己的無稽之談，也完全不當一回事——不用管它。

這從他的詩人性格中可以想像得到。

在《魏武故事》中，有一則有趣的佈告內容，是他自己的自白。

佈告中說，他年輕時，曾希望成為一郡太守，治理有方，以此揚名。

後來，被召去討伐黃巾賊，立軍功被封為諸侯，只盼望死後自己的墓上刻上「漢故征西將軍曹侯之墓」。

這樣，他的野心逐漸升高。他一開始並沒有想到會成為丞相、然後建立新王朝這種大逆不道的事。

這則佈告，作為他的告白，應該是真實的吧。

九

曹操在本質是成功了的機會主義者。

迅速、有效地利用了被給予的機會，能做到這一點，憑的是詩人敏銳的直覺——以最短距離到達目的地、省去不必要的浪費的合理主義（可以說是效率主義者），以及集中了優秀人才。

對形勢電光石火般的反應，來自於詩人的敏感，這也被認為是他的最大特長——「機智」，對對手來說就是「奸智」。

在不良青年時代，他和友人袁紹（後來成為對手），去搶新婚的新娘，這是一段很不光彩的故事。他一進人家家門，就大呼「小偷」，以轉移大家的注意，然後拔刀威脅新娘，達到目的。但離開時，被追兵追趕，袁紹掉進荊棘叢中，也許是扭傷了，動彈不得。這時曹操大叫：「小偷在這裡！」

袁紹慌忙拖著傷腿拚命逃跑，兩人都逃過一劫……。

這個故事就屬於「奸智」吧。「機智」的例子是，他似乎喜歡猜謎，有好幾個故事。

那是曹操當上丞相後，建起府邸，建造相國門時的故事。當時椽子已經架好，曹操點檢後，要在門上題額，寫了「活」這個字。主簿楊祖德看見之後，馬上把門卸下來。門中有「活」就是「闊」——寬廣的意思，暗指太寬了，這是謎底。也許是避免門太氣派，被懷疑有篡奪之意。

介紹一個效率主義的故事。

劉表有重千斤的大牛，十分得意。這頭牛吃的草和豆是普通牛的十倍，但談到負重，還不及一頭母牛。曹操佔領荊州後，得到這頭牛，煮其肉以鼓舞士卒。

——光個子大可不行。

可以窺見曹操強烈的效率主義的冰山一角。

十

到這裡，必須對曹操下一個評斷了。

名聲不好的曹操，到現在給他平反的聲音也不絕於耳。近人中，魯迅最力撐平反說。和秦始皇一樣，曹操也是推動歷史前進的人物。

我也不認為曹操是大家所傳說的惡人。然而，也不是絕世大英雄。用一句話說，應該是成功了的機會主義者吧。更進一步，帶著偏愛來看，可以說是可能開啟近代的人物。燒比叡山[3]、攻石山本願寺的織田信

【3】位於京都府和滋賀縣之間，是天臺宗的大本營。

長，酷似曹操。他們都還差一步就開啟了近代，但還是未能超越時代。

這正是因為他缺乏哲學思想。

嘲笑身分制度的不合理，高舉效率主義的大旗，廣收人才，只是達成眼前一個又一個目的的「手段」而已。

對於合理主義而言，應該改變人們的意思，使他們接受合理主義。曹操沒有向世人宣佈這一大哲學，很可惜。不過，指望他這個忙碌的機會主義者做到這一步，一開始就不可能吧。

小說和戲劇《三國志》中有趣的是，英雄豪傑如浮雲般出現，並取代彼此。本來，在抱著「天無二日、地無二王」信念的中國，為什麼三國分立的狀態持續了相當長的時間？答案是，英雄太多了。

我認為，反過來可以說，三國時代，沒有出現有統一天下的器量、特別傑出的大天才。

二流英雄們爭奪天下，因此才好看，曹操是其中的怪胎。他喜歡文學，有點不正經，果斷堅決，是個有趣的人物。

如前所述，曹操和織田信長很相像，更有趣的是，他還是個詩人。

中國舊詩論《詩品》中，將詩人分為「上中下」三個等級，曹操被放在「下」裡面，評價說：「曹公古直，甚有悲涼之句。」

我並不認為他的詩才不及被評為「中」的兒子曹丕。不過，這裡不是論曹氏父子的詩的地方。

只想加上「悲涼之句」，那要算以「悲彼東山詩，悠悠使我哀。」結尾的、歌詠出征兵士之苦和戰亂之可恨的《苦寒行》。

如此深切地歌詠士兵的悲哀的曹操，不可能是慘無人性的惡魔。

■博雅文庫書目

序號	書名	作者	定價
001	資本主義沒告訴你的 23 件事	張夏準著、胡瑋珊譯	380
002	歐債危機的第一本書	何棟欽著	300
003	賽局原來這麼生活	吳正光著	320
004	神話——從盤古到大禹	袁珂著	320
005	傳說——從夏啟到秦始皇	袁珂著	320
006	量子先生：費曼的科學人生	勞倫斯・克勞斯著、嚴麗娟譯	350
007	命名日本	湯禎兆著	350
008	聽酒說故事	蕭曦清著	380
009	猶太人入門	蕭曦清著	360
010	反對完美：科技與人性的正義之戰	邁可・桑德爾著、黃慧慧譯	250
011	神與史帝芬霍金	約翰・倫諾克斯著、王惟芬譯	200
012	數字人：斐波那契的兔子	齊斯・德福林著、洪萬生譯	出版中
013	上班族經濟學	鍾文榮著	330
014	現聲說法：一位資深法官的回憶錄	李相助口述、范立達執筆	450
015	英國人入門	蕭曦清著	280
016	日本人與中國人	陳舜臣著、劉瑋譯	320

Original Title "日本人と中国人"、"日本的　中国的"
本書為創譯通達（北京）諮詢服務有限公司，授權五南圖書出版股份有限公司（博雅書屋）在臺灣地區出版發行繁體字版本。
本書譯文由廣西師範大學出版社授權使用

博雅文庫（016）

日本人與中國人

作　　者　陳舜臣
譯　　者　劉　瑋
發 行 人　楊榮川
總 編 輯　王翠華
企劃主編　歐陽瑩
責任編輯　歐陽瑩
封面設計　郭佳慈

出　　版　五南圖書出版股份有限公司
地　　址　106 台北市和平東路二段 339 號 4F
電　　話　（02）2705-5066
傳　　真　（02）2709-4875
劃撥帳號　01068953
戶　　名　五南圖書出版股份有限公司
網　　址　http://www.wunan.com.tw/
電子郵件　wunan@wunan.com.tw
法律顧問　林勝安律師事務所　林勝安律師
出版日期　2012 年 5 月初版一刷
　　　　　2015 年 2 月二版二刷
定　　價　新台幣 320 元

國家圖書館出版品預行編目資料

日本人與中國人 / 陳舜臣著；劉瑋譯．-- 二版．
-- 臺北市：五南，2013.04
面；公分．--（博雅文庫；16）
譯自：日本人と中国人
ISBN 978-957-11-7024-4（平裝）
1. 民族性　2. 日本　3. 中國
535.731　　102002969